LIBERALISM

李强 著

自由主义

（第四版）

上海三联书店

目　录

新版导论：西方自由主义的曲折命运

献给读者的这本《自由主义》初版于 1998 年。当时，正是自由主义的高光时刻。1991 年苏联解体，在此前后东欧发生了剧变，与自由主义竞争了 70 多年的共产主义制度在苏联东欧瞬间轰然倾倒。一时间，自由主义的鼓吹者欣喜若狂，福山的大作"历史的终结"断言，历史在自由主义民主中达到顶峰。自由主义民主将会是"人类意识形态演化的终点"和"人类政体的最后形式"，并因此构成"历史的终结"。[1]

然而，历史的进程往往令人诧异。几十年后的今天，我们看到的并不是自由主义民主在全球的胜利，恰恰相反，自由主义民主制度受到空前挑战。"自由主义正在衰落"，"自由主义在走向死亡"，成为诸多政治观察者的口头禅。[2] 对西方模式乃至西方世界发展前景

---

[1] Francis Fukuyama，"The End of History?" *The National Interest*，1989，No. 6，pp. 3 – 18.

[2] 例如，Edward Luce，*The Retreat of Western Liberalism*，New York：Atlantic Monthly Press，2017；Patrick Deneen，*Why Liberalism Failed*，New Haven：Yale University Press，2018。

的悲观情绪正在迅速蔓延。著名经济学家尼尔·弗格森的著作《西方的衰落》、福山的新著《政治秩序与政治衰败》都表达了对西方衰落的深深忧虑。的确，西方自由主义民主模式正面临二战以来最严峻、最全面的挑战。在经济领域，2008 年的全球金融危机是一个重要转折点，欧美世界至今没有完全走出它的阴影。不少左派人士将 2008 年金融危机解读为资本主义经济制度的根本危机。在政治领域，一方面，西方民主模式在发展中国家的移植步履艰难，美国新保守主义一度热衷的"政体更替"并未带来全球民主化的预想结果。相反，在不少地区，取代所谓独裁政权的不是有序的自由民主，而是极端主义猖獗甚至战火蔓延。另一方面，就西方国家自身的民主运作而言，一股与传统代议制民主相背离的民粹主义潮流愈演愈烈，似乎有突破几百年来西方民主模式的趋势。

自由主义的兴衰对西方近代文明的前途至关重要。沃特金斯在《西方政治传统》中对自由主义在西方的地位曾有十分敏锐的分析。他断言，"近代自由主义，乃是西方文明的世俗形态"。"它是所有具有代表性的西方政治传统的近代化身。自由主义如果无法生存下去，实不啻是说西方的政治传统也宣告终结"。①当然，沃特金斯这里所指的自由主义是宽泛意义上的自由主义。

> 就今天之正常意义而言，"自由派"（liberal）一词却囊括了所有信奉宪政民主的理想与制度的人、社会民主党人、主张自由放任制度的工业家、基督教民主党人以及其他的自由主义

---

① 弗雷德里克·沃特金斯：《西方政治传统：近代自由主义之发展》，广西师大出版社，2016 年，第 3 页。

团体，在社会与经济的目标上虽然有着极大差异，但是他们都一致接受某些政治原则。近代自由主义相信，法律下的自由乃是人类应当享有的生存环境，而此一自由之维系，则有赖于政府官员对独立组成的公意机构的遵从。①

沃特金斯将自由主义的命运和西方政治传统的命运联系在一起，是极具洞察力的观点。我们可以循着这一观点，回顾自由主义在近代西方的潮起潮落，考察自由主义在当前遭遇的挑战，分析自由主义可能的前景。

在这种情势下再版《自由主义》，有必要对自由主义的衰落或面临的危机作出某种理论解释。当然，对一种尚处于各种挑战旋涡中心的意识形态作出判断性解释是一件颇为困难的事。即令黑格尔那样伟大的哲学家也认为，"哲学作为有关世界的思想，要直到现实结束其形成过程并完成自身之后，才会出现"。"密纳发的猫头鹰要等到黄昏到来，才会起飞。"②

不过，面对自由主义遭遇的挑战，缄默不言并非合理的选项。好在中国人有以史为鉴的传统。我们或许可以通过回顾自由主义在近代西方所走过的曲折道路，理解今天自由主义的处境，并从中对自由主义作出某种判断性解释。

---

① 弗雷德里克·沃特金斯：《西方政治传统：近代自由主义之发展》，第1—2页。
② 黑格尔：《法哲学原理》，范扬、张企泰译，商务印书馆，1961年，第13—14页。

一、从自由主义兴起到自由主义时代

尽管西方自由观念的历史可以追溯到古希腊，人们也可以从古罗马以及欧洲中世纪发现近代自由主义的萌芽，但自由主义的兴起却是近代的现象。

首先开启近代自由主义的是文艺复兴与宗教教改革运动。文艺复兴是欧洲历史发展的重要转折点。从文艺复兴起，自由主义开始成为一种持续的历史运动，不仅是一种思想和观念的运动，而且是一种具有实质内容的社会与政治力量。文艺复兴对自由主义发展的贡献集中体现在两个方面，其一是人文主义，其二是个人主义。文艺复兴的本质特征是人文主义，是人权向神权的挑战，是重申古希腊哲学家普罗泰戈拉"人是万物的尺度"这一原则。自由主义的世界观在本质上是人文主义的，其根本特征是世俗化。它强调人的幸福、人的尊严、人的欲望、人的意志。它把人作为目的，而不是把上帝或其他更高尚的事物作为目的。此外，文艺复兴文化中不仅包含了人文主义的倾向，还孕育了个人主义。当文艺复兴时期的文学家、艺术家、思想家描绘人、谈论人的时候，他们越来越多地指向作为个体的人，而非作为一种类型的人。当然，个人主义在文艺复兴时期仍处于萌芽阶段，完全意义上的个人主义尚未出现，个人价值的实现在很大程度上仍然依赖于公共领域。文艺复兴的个人主义仍然带有强烈的古典特征。[1]

---

[1] 详见本书第二章第二节。

比文艺复兴稍晚的宗教改革在西方近代个人主义与自由主义的兴起中扮演了更为重要的角色。

宗教改革对于自由主义的意义体现在两个方面。

首先，宗教改革打破了基督教的统一，造成教会的分裂，导致不同教派之间的剧烈冲突，甚至引发血腥的战争，宗教迫害也变得司空见惯。

> 百年间西欧因空前惨烈的宗教战争而变得四分五裂。……在宗教热忱的外衣下，世俗的贪欲与野心也充分得逞，结果造成一段血腥且法纪荡然的时期，三十年战争消灭了中欧近半数人口，也毁灭了许多古老的文化重镇，混乱达到顶点。①

为了结束宗教战争，天主教与新教势力经过漫长的争执，最终在 1648 年签订了威斯特伐利亚条约。该条约确定了主权国家的原则，赋予世俗君主决定国内宗教事务的权力，其他国家不得干涉。同时，条约明确认定"宗教怨恨"是欧洲"当前战争的主要诱因"。条约事实上认可了宗教宽容的权利，希望通过宗教宽容建立适应宗教多元主义的新秩序。这种新理念构成早期自由主义的核心主张。

第二，宗教改革奠定了自由主义原则的基础，即良心自由的理念。20 世纪 30 年代意大利著名自由主义者圭多·德·拉吉罗对此有过十分精彩的论述。他认为，自由主义的灵魂在于良心自由，良心自由是所有社会与政治自由的基础。

---

① 弗雷德里克·沃特金斯：《西方政治传统：近代自由主义之发展》，第 49—50 页。

如果人没有意识到自己的自由，利于自由的所有条件便一概毫无益处。如果他意识到自己的自由，即便处在最沉重的压迫之下，他同样真正自由；无需多久，他便会打碎锁链，为自己创造出与内在愿望相一致的外在生活。①

在拉吉罗看来，宗教改革最大的贡献在于它"从各种互相敌对的信仰的冲突里，产生出对现代自由主义最早的伟大断言：信仰自由"。②

尽管近代自由主义的兴起可以追溯到文艺复兴和宗教改革，但自由主义作为一套比较完整的政治哲学和政治实践却是始于英国革命。

英国革命自 1640 年的内战开始，至 1688 年的光荣革命结束。正如法国著名历史学家和政治家基佐所言，这场"革命的主旨和明确目的是政治性的，是为了自由和推翻一切绝对权力"。③ 这场革命催生了第一个基于自由原则的现代国家。

从英国的经验中产生了两个关键原则，政府基于同意的原则以及公民自由原则。第一个原则意味着，国家被视为政府和人民之间的伙伴关系，这种关系通过契约来表达。如果政府违

---

① 圭多·德·拉吉罗：《欧洲自由主义史》，杨军译，吉林人民出版社，2001 年，第 12—13 页。
② 圭多·德·拉吉罗：《欧洲自由主义史》，第 16 页。
③ 基佐：《欧洲文明史：自罗马帝国败落起到法国革命》，程洪逵、沅芷译，商务印书馆，1998 年，第 208 页。

背了契约，人民就有权拒绝服从。政府不再被视为全能的或至高无上的，而是作为实现某些目标的必要手段，其中最主要的目标是保障公民作为社会平等成员追求个人事务的自由。公民自由主要包含两个方面：经济生活中不受政府的干预和控制，以及宗教宽容。[1]

这两条原则构成近代自由主义的核心主张。

尽管英国革命点燃了自由主义的火种，但真正开启自由主义新纪元的是美国革命和法国大革命。这两场革命进一步弘扬了英国革命所追求的个人自由和个人权利的原则。美国《独立宣言》声称："我们认为以下真理不证自明：人人生而平等，造物主赋予他们一些不可转让的权利，其中包括生存、自由和追求幸福。为了保障这些权利，人们之间才组建政府，治人者的正当权力，来自被统治者的同意。不论何时，不论何种政府形式，一旦违背这些目标，人民就有权变革政府，或废止旧政府，组建新政府，按人民觉得最能保障安全和幸福的办法，奠定政府的基本原则，组建政府的权力形式。"[2]

法国国民制宪议会于 1789 年 8 月 6 日通过的《人和公民的权利宣言》昭示了几乎同样的原则："在权利方面，人们生来是而且始终是自由平等的。""任何政治结合的目的都在于保存人的自然的和不

---

① Andrew Gamble，*An Introduction to Modern Social and Political Thought*，Macmillan Press，1981，p. 69.

② 转引自麦迪逊：《辩论：美国制宪会议记录：》"附录一："独立宣言""，尹宣译，辽宁教育出版社，2003 年，第 785 页。

可动摇的权利。这些权利就是自由、财产、安全和反抗压迫。"①

美国与法国革命及后续发展逐步确立了近代以来占主导地位的自由主义宪政模式。宪政是自由主义政治的核心，其根本目的是限制政府的绝对权力。自由主义一直将国家视为个人及其自由的主要威胁。为了应对这种威胁，自由主义认为：

> 第一步要明确，作为一个基本的原则，国家或政府的权力和权威不是绝对的，而是有限的。这一原则通过两种主要方式建立起来。第一种方式是使合法性政府建立在同意的基础之上。……另一种方法要更加重要一些。其本质在于将国家或政府置于宪法条款的限制性框架之内。国家及其制度必须在一些限度之内运作，这些限制或者是明确写明的成文宪法，或者是采取了更加模糊和假想的形式，即"基本法"和习俗体系。②

无论在理论上还是在实践上，17世纪的英格兰是现代宪政制度的主要发源地。英国经历了17世纪40年代的内战、之后的短暂共和以及王权复辟时期国会与国王的激烈斗争，最终在1688年光荣革命后，确立了以议会主权为核心的宪政制度。③

构建宪政国家是十九世纪自由主义的主要成就之一。在十九世

---

① 法国"人和公民的权利宣言"（1789年8月），姜士林等主编：《世界宪法全书》，青岛出版社，1997年，第893页。
② 安东尼·阿巴拉斯特：《西方自由主义的兴衰》，曹海军等译，吉林人民出版社，2004年，第90—91页。
③ 斯科特·戈登：《控制国家：从古代雅典到今天的宪政史》，应奇、陈丽微、孟军、李勇译，江苏人民出版社，2005年，第286页。

纪，宪政的内涵得到拓展，代议制的概念被纳入其中，从而减少了自由主义与民主理念的冲突。严格来说，自由主义与民主在起源上和本质上并不相同。美国独立战争及稍后的邦联制实践刺激了民主观念的发展和民主制度的尝试。但美国的制宪者在拒绝欧洲大陆绝对主义思想的同时，也拒绝了绝对民主的理念。美国宪法之父麦迪逊在《联邦党人文集》中强调，美国希望建立的是一个共和制国家，而非民主制国家。麦迪逊清晰地区别了"纯粹的民主政体"与"共和政体"这两种制度。前者是"由少数公民亲自组织和管理政府的社会"，即直接民主制度；后者是"代议制的政体"。二者的主要区别是："第一，后者的政府委托给由其余公民选举出来的少数公民；第二，后者所能管辖的公民人数较多，国土范围也较大。"①

法国宪政制度的建立经历了更为复杂的过程。1789年法国大革命摧毁了旧制度，试图建立一个基于人民主权的民主制度。然而，新政权很快在左右两派的夹击下陷入困境，最终，拿破仑的开明专制上台，保卫了大革命的重要成果。此后，经过复辟与革命等一系列政治动荡，直到1830年革命后，"由人民选出一个愿意在限制更严的宪政体制下统治的新国王。这时宪政主义已经成了中产阶级正宗学说的一部分，人们宁愿为它而战也不愿意看到它被摧毁"。②

在论及自由主义的兴起和传播时，启蒙运动的影响不容忽视。关于启蒙运动与自由主义的关系，格雷的分析颇为经典："自由主义

---

① 汉密尔顿、杰伊、麦迪森：《联邦党人文集》程逢如等译，商务印书馆，1982年，第49页。
② 弗雷德里克·沃特金斯：《西方政治传统：近代自由主义之发展》，第109—110页。

思想与启蒙遗产之间的关系无论怎么强调都不为过。"这在欧洲大陆尤其如此。"在整个 18 世纪下半叶,自由主义在欧洲大陆的历史与启蒙运动的传播必须被看作是同一思潮与实践的两个方面。"①

当然,关于启蒙运动的解读,见仁见智。美国著名保守主义学者希梅尔法布认为至少有三种不同的启蒙运动:"英国启蒙运动体现了'美德社会学',法国体现了'理性的思想',美国则体现了'自由的政治'。"②

与希梅尔法布不同,彼得·盖伊则认为:

> 18 世纪有许多启蒙哲人,但是只有一个启蒙运动。从爱丁堡到那不勒斯,从巴黎到柏林,从波士顿到费城,文化批判家、宗教怀疑者、政治改革者形成了一个松散的、非正式的、完全没有组织的联盟。这些启蒙哲人构成了一个喧闹的大合唱。他们之中有一些不和谐的声音,但是令人惊讶的不是那偶尔的嘈杂,而是整体上的和谐。启蒙人士统一在一个雄心勃勃的纲领之下。这是一个提倡世俗主义、人道、世界主义,尤其是自由的纲领。这里说的自由包括许多具体形式:免于专横权力、言论自由、贸易自由、发挥自己才能的自由、审美的自由,总之,一个有道德的人在世界上自行其是的自由。③

---

① 约翰·格雷,《自由主义》:曹海军、刘训练译,吉林人民出版社,2005 年,第 25 页。
② 格特鲁德·希梅尔法布:《现代性之路:英法美启蒙运动之比较》,齐安儒译,复旦大学出版社,2011 年,第 13 页。
③ 盖伊 Gay,P.)著:《启蒙时代·上,现代异教精神的兴起》,刘北成译,上海人民出版社,2014 年,第 3 页。

启蒙运动高扬理性的大旗。"这是一个理性的时代，哲学家们用理性批判这一武器来宣扬自由是美好的事物，而管制天生就是邪恶的事物。人们有意识地避免任何限制个人按照自己的方式处理生活事务的权利的东西。"[1]

最能体现理性主义特征的是进步的观念，其代表性人物是法国著名哲学家孔多塞。他在《人类精神进步史表纲要》中勾勒出人类从远古到启蒙时代的演化历程，并展望未来，预言人类将迎来一个完全自由的时代，暴君、奴隶、教士等专制象征将被历史和舞台彻底抛弃。[2]

孔多塞所表达的乐观主义并不孤单。整个启蒙运动最令人难忘的是它所展示的乐观主义。在启蒙运动巅峰时期，"'哲学家的'态度是最为乐观的。这种态度就是相信——在某些人那里则是信仰——理性能够指明通往使事物与存在得到改善的道路；相信进步是可能的"。[3]

从英国革命到启蒙运动时期，伴随着新的政治与社会实践的推动，自由主义理论逐渐成型。首先奠定自由主义理论基础的是 17 世纪英国内战时期的思想家。霍布斯奠定了自由主义的哲学基础，即个人主义。洛克作为公认的"自由主义创始者"阐述了包括个人权利、宗教宽容、政府基于同意等一系列自由主义的基本原则。18 世纪，自由主义思想的重心转移到法国和苏格兰。法国启蒙运动和大

---

[1] 哈罗德·拉斯基：《欧洲自由主义的兴起》，林冈、郑忠义译，欧阳景根校，中国人民大学出版社，2012 年，第 114 页。
[2] 孔多塞：《人类精神进步史表纲要》，何兆武、何冰译，生活·读书·新知三联书店，1998 年，第 182 页。
[3] 乔治·杜比主编：《法国史·中卷》，吕一民等译，商务印书馆，2022 年，第 773 页。

革命时期的著名思想家孟德斯鸠、贡斯当、托克维尔在阐释自由与专制、自由与民主等理论问题上作出重要贡献。而以亚当·斯密为代表的苏格兰启蒙运动则系统阐述了经济自由主义的理念。19世纪，英国的哲学上的激进主义进一步深化了自由主义理念。围绕在功利主义者边沁周围，约翰·斯图亚特·密尔阐释了自由主义的政治理念，而曼彻斯特学派则丰富了经济自由主义学说。

至此，一套较为完整的自由主义理论得以成型。这套理论在政治上强调个人自由、宪政和民主；在经济上主张私有制和市场经济；在社会领域提倡个人权利平等；在外交关系上构建以国家主权和国际法为核心的威斯特伐利亚体系。所有这些内容都体现了以个人主义为核心的哲学原则。

在自由主义的兴起与发展过程中，经济自由主义是一个重要方面。从17世纪起到19世纪，自由主义的经济主张逐步在欧洲主要国家占据主导地位。首先是在英国，英国在1660年代的"王朝复辟时期就出现了向自由放任发展的趋势，这种倾向在18世纪变成一种运动。议会越来越不愿意通过工业规制的方式来干预经济"。① 此后，亚当·斯密系统阐述了经济自由主义的理念，到了19世纪，以科布尔登为代表的曼彻斯特学派进一步将这些理念具体化并推动为政策。1846年"谷物法"的废除标志着英国经济政策正式进入典型的自由主义时代。②

在法国，与亚当·斯密的经济自由主义遥相呼应的是重农学派。拉斯基在论及重农学派时强调，重农学派与斯密共享相同的思想

---

① 哈罗德·拉斯基：《欧洲自由主义的兴起》，第121页。
② 关于科布尔登的自由主义经济主张，参见埃德蒙·福赛特：《自由主义传》，北京大学出版社，2017年，第89—92页。

基础：

> 他们都是经济自由主义的倡导者，都寻求将国家变成仅仅是自然法则的诠释者，也就是说，国家可以扭曲自然法则，却不能改善自然法则。因此，他们都努力追求将财产所有者从国家管制的束缚中解放出来。①

经过几个世纪的发展，自由主义在 19 世纪迎来其黄金时代。拉斯基写道："19 世纪是自由主义获得胜利的时代，从滑铁卢战役到第一次世界大战，这期间没有什么学说能获得同它一样的权威，或产生相同的影响。"② 约翰·格雷持类似的看法："十九世纪的欧洲，尤其是十九世纪的英国，具体体现了一个自由主义文明的历史范式。"③

著名的经济自由主义批评者波兰尼在《大转型》中将 1815 年—1914 年间的"百年和平"称作"19 世纪的文明"时代。它是一个典型的资本主义时代，或自由主义时代。

> 19 世纪的文明建立在四个制度之上：首先，是一个世纪以来防止大国之间发生任何持久和破坏性战争的势力均衡体系。其次，是象征着一个独特的世界经济组织的国际金本位制。第三，是造就空前物质福利的自我调节的市场。第四，是自由主义国家。④

---

① 哈罗德·拉斯基：《欧洲自由主义的兴起》，第 126 页。
② 哈罗德·拉斯基：《欧洲自由主义的兴起》，第 167 页。
③ 约翰·格雷：《自由主义》，第 39 页。
④ 卡尔·波兰尼：《大转型：我们时代的政治与经济起源》，冯刚、刘阳译，浙江人民出版社，2007 年，第 4 页。

波兰尼如此描述这一百年市场经济的扩张：

> 市场体系快速地发展着，它吞没了空间和时间，并且通过创造银行货币，产生了前所未有的推动力。当它在1914年左右达到自己的极限时，世界的每一个角落，无论是现有居民还是尚未出生的后代，无论是生理意义上的个人还是所谓公司这样巨大的虚构体，都被包含在这个体系内了。一种自基督教产生以来从未有过的、声称拥有普遍性的生活方式已经在全球展开，只不过这一次是在纯粹的物质层面上。①

19世纪也是自由主义最为自信、最为乐观的时代。这段历史"是一边倒的历史，主要是世界资本主义工业经济大发展的历史，是这个经济所代表的社会秩序大踏步前进的历史，是认可这些进步并使它们合法化的思想理论大发展的历史，主要表现为理性、科学、进步和自由主义。这是资产阶级大获全胜的时代。"②"这段历史也是一出进步的戏剧（'进步'是这个时代的关键词）；波澜壮阔、开明进步、对自己充满信心，也感到满足，最重要的是这一切都是必然的。"③

这种自由主义的自信扩展到欧洲和美国之外。形成一股世界性的思潮。自由主义不仅在中东欧国家和俄罗斯激起强烈反响，甚

---

① 卡尔·波兰尼：《大转型：我们时代的政治与经济起源》，第112页。
② 霍布斯鲍姆：《资本的时代：1848—1875》，张晓华等译，中信出版社，2017年，第3页。
③ 霍布斯鲍姆：《资本的时代：1848—1875》，第4页。

至在奥斯曼帝国和亚洲也产生了深刻影响。"十九世纪下半叶，奥斯曼帝国兴起了第一次大规模的并且最终持久的改革运动，将西方的个人自由、宪政和代议制民主原则与伊斯兰价值观结合起来。"[1] 在这个时代，"自由成为一项基本价值。自由的语言首次进入穆斯林/中东的政治词汇。"奥斯曼青年党领袖纳米克·凯末尔将该党的政治理想概括为"国家主权、权力分立、官员责任、人身自由、平等、思想自由、新闻自由、结社自由、财产享用、家庭神圣"。[2]

也正是在 19 世纪自由主义迅速扩展的大环境下，中国的政治与知识精英开始了学习西方、改革自身制度的努力。对于西方的制度，严复精辟地概括为"以自由为体，以民主为用"。[3] 19 世纪末、20 世纪初是中国西化思潮最浓厚的时期，尽管此时也是中国遭遇列强欺凌最烈的时期。无论改良派还是革命派，其政治方案的参照系都是当时的西方。

二、自由主义的衰落

19 世纪自由主义的黄金时期似乎戛然而止。[4] 第一次世界大战

---

① Antony Black，*The History of Islamic Political Thought from the Prophet to the Present*，Second Edition，Edinburgh University Press，2011，p. 286.

② Antony Black，*The History of Islamic Political Thought from the Prophet to the Present*，pp. 286 - 287.

③ 严复，"原强"：《严复集》，第一册，王栻主编，中华书局，1986 年，第 11 页。

④ 参见 George Dangerfield，*The Strange Death of Liberal England*，London：Serif，1997；H. W. Brands，*The Strange Death of American Liberalism*，Yale University Press，2001.

对西方思想界产生了深远影响。战争的惨烈以及战后遍及欧洲的经济、社会危机使西方弥漫着一片悲观气氛。斯宾格勒的《西方的没落》道出了许多知识分子的心声。[①] 大战不仅打破了西方数世纪以来的乐观主义，也动摇了许多人对自由主义的信念。

事实上，早在一战之前，在 19 世纪晚期，自由主义的乐观主义及其信奉的进步观念就已经在思想界受到质疑。一股反理性主义思潮在欧洲思想界蔓延。尼采、弗洛伊德、柏格森以及稍后的胡塞尔、海德格尔从不同视角向自由主义的理性主义发起挑战。[②]

不过，就现实政治而言，对自由主义的第一个重大挑战来自布尔什维克主义。十月革命一声炮响，诞生了世界上第一个社会主义国家。当然，社会主义思想和运动的兴起远早于一次世界大战。正如拉斯基所言：

> 在 19 世纪，对自由主义思想最根本的攻击是社会主义。……这种攻击的本质是起源于人们对这一点的认识，即自由主义理想保证了中产阶级可以彻底地享有特权，却没有解除仍然套在无产阶级身上的枷锁。[③]

十月革命诞生了世界上第一个社会主义国家，这的确是社会主义事业的壮举。在这一壮举的激励下，"革命浪潮在十月革命后两年

---

① 奥斯瓦尔德·斯宾格勒：《西方的没落》，吴琼译，上海三联书店，2006 年。

② Karl Dietrich Bracher, *The Age of Ideology*: *A History of Political Thought in the Twentieth Century*, Translated from the German by Ewald Osers, St. Martin's Press, 1984, pp. 17 - 25.

③ 哈罗德·拉斯基：《欧洲自由主义的兴起》，第 168 页。

内席卷全球"。从欧洲、拉美到亚洲，马克思主义政党纷纷涌现。在西班牙、奥匈帝国、德国等国家，工人罢工和士兵起义此起彼伏。在德国，1918 年 11 月初，"暴动的水手和士兵将德国革命从基尔海军基地扩展到全国。共和国宣布成立，皇帝退位前往荷兰，取而代之的是一位社会民主党的前马具商人担任国家元首"。[①]

很快，苏联的共产主义实验便展示出强大的影响力。一方面是出于经济原因。"30 年代，就在民主政体几乎毫无希望地对抗经济萧条的同时，俄国的经济充满生机与活力，继续向前发展。"[②] 甚至在大萧条时期，"在世界其他地方，至少在西方资本主义国家，经济陷入一片停滞状态的时候，只有苏联，在它的新五年计划之下，工业出现迅猛发展。从 1929 年—1940 年，苏联的工业产量至少翻了三倍。苏联总产量在世界所占的比例已从 1929 年的 5% 跃升到 1938 年的 18%，同期，美国、英国和法国的比例却由 59% 下降到 52%。更令人惊异的是，苏联竟毫无失业现象。"[③] 另一方面，苏联共产主义模式所展示的全新的文明模式也对西方知识分子产生了巨大的吸引力。"苏维埃共产主义宣称其为资本主义的替代物，是比资本主义更高级的体制，它由历史决定必然战胜资本主义。"[④]

一时，在西方左翼知识分子中，赞美苏联模式成为时尚。英国著名的费边社社会主义学者韦伯夫妇，在 1932 年访问苏联后专门著

① 艾瑞克·霍布斯鲍姆：《极端的年代》，马凡等译，江苏人民出版社，2011 年，第 52—58 页。
② 罗伯特·斯特龙伯格：《西方现代思想史》，刘北成、赵国新译，中央编译出版社，2005 年，第 484 页。
③ 艾瑞克·霍布斯鲍姆：《极端的年代》，第 86—87 页。
④ 艾瑞克·霍布斯鲍姆：《极端的年代》，第 42 页。

书，"盛赞苏联共产主义是一种'新文明'"。英国作家萧伯纳访问了苏联后，也对苏联和斯大林大加赞美。[1] 在英国这一自由主义的发源地，"在 1932 至 1934 年间，几乎所有思想活跃的大学生都是共产主义的同情者，其中一些人加入了共产党。几乎可以说，在大学里，整整一代求知探索的年轻人都有过接近共产主义的经历，要么是在20 年代，要么是在经济萧条困扰的 30 年代，在 30 年代的情况更多一些"。[2]

当然，并非所有的西方左翼人士都讴歌布尔什维克革命。一些著名的社会民主党人很早便表达了对布尔什维克主义的质疑。卡尔·考茨基借用马克思和恩格斯描述沙皇帝国的语言将列宁的专政描述为"亚洲式的"或"鞑靼式的"。与考茨基相似，"爱德华·伯恩施坦将新建立的苏维埃共和国简略地描述为一个'暴政'"。这些对社会主义专政的批判在欧洲修正主义者和社会民主党人中获得了广泛的同情。[3]

第一次世界大战之后，世界范围内的经济大萧条接踵而至。1929 年美国纽约股市大崩盘引发了全球的连锁反应。短短几年，从1929 年到 1931 年，美国的工业生产下降了约三分之一，德国也同样如此。[4]

---

① 罗伯特·斯特龙伯格：《西方现代思想史》，第 480—483 页。
② 罗伯特·斯特龙伯格：《西方现代思想史》，第 483 页。
③ Hans Maier, "On the interpretation of totalitarian rule 1919 - 89", in Hans Maier ed., *Totalitarianism and Political Religions*, *Volume III*, translated by Jodi Bruhn, Routledge, 2007, p. 9.
④ 艾瑞克·霍布斯鲍姆：《极端的年代》，第 58 页。

经济大萧条带来的失业率可谓史无前例，无法想象，超出所有人的预料。经济大萧条最严重的时期（1932—1933），英国和比利时的失业率在22%，瑞典的失业率为24%，美国的失业率为27%，奥地利的失业率为29%，挪威的失业率为31%，丹麦的失业率为32%，德国的失业率更高达44%以上。[1]

经济大萧条直接刺激了法西斯主义的崛起。法西斯主义的最早理论阐释者是意大利的墨索里尼及其理论家。从严格意义上讲，意大利法西斯主义与后来兴起的德国国家社会主义并不相同。

当然，法西斯主义和国家社会主义有许多共同之处。然而，它们在许多方面也存在差异。例如，反犹主义在意大利法西斯主义的政治体系中几乎完全不存在，直到1938年才出现。对国家的理解也有所不同。国家社会主义的基本原则，即"党指挥国家"，在意大利从未占据绝对支配地位。[2]

意大利法西斯主义宣称自己是介乎自由主义与布尔什维克主义之间的第三条道路。它的重要理论主张是法团主义（corporatism）。法团主义的因素在欧洲有深厚的传统。正如德国著名法律史专家基尔克（Otto von Gierke）所指出的，在近代之前，欧洲社会的基本结构一直是以各种形式的共同体（community）为基础。只是到了

---

[1] 艾瑞克·霍布斯鲍姆：《极端的年代》，第83页。
[2] Hans Maier，"On the interpretation of totalitarian rule 1919 - 89"，pp. 7 - 9.

近代，"国家的主权和个人的主权"才成为社会结构的基本原则。①
从 19 世纪 80 年代起，出于对自由主义过分依赖个人主义的不满，
一些天主教思想家开始倡导一种基于群体的社会与政治理论，这便
是所谓的法团主义。第一次世界大战后，法团主义被意大利法西斯
主义所吸收，作为对抗自由主义的理论武器。不仅意大利，法团主
义在西班牙、葡萄牙等国家也有广泛影响。

　　法西斯主义的法团主义是一种国家法团主义，与一些天主教人
士倡导的社会法团主义不同。意大利法西斯主义的理论家乔万尼·
詹蒂利简明扼要地概括了法西斯主义的核心理念：法西斯主义的社
会理论是基于法团主义，而非个人主义；其国家是极权主义的
（totalitarian），强调思想与行动的统一，认定国家只能有一种主义、
一个领袖，所有人必须绝对服从领袖。②

　　与自由主义政治相比，法西斯主义和稍后的德国国家社会主义
强调以领袖为首的集权政治，以集权的方式推行经济与社会政策。
这种集权模式在短时间内成功结束了意大利和德国的经济与社会动
乱，恢复了秩序。这让一些甚至是最坚定的自由主义者也对其刮目
相看。

　　　20 世纪 20 年代至 30 年代，欧洲一些国家出现的独裁、法
　　西斯和极权政权，不仅源于某些欧洲国家或政党的反常，还源

---

① Otto Gierke, *Political Theories of the Middle Age*, translated by F. W. Maitland,
　Cambridge University Press, 1996, p. 87.
② Gentile, Giovanni, *Origins and Doctrine of Fascism：with Selections from Other Works；*
　translated, edited, and annotated by A. James Gregor, Transaction Publishers, 2002,
　pp. 20 - 30.

于一种感觉，即自由主义政权越来越无力履行政府职能。因此，雷蒙德·阿隆在他第一次发表自己政治观点的文章中，反对极权主义，但同时也强调了自由主义政权的弱点及其在确保政府任务得到足够有力执行方面的无能。[1]

波兰尼在《大转型》中，从 19 世纪经济自由主义失败的角度深刻分析了法西斯主义崛起的原因及其吸引力。他指出，"从实质言之，法西斯主义所扮演的角色是由一个因素决定的：市场体系的状况。"[2] 1929 年西方的金融危机和经济危机彻底摧毁了人们对市场经济的信念。

在 1930 年后，市场经济处在普遍的危机之中。在短短数年中，法西斯主义成为一种世界性力量。"[3] "法西斯主义的真正意义开始显现是在……1929 年之后。此时市场体系的死结变得非常明显。直到当时，法西斯主义还只不过是意大利独裁政权的特征之一，在其他方面这个政府与传统政府并没有多大区别。但这时法西斯主义却作为能够解决工业社会问题的替代方案出现了。在一场全欧洲范围的革命中，德国起了领头作用，各国法西斯党的结盟为她争夺权力的斗争提供了一种动力机制，并且很快就把五大洲都席卷进来。[4]

---

[1] Pierre Manent，"The Crisis of Liberalism，"*Journal of Democracy*，Volume 25，Number 1 January 2014.
[2] 卡尔·波兰尼：《大转型：我们时代的政治与经济起源》，第 205 页。
[3] 卡尔·波兰尼：《大转型：我们时代的政治与经济起源》，第 205 页。
[4] 卡尔·波兰尼：《大转型：我们时代的政治与经济起源》，第 206 页。

与拒斥经济自由主义相联系的是对自由主义民主的摒弃。

政治自由主义在整个灾难时代遭遇了大衰退，到 1933 年希特勒登上德国总理宝座之际，这种衰退进一步加剧。就整个世界而言，1920 年时，全球还有 35 个，或更多的民选立宪政体（具体数字取决于我们如何定义拉美的几个共和国）。到了 1938 年，估计全球只有 17 个自由立宪国家了，再到 1944 年，全球 66 个独立国家中，仅剩 12 个国家仍保留自由立宪制。[1]

自由民主制度的衰落标志着 19 世纪文明的衰落。

对于 20 世纪大灾难年代发生的种种变故，最令 19 世纪的前朝遗老们震撼的也许是价值观的崩塌与自由文明制度的崩溃。生于 19 世纪的人——至少是生于 19 世纪"先进"或"进步中"地区的人们，将自由文明的进步视为理所当然的事。自由文明的价值观不信任独裁与专政，致力于通过自由选举选出政府与议会，实施宪政，主张一套公认的公民权与自由原则，包括言论自由、出版自由与结社自由。在这样的价值观指导下，国家与社会应深知理性、公开辩论、教育、科学的价值以及人类条件的可改良性（虽然不一定是可完美性）。[2]

---

[1] 艾瑞克·霍布斯鲍姆：《极端的年代》，第 104 页。
[2] 艾瑞克·霍布斯鲍姆：《极端的年代》，第 102 页。

现在，面对新的政治经济局势，"自由主义者丧失了他们 19 世纪的先辈所拥有的那种青年时期的自信。他们面临着困惑和失望，这考验着他们的思想，动摇了他们的士气。教育、公民自由和物质进步并未消除偏见、不宽容以及社会群体之间的嫌恶。国际贸易和金融并未取代战争。失去平衡的市场经济并未自我矫正"。[1]

也正是在这一时期，传统上标榜自由主义的英国和美国也不得不修正自由主义的一些基本理念和实践。最为明显的是美国罗斯福政府的新政。新政的核心是发挥国家在调节经济方面的作用。

两次世界大战期间自由主义的衰落也在中国思想界得到反映。如前所言，19 世纪末、20 世纪初是我国知识界向往西方自由民主制度最热烈的时期。但这种状况很快便发生了转变。第一次世界大战后，知识界对西方的态度急剧变化。曾被誉为近代引进西学第一人的严复，在一战后痛斥西方文明三百年进化，却只落得"利己杀人，寡廉鲜耻"八个字[2]。梁启超在《欧游心影录》中描绘了一战对欧洲生命的摧残和战后百业凋敝的惨状。他将一战的思想渊源追溯到 19 世纪兴起的社会达尔文主义、极端个人主义和对科学的崇拜。他引用一位美国记者的话表达"西洋文明已经破产了"，"等你们把中国文明输进来救拔我们"。[3] 在此背景下，西方形形色色的反自由主义意识形态迅速在中国传播。后来，十月革命一声炮响，给中国传来马克思主义。稍后，当欧洲兴起法西斯主义时，法西斯主义集中领导、统一意志的理念也吸引了不少政治力量的关注。

---

[1] 埃德蒙·福赛特：《自由主义传》，第 177 页。
[2] 王栻主编：《严复集》，第三册，第 692 页。
[3] 梁启超，"欧洲心影录节录"，《饮冰室专集》之二十三，第 15 页。

在论及两次世界大战之间自由主义的衰落时，不应忘记那段近代历史中罕见的残酷年代。霍布斯鲍姆在其《极端的年代》中将1914年到1945这31年称作"浩劫的时代"。[1] 第一次世界大战期间，军人和平民的死亡人数估计为1600万至2000万。法国失去了20%的适龄青年，英国30岁以下有50万人伤亡，德国则损失了13%的适龄人口。即便美国也有11.6万人在战争中伤亡。第二次世界大战的死亡人数更为惨烈，估计有7000万至8500万，这还不包括日本侵华期间中国的伤亡人数，估计为1500万至3500万之间，其中包括约300万中国军人及大量平民。[2]

人类野蛮而残忍地互相残杀不仅导源于"人类自身残酷与暴力……潜在倾向的释放"，更重要的是，由于民族主义所激发的"战争民主化"导致一场前所未有的"总体战"。民族主义致力于将敌人妖魔化，"使敌手们正当地成为可恨的、至少是成为卑鄙的对象。"[3]

只有深切理解两次世界大战的残酷与非人性，理解其对文明的摧毁，才可能理解二战之后世界范围内为构建新秩序的努力。

三、冷战与自由主义的复兴

第二次世界大战以法西斯主义国家的失败而终结。战后，西方资

---

[1] 霍布斯鲍姆：《极端的年代》，第38页。
[2] 霍布斯鲍姆：《极端的年代》，第8—9页。
[3] 霍布斯鲍姆：《极端的年代》，第35页。

本主义国家经济"以令人惊讶的态势迅速进入前所未有的黄金时期"。[1]"美国工业生产总额在战争结束时几乎占世界的三分之二。"[2]西方经济的迅速发展带动了世界范围的经济繁荣。"从 1950 年代初至1970 年代初期，世界工业产品增长了 4 倍，世界工业贸易额增长更惊人，达 10 倍之多。"[3]"更为重要的是，充分就业这个普遍富裕社会的秘密武器到 1960 年代才成为普遍现象，当时欧洲失业率维持在1.5％。""欧洲到 1960 年代才认识到自己繁荣无比。"[4] 在经济繁荣的同时，西方资本主义国家普遍采取的社会福利政策有效缩小了贫富差距。尤其在欧洲，19 世纪普遍存在的劳资严重对立的局面有所缓和。

冷战背景激发了西方世界对自由主义民主的认同。在西方国家，主流政党普遍认同自由主义民主制度及其文化价值，人权、民主成为西方世界自我标榜的重要原则。政治的基本特征是利益政治：个人利益是决定个人政治行为的主要因素，个人利益组合形成阶层或阶级利益，不同政党代表不同阶层或阶级利益，秉持不同意识形态。主要意识形态，如自由主义、社会主义和保守主义，按照华特金斯的说法，都属于广义的自由主义。各政党之间的争议主要围绕社会政策与经济政策。

在国际上，为了维护和巩固二战的胜利果实，战争的胜利者主导构建了一套自由主义国际秩序，其核心是战后以美国为主导的一系列多边安排，包括国际货币基金组织和世界银行、联合国、北大西洋

---

[1] 霍布斯鲍姆：《极端的年代》，第 9 页。
[2] 霍布斯鲍姆：《极端的年代》，第 266 页。
[3] 霍布斯鲍姆：《极端的年代》，第 269 页。
[4] 霍布斯鲍姆：《极端的年代》，第 267 页。

公约组织、关税和贸易总协定（后来成为世界贸易组织）。在经历了两次世界大战之后，这些安排旨在约束民族国家的主权，防止国家间冲突和战争，同时制约共产主义、法西斯和国家社会主义势力。

当然，这种自由主义的战后体系在范围和成功方面都是有限的。二战结束不久，整个世界就被冷战的阴云所笼罩。世界分裂为以美国为首的所谓自由世界和以苏联为首的社会主义阵营。尽管美苏两个超级大国避免了直接的军事冲突，但冷战背景下的局部战争频繁发生。朝鲜战争、美国对越南的侵略战争、古巴危机以及世界各地的冲突，背后都有两大阵营对抗的影子。

两大阵营的竞争不仅体现在军事领域，也体现在经济和意识形态领域，而经济领域的竞争更带有制度竞争的含义。

在经济竞争中，苏联经济在战后曾经历过一段较快的发展。然而，自20世纪80年代起，苏联经济明显放缓。20世纪60年代和70年代，苏联GDP年均增长速度分别为7.15%和4.7%，而到了80年代年均增长速度降为－1.9%。从1960年到1990年，苏联GDP规模从2172亿美元增加到5433亿美元，人均GDP从1023美元增加到2697美元；而美国GDP规模则从5433亿美元增加到23976亿美元，人均GDP从3030美元增加到23976美元。1975年苏联GDP规模为美国的40.6%，1990年时下降为13%，人均GDP则从占美国的35.41%下降为11.24%。

与此同时，为应对冷战的军事竞争，两大阵营都大幅增加军费，以提升军事能力。然而，由于经济规模的差距，西方国家的军费支出占GDP的比例相对较低，在5%—7%之间，这使得美国及其盟友能够将更多资源投入民用经济和技术创新。相比之下，苏联集团的军费支出占 GDP 的比例长期保持在 15%—20% 甚至更高的水平。过重的军事负担导致基础设施投资和消费者福利严重萎缩，削弱了经济活力。从战后到苏联解体，苏联工业总产值中与军事工业相关的"甲类"工业始终占 70%—75%，而与人民生活密切相关的"乙类"工业仅占 25% 左右；农业产量甚至不及沙俄时期。

在经济竞争中，西方国家注重科技研发，尤其是在计算机、航空航天和信息技术领域有重大突破。技术进步不仅提升了工业效率和经济增长，还显著增强了西方的军事与经济竞争力。相比之下，尽管苏联在军事科技领域（如太空计划）具备优势，但民用技术创新显著滞后，生产力水平远低于西方国家。计划经济体制导致资源配置失衡，技术成果难以大规模转化为经济效益。

经济发展水平的差异还直接影响到两大阵营的消费和生活水平。西方国家的人均收入和消费水平远高于苏联。西方市场经济的灵活性确保了商品供应充足，生活质量较高；而苏联僵化的计划经济体制导致食品、日用品等频繁短缺，生活质量显著落后于西方国家。

苏联集团在经济发展水平和生活水平上与西方的差距，极大削弱了人们对社会主义的信心，最终引发了经济、意识形态和道德领域的全面危机。戈尔巴乔夫的改革未能摆脱危机或改善民众生活水平，反而加速了共产主义意识形态在苏联的全面瓦解，最终导致了苏联的解体。[1]

---

[1] 关于苏联经济状况，参见唐朱昌："苏联解体的经济原因思考：基于'经济赶超战略'视角的分析"，《世界经济情况》，2012 年第 2 期；戴德铮："苏联解体的经济原因与教训探析"，《江汉论坛》，1998 年第 3 期；周天勇：《中国：二元体制经济学：增长解释与前景展望》，格致出版社，第 12—15 页。

两大阵营的斗争也延伸至意识形态领域。谈及战后自由主义的黄金时期，必须提及自由主义意识形态占主导地位的状况。二战的结局在很大程度上扭转了自由主义民主的形象。20世纪初以来对自由主义民主的负面评价以及对共产主义、法西斯主义的追求，在二战之中开始改变。历史学者这样写道："'民主'的周围又有了新的光环；自由社会的种种美德可能华而不实，但是，与希特勒的暴政相比，他们看起来还算是好的。"就连对自由主义长期激烈批评的存在主义哲学家加缪也宣告，"极权主义自称要去治疗的任何一种邪恶，都比不上极权主义那么坏。"①

在冷战时期意识形态的竞争中，最引人瞩目的是关于自由世界和极权主义二元对立的说法。极权主义一词最早起源于意大利，与法西斯主义的兴起密切相关。自1920年代起，墨索里尼以及意大利法西斯主义者开始使用"极权主义"（totalitarianism）来描述自身的目标与特征。1925年6月，墨索里尼在法西斯政党全国大会上以这样的语言描述法西斯运动的特征："我们将追求强烈的极权主义意志（totalitarian will）。我们要建设法西斯国家。所以，在未来，意大利人和法西斯主义者将是一回事。"② 法西斯理论家詹蒂利（Giovanni Gentile）在阐述法西斯理念时，也频繁使用"极权主义"来区分法西斯主义与自由主义的根本区别。

墨索里尼及其追随者的"极权主义"概念至少包含几方面的含义。首先，极权主义是一种运动，旨在"全面"改造现存社会。其次，它具有强烈的精神与宗教色彩。用詹蒂利的话来说，法西斯主

① 罗伯特·斯特龙伯格：《西方现代思想史》，第511页。
② 转引，Abbott Gleason, *Totalitarianism: the Inner History of the Cold War*, p.16。

义的极权主义精神将渗透到人类生活的"所有"方面，从而实现意大利社会的重生。第三，极权主义强调暴力是改造社会的助产婆。最后，它带有国家主义的含义。詹蒂利在以墨索里尼的名义为《意大利百科全书》所撰写的"法西斯主义"词条中写道，

> 法西斯的国家概念是无所不包的；在国家之外，不存在任何人类的或精神的价值。如果从这一角度理解，法西斯主义是极权的；法西斯国家是包含所有价值的综合体，它代表了一个民族生命的所有方面，使这个民族发展并实现自身的潜能。①

冷战时期自由主义意识形态最重要的发明是扩展并深化了"极权主义"的概念，将苏联的共产主义制度和法西斯主义同时列入"极权主义"，从而达到污名化苏联模式的目的。事实证明，这一概念在冷战中发挥了巨大作用。多位著名学者在这方面作出重要贡献。阿伦特的《论极权主义的起源》（1951）为自由主义批评极权主义提供了重要的理论武器。在这部著作中，她明确提出，纳粹主义与斯大林主义代表了一种全新的政府形式。这种政府与传统的压迫性政府迥然不同。极权主义的目的是对内全面控制与对外征服。极权主义的真正特征是意识形态与恐怖。恐怖不仅是为了消灭反对派，更是为了实现极权主义的意识形态目标。②

卡尔·弗里德里希和布热津斯基的著作《极权主义专制与独裁》在极权主义理论发展中具有重要地位。他们将极权主义的特征概括

---

① 转引，Abbott Gleason, *Totalitarianism: the Inner History of the Cold War*, p. 19。
② 汉娜·阿伦特：《极权主义的起源》，林骧华译，生活·读书·新知三联书店，2008 年。

为五个方面：官方意识形态、唯一的群众性政党、对强制权力的近乎完全垄断、对大众传播媒介的控制，以及通过恐怖手段对人的身体和心理进行系统控制。这部充满冷战意识形态色彩的著作，影响了几代西方人的思维。[1]

在描绘"极权主义"的众多著作中，乔治·奥威尔的《1984》以文学手法勾勒出一幅极权主义的恐怖画面。许多人将其视为恐怖小说，不敢读第二遍。小说在丑化极权主义政治方面取得巨大成功，对公众的影响远超一般学术著作。[2]

在自由主义和极权主义的对立中，人权概念一直处于核心地位。也许是由于两次世界大战揭示了人性的残忍，也许是因为文明程度的提高，当联合国在二战之后制定"人权宣言"时，几乎没有太多异议。当然，西方的人权倡导者往往将人权作为冷战工具，未能始终如一地追求人权的实现。这种双重标准削弱了西方人权主张的正当性。

对于20世纪90年代苏联解体和中东欧巨变，可能有多种解释，但西方在经济和意识形态领域的优势无疑发挥了重要作用。

四、自由主义秩序受到挑战

苏联解体和中东欧巨变曾一度令西方自由主义者欣喜若狂，甚

---

[1] Carl J. Friedrich and Zbigniew K. Brzezinski, *Totalitarian Dictatorship and Autocracy*, Second edition, Harvard University Press, 1965.
[2] 乔治·奥威尔：《1984》，董乐山译，辽宁教育出版社，1998年。

至有人预言历史的终结，认为人类将进入自由主义民主时代。确实，曾有一个短暂的时期，随着前苏联和东欧的变革、中国和印度的市场经济改革，以及亚洲大部分地区进行经济改革并逐步融入世界经济，自由主义世界秩序似乎有可能成为全球主导秩序。这一秩序的基础是这样一种信念：开放和透明的市场，最小限度的政府干预，加上民主统治，将带来繁荣、和平与合作。

然而，这种乐观情绪很快便烟消云散。本世纪以来，尤其是2008年金融危机之后，自由主义秩序及其意识形态受到自二战以来最严峻的挑战。这些挑战具有深刻的社会经济根源。

第一，全球化的影响。

冷战结束后，经济全球化进程加剧。欧美主要经济体以非凡的热情拥抱全球化，中国、印度、前苏联地区和东欧国家的市场化改革进一步拓展了全球化的广度与深度。1995年世界贸易组织正式运行，2001年中国加入世界贸易组织，全球经济融合呈现空前未有之紧密状态。

在全球化的过程中，发达国家经济尽管在整体上受益，但普通劳动者的收入增长缓慢，甚至相对停滞。美国著名政治学家盖尔斯敦注意到，"全球化经济的结果是，发展中国家的大部分人以及发达国家的精英受益，而发达国家的劳动阶级和中产阶级则并未获益。"[1] 英格尔哈特讲得更直白："最近几十年的赢家是中国人、印度人和东

---

① William A. Galston, *Anti-Pluralism: The Populist Threat to Liberal Democracy*, Yale University Press, 2018, p. 13.

南亚人，而几乎所有生活在高收入国家的人都是失败者。"[1] 麦肯锡全球研究所 2016 年的一项研究发现，2005—2014 期间，在 25 个经济发达国家中，家庭收入几乎毫未增长，甚至有 65%—70% 的下降。其中，81% 的美国家庭、70% 的英国家庭和 97% 的意大利家庭收入出现下降。[2]

稳定的自由主义民主依赖物质基础。盖尔斯敦对此有精辟的分析："自由主义民主的社会基础是一种虚拟的社会契约：大众将权力交给选举产生的政治家和政府管理人员，期待持续的繁荣和社会状态的改善。如果做不到这一点，社会契约的基础便会被削弱。"[3] 换句话说："自由民主的最强黏合剂是经济增长。当群体为增长的果实而争斗时，政治游戏的规则相对容易维护。当这些果实消失或被少数幸运儿垄断时，情况就会变得糟糕。"[4]

颇为吊诡的是，与历史上通常出现的情景不同，发达国家日益加剧的经济不平等并未使更多民众转向支持左翼政党，尤其是社会主义政党。相反，不平等的加剧削弱了民众对传统自由主义政党和左翼政党的支持。在许多发达国家，民众将收入不平等归咎于全球化和开放市场，这激发了民族主义与右翼民粹主义的崛起。

第二，移民问题。

---

[1] Ronald F. Inglehart, *Cultural Evolution: People's Motivations Are Changing, and Reshaping the World*, Cambridge University Press, 2018, p.195.

[2] *Poorer Than Their Parents? Flat or Falling Incomes in Advanced Economies* (New York: McKinsey Global Institute, 2016), 4, 参见 http://www. mckinsey. com/global-themes/employment-and-growth/poorerthan-their-parents-a-new-perspective-on-income-inequality。

[3] William A. Galston, *Anti-Pluralism: The Populist Threat to Liberal Democracy*, p.13.

[4] Edward Luce, *The Retreat of Western Liberalism*, p.7.

除了全球化的影响外，移民与难民的涌入也刺激了西方民众民族认同意识的增长。一方面，大量移民的涌入抢夺了低学历本土居民的工作机会，另一方面，移民所带来的异族文化冲击被视为一种文化威胁。

欧洲接纳移民的现象始于二战之后。在此之前，欧洲几百年来一直是向外殖民的中心。二战后，由于劳动力的短缺以及殖民主义的后遗症，才有欧洲之外的居民向欧洲移民的情形。在战后几十年间，移民迅速增加。

除了移民对就业的影响外，欧洲人愈来愈感到移民尤其是伊斯兰教移民的涌入对欧洲文化与社会构成了挑战。二战后初期，伊斯兰教移民和欧洲文化与政治并无冲突。[①] 但从 1970 年代起，伊斯兰教强劲复兴和激进化的趋势愈发显著。以"反西方、反全球化、反世俗化"为旗帜的伊斯兰激进主义在多个地区兴起，欧洲的伊斯兰教移民也愈来愈展示出强烈的宗教认同，并基于宗教认同提出自己的文化与政治诉求。

面对伊斯兰教移民所展示的以宗教为基础的政治认同，欧洲开始在惊慌失措中思考如何应对这一新的局面。愈来愈多的政治家、知识分子和公众开始质疑大规模接受伊斯兰教移民的正确性。他们认为，伊斯兰教在本质上是反自由主义的、非民主甚至反民主的宗教。它反对自由表达，反对世俗化，反对批判性思维，反对个人的自主性选择，尤其会拒绝社会中少数人群的权利。因此，不可能期

---

① Bhikhu Parekh, *European Liberalism and 'the Muslim Question'*, Amsterdam University Press, 2008, pp. 5 - 6.

望欧洲的伊斯兰教移民尊重民主制度。[1]

对移民的恐惧和对全球化的抵制推动了欧洲右翼民粹主义的崛起。右翼民粹主义者拒绝多元文化主义，反对接纳移民和难民，并警告称大量伊斯兰教移民的涌入意味着"白人的自杀"和人口的"大替代"。他们发出警告：

> 欧洲正在自我毁灭。或者至少其领导人已决定自我毁灭。当然，欧洲民众是否选择与之同流合污则是另一回事。
>
> 我们所知的欧洲文明正在走向自杀。到我们这一代欧洲人走向生命终结时，欧洲将不再是欧洲，欧洲人民将失去在这个世界上唯一的生存空间。[2]

在美国，移民本来是历史中的常态。美国创建之初，绝大多数居民是来自英国的新教徒。此后，从1840年代开始，美国开始逐步接纳来自欧洲其他国家的移民。自1960年代民权运动之后，移民的来源发生了显著变化，来自亚洲、拉丁美洲的移民迅速增加。1950年代，68%的合法移民来自欧洲和加拿大，但从1971年到1991年，移民中一半来自墨西哥、中美洲和加勒比海地区，三分之一来自亚洲。此外，还有大量来自墨西哥和拉丁美洲的非法移民。[3]

大量合法和非法移民的涌入引发了许多白人的反弹，自1990年

---

[1] Bhikhu Parekh, *European Liberalism and 'the Muslim Question'*, p.11.

[2] Douglas Murry, *The Strange Death of Europe: Immigration, Identity, Islam*, London: Bloomsbury Publishing, 2017, p.5.

[3] John B. Judis, *The nationalist Revival: Trade, Immigration, and the Revolt against Globalization*, Columbia Global Reports, 2018, pp.53-54.

代起，移民问题成为美国政治中最具争议的议题之一，成为激发民族主义和右翼民粹主义兴起的主要原因。

最早对民族主义作出理论表述的是塞缪尔·亨廷顿。早在冷战刚刚结束之际，亨廷顿就敏锐地注意到，冷战结束后的世界性冲突不再是源于意识形态的冲突，即发生在西方资本主义和东方共产主义阵营之间的冲突，而会是基于不同文明之间的冲突。2004 年，亨廷顿出版了《我们是谁？美国国家特性面临的挑战》，进一步明确表达了基于文化认同的民族主义理念。① 他的核心观点是，美国社会凝聚力的基础在于美国认同，而其核心则是盎格鲁-新教文化。美国创建之初，绝大多数居民是来自英国的新教徒。尽管美国后来接纳了来自其他地区的移民，但亨廷顿争辩道："在历史上，凡是不属于盎格鲁-撒克逊新教白人的人，都被要求接受美国的盎格鲁-新教文化及其政治价值观，而成为美国人。"②

亨廷顿的最大忧虑是，如今：

这一文化的重要地位和实质内容受到以下一些方面的挑战：一是来自拉丁美洲和亚裔的移民新浪潮；一是学术界和政界流行的多元文化主义和多样性理论；一是西班牙语有形成美国第二语言之势，美国社会中出现了拉美裔化的倾向；一是一些群体强调立足于人种和民族属性及性别的身份/特性；一是移民社群及其原籍国政府对美国社会施加的影响；一是精英人士日益

---

① 塞缪尔·亨廷顿：《我们是谁？美国国家特性面临的挑战》，程克雄译，新华出版社，2005 年。
② 亨廷顿：《我们是谁？美国国家特性面临的挑战》，第 53 页。

强调其世界主义的和跨国的身份/特性。①

　　面对美国的认同危机，亨廷顿分析了美国在内政与外交上的战略选择。他认为，美国有几种可能的路径：第一是"世界的美国"，"美国人可以拥抱世界，也就是向别国人民和文化开放自己的国家"；第二是"美国的世界"，"美国人可以试图按照自己的价值观去改造别国的人民和文化"；第三是"美国的美国"，"美国人可以保持自己社会和文化的特性，使之不同于别国人民的社会和文化"。②

　　亨廷顿的选择十分明确，他主张民族主义的美国，即回归作为一个民族国家的美国，将国家自身利益置于首位。

　　在美国右翼思潮崛起中扮演重要角色的还有以茶党为代表的民粹主义运动。茶党代表了小业主、小商人等受到全球化竞争压力以及自由主义政策双重挤压的中产阶级力量。茶党的经济与社会理念大致沿袭了二战以来美国的保守主义传统。不过，与传统的保守主义不同，茶党的主张在本质上是一种保守主义的民族主义。其核心诉求包括反对全球化，反对多元文化主义，反对移民，以及恢复传统的美国秩序、美国生活方式。③ 在某种意义上，茶党运动代表了白人民族主义的崛起，并标志着这一力量从传统政治中的边缘转变为主流政治力量。④

---

① 亨廷顿：《我们是谁？美国国家特性面临的挑战》，第2页。
② 亨廷顿：《我们是谁？美国国家特性面临的挑战》，第302—304页。
③ 参见 Theda Skocpol and Vanessa Williamson, *The Tea Party and the remaking of Republican conservatism*, Oxford University Press, 2012。
④ John B. Judis, *The Nationalist Revival: Trade, Immigration, and the Revolt against Globalization, Columbia Global Reports*, 2018, p.62.

特朗普及其"让美国再次伟大"（MAGA）运动的内政外交理念，与亨廷顿的民族主义思想高度契合，也与茶党的诉求相呼应。特朗普政府的基本政策走向聚焦于"美国优先"，即从"世界的美国"或"美国的世界"回归到"美国的美国"。他将传统自由主义坚持的普遍主义价值观斥为"政治正确"的无稽之谈，并毫不留情地予以抛弃。

　　在右翼民粹主义泛滥的同时，西方的自由主义也发生了重大转变，对传统自由主义构成了明显挑战。这种现象在美国尤为显著。在相当长时期，美国占主导地位的是所谓"古典自由主义"。古典自由主义是以尊重个人的平等尊严为基础的理论，通过法治保护个人权利，并对国家干预这些权利的能力进行宪法性限制。然而，在过去半个世纪以来，这一基本思想经历了重大转变。按照一位自由主义批评者的说法，从1950年代起开始，一股新的自由主义模式兴起、扩散，"不断增强并成为一股洪流，在60年代席卷全国"。这种自由主义被批评者称为现代自由主义、激进自由主义或情感自由主义，[①] 近些年来也被特朗普等右翼批评者称为"觉醒自由主义"。[②] "现代自由主义的特点是激进的平等主义（结果平等而非机会平等）和激进的个人主义。"[③] 为了避免概念的混乱，我们姑且将这种自由主义称作"左翼自由主义"。

---

① Robert H. Bork, *Slouching Towards Gomorra: Modern Liberalism and American Decline*, p.10.
② 譬如，特朗普在2020年和2024年多个竞选集会上公开贬低进步派和民主党左翼，称他们为"觉醒自由主义者"，声称"这些觉醒自由主义者只会谈论他们的政治正确，却不关心普通美国人的困境"。
③ Robert H. Bork, *Slouching Towards Gomorra: Modern Liberalism and American Decline*, pp.13–14.

在政治上，这种左翼自由主义最突出的特征是热衷于认同政治，即对传统经济社会问题的关注被转向更狭隘的边缘化群体：种族少数群体、移民、性少数群体等。国家权力日益用于为这些群体实现特定社会结果。

认同政治的哲学基础是一套后现代左派理论。这是一种全新的意识形态，它结合了来自激进平等主义的古老思想与全新的文化和道德观念。[1] 这种后现代左派日益成为左翼自由主义的主流，在民主党中有举足轻重的影响。

关于后现代主义，法国思想家利奥特在《后现代的条件》中阐述了后现代社会和政治理论的核心观点。后现代主义的政治理念源自对现代性的根本批判。现代性政治的核心是普遍主义。它坚信存在客观的、普遍适用的真理，而且人类能够通过知识、教育、启蒙来发现这些真理。它以一种固定不变的逻辑解释世界，它确定出一套规范性规则，如个人的价值、权利、自由、平等、民主、正义等，用以衡量一切观念和制度。后现代主义则拒绝普遍主义的真理观与价值体系。它通过解构主义方法认为，现代性政治中的理性主义价值观仅仅是人为的构建。后现代主义倡导一种新的、非中心的、多元的价值标准。这些标准应该是因人、因地、因时而异的。

当今美国的左翼自由主义与这种后现代主义的影响密切相关。今天美国几乎所有的激进议题都显示出后现代主义的烙印。这些议题包括激进的多元文化主义、批判性种族理论、女权主义理论、性别和跨性别理论、同性恋理论、媒体"批评"、后殖民研究和土著文

---

[1] Kim R. Holmes, *The Closing of the liberal Mind: How Groupthink and Intolerance Define the Left*, Encounter Books, 2016, p.37.

化研究等。这些议题的核心是强调认同政治。美国左翼自由主义有意识地挑起认同政治议题，企图以认同政治吸引少数族裔以及其他非主流选民，在选举中获得胜利。①

在美国的后现代左翼运动中，一股否定美国几百年来主流政治与文化传统的潮流来势汹汹。在这一思潮下，美国不再是自我标榜的"灯塔之国"，而是一个充满压迫与不公正的邪恶国家。

在这股潮流中，最引人注目的是批判性种族理论。该理论起源于 1970 的批判法学，随后逐渐发展为一种思想与社会运动。批判性种族理论有两条核心原则：第一，种族是一种社会建构，是文化"发明"出来的范畴，旨在压迫和剥削非白人群体；第二，种族主义是美国社会、政治和法律制度内在的顽疾，而非仅仅是个人的偏见，这些制度持续创造并维持了白人与非白人之间的社会、政治和经济不平等。②

与批判性种族理论密切相关的是以"觉醒主义"（Wokeism）为名的运动。该运动最初强调美国黑人需要时刻意识到白人出于种族动机对他们的威胁。2020 年，非裔美国人乔治·弗洛伊德被一名白人警察杀害事件引发了全国性的抗议浪潮，"黑人的命也是命"（Black Lives Matter）抗议使觉醒主义运动达到了高潮。③ 该运动的核心诉求是彻底解构和重构西方文化。

---

① Kim R. Holmes, *The Closing of the liberal Mind: How Groupthink and Intolerance Define the Left*, pp. 38 – 40.
② Richard Delgado and Jean Stefancic, *Critical Race Theory: An Introduction*, Third Edition, New York University Press, 2017.
③ Tehama Lopez Bunyasi and Candis Watts Smith, *Stay Woke: A People's Guide to Making All Black Lives Matter*, New York University Press, 2019.

为了重塑美国历史的叙述，一些左翼自由主义者发起了"1619项目"。该项目旨在重新审视美国的建国历史。传统上，美国的建国年份是1776年，《独立宣言》标志着国家的成立。然而，《纽约时报》于2019年推出了"1619项目"，将1619年第一批被奴役的非洲人抵达弗吉尼亚殖民地的时间视为"美利坚民族的诞生"。该项目的目标是通过将奴隶制的后果和黑人对美国的贡献作为核心叙事，重新书写和塑造美国历史。该项目由《纽约时报》记者妮可·汉娜·琼斯主导，她因此获得了普利策评论奖。[①]

对于左翼自由主义的认同政治，自称为自由派学者的马克·里拉有痛心疾首的描绘。他分析道，美国自由派从传统的关注国家发展的基本政策，蜕变为"反而投身于认同政治运动，从而丧失了一种我们作为公民所共享的以及将我们团结为一个国家的意识"。[②]

在里拉看来，认同政治无异于自由主义的自杀。基于认同政治的自由主义的病症是"没有公民政治的认同政治。公民政治是团结的政治，而认同政治却是分裂的政治；公民政治的核心是竞争选举，而认同政治的核心却是政治运动；公民政治有一幅以公民为核心的政治愿景，而认同政治却没有政治愿景"。[③]

右翼民粹主义和左翼自由主义的认同政治改变了美国政治的基

① Nikole Hannah-Jones, *Summary of the* 1619 *Project*, Ben Business Group LLC, 2022.
② 马克·里拉：《分裂的美国》，马华灵、顾霄容译，上海人民出版社，2022年，第36—37页。Identity常常被翻译为"身份"。但严格来讲，翻译为认同似乎更为妥当。亨廷顿对此曾有过分析："Identity的意思是一个人或一个群体的自我认识，它是自我意识的产物：我或我们有什么特别的素质而使得我不同于你，或我们不同于他们。正如本内迪克特·安德森将民族视作"想象的共同体"，"Identity是想象出来的自我"。（塞缪尔·亨廷顿，《我们是谁？美国国家特性面临的挑战》，程克雄译，新华出版社，2005年，第20—21页。）
③ 马华灵："译后记：身份自由主义的陷阱"，马克·里拉，《分裂的美国》，第170页。

本特征，激发了西方政治从传统的利益政治向认同政治的转变。这或许是近代以来在政治理念和政治运行原则上发生的最深刻的历史性变化。[①]

与利益政治相比，认同政治具有不宽容性，且易于走向极端。利益政治，尤其是以代表不同利益的政党为特征的政治，通常能够通过妥协解决冲突。毕竟，似乎政治学家和经济学家都同意，现代政治的实质是解决"谁得到什么"的问题。[②] 而这一问题可以通过理性的讨论与妥协来解决。认同政治的逻辑则不同，它不再关心谁得到什么，而是"我是谁"，是我者与他者的区别。在以认同政治为基础的民粹主义者眼里，我者是"人民"，他者是非人民。人民是美德与正义的象征，而"他者"则是腐败与不义的代表，两者如同冰炭，势不两立。

右翼和左翼的认同政治极大地加剧了美国的政治极化。在美国，左右两翼的极端势力在主流政党中的影响力不断上升。左翼自由主义对民主党产生了相当大的影响力，而右翼民粹主义几乎绑架了共和党。

左右双方的冲突不仅限于传统的经济和社会政策，更多的是围绕广义的认同问题。首先是"文化之战"，为美国的灵魂而战：美国到底是一个盎格鲁-撒克逊新教白人创建的伟大国家，还是一个一直

---

① 参见 Alan T. Arwine and Laurence C. Mayer, *The Changing Basis of Political Conflicts in Advanced Western Democracies: the Politics of Identity in the United States, the Netherlands, and Belgium*, Palgrave Macmillan, 2013；曼纽尔·卡斯特：《认同的力量》，夏铸九、黄丽玲等译，社会科学文献出版社，2003；Fukuyama, *Identity: the Demand for Dignity and the Politics of Resentment*, New York: Farrar, Straus and Giroux, 2018。

② 著名政治学家拉斯韦尔名著的标题是 *Politics*：*Who Gets What*，*When*，*how*，而诺贝尔经济学奖得主埃尔文·罗斯的著作标题也是 *Who Gets What — and Why*：*The New Economics of Matchmaking and Market Design*，2015。

充满压迫和不正义的国家？其次是围绕移民问题的争论，这直接关系到美国未来的人口格局，是一个仍然由白人占主导地位的国家，还是由毫无美国认同的有色人种主导的国家。

政治极化带来的最明显后果就是民主制度的劣质化，甚至可以说是民主的危机。任何一个观察美国政治的人都会注意到美国民主制度功能明显退化。其典型特征包括：立法陷入僵局、政府部门间冲突加剧、公共服务能力弱化、宪法自由被削弱、媒体两极化，以及对选举程序和结果的攻击。①

西方国家的自由主义民主危机也对世界秩序产生了重大影响。一方面，二战以来形成的以自由主义为主导的国际秩序正面临崩溃。在经济上，自由贸易体系受到严重挑战，贸易保护主义盛行，逆全球化的趋势愈来愈明显。在政治上，以民族主义、宗教激进主义为核心诉求的力量在全球范围内日益具有影响力，各式各样的强人政治盛行，传统上自由主义所追求的以规则、制度为基础的全球治理变得愈来愈遥远；在文化上，文化与文明之间的冲突加剧，历史主义与民族民粹叙事勃兴，认同政治与普遍主义之间的张力更加突出。

随着西方经济影响力的衰退和民主危机的加剧，自二战以来，尤其是冷战结束后的所谓民主化浪潮正在退潮。长期鼓吹民主化的著名学者戴蒙德无奈地写道：

> 在民主扩展了三十年、随后停滞并逐渐受到侵蚀的十年之后，如今我们正在目睹全球范围内自由的退却。在世界的每个

① Helder Ferreira do Vale ed., *Democracy － Crises and Changes Across the Globe*, London: IntechOpen, 2024, p. viii.

角落，独裁者正在占据上风，而民主派则处于防守态势，竞争性政治和自由表达的空间正在缩小。成熟的民主国家日益两极分化、不宽容且功能失调。新兴民主国家面临着无情的丑闻、广泛的民众不满以及对其生存的致命威胁。从土耳其和匈牙利到菲律宾，狡猾的独裁者正在削弱宪法制衡机制。在全球政治风向有利于他们的背景下，威权领导人正变得更加肆无忌惮。[①]

著名自由主义批评者德尼恩描绘出一幅令人绝望的美国现状：

> 如今，大约 70% 的美国人认为他们的国家正朝着错误的方向前进，有一半的美国人认为国家的最好时光已经过去。大多数人认为他们的孩子将不如前几代人那么富足，拥有的机会也会更少。政府的每一个机构都显示出公民对其信任度在下降，对政治的深深愤世嫉俗反映在政治光谱各个方面对政治和经济精英的反抗中。选举，曾经被视为精心策划的、旨在向自由民主传达合法性的活动，现在越来越被视为一个坚不可摧的被操纵和腐败体系的证据。所有人都清楚地看到，政治制度已经破裂，社会结构正在瓦解，尤其是富有的"有产者"和被边缘化的"无产者"之间的鸿沟日益扩大，信徒和世俗者之间的敌意加剧，美国在全球角色上的分歧也日益加深。……越来越多的基督徒将当下的美国与晚期罗马帝国相提并论，并考虑从更广泛的美国社会中彻底退出，转而进入类似本笃会修道院的封闭

[①] Larry Diamond, *Ill Winds: Saving Democracy From Russian Rage, Chinese Ambition, and American Complacency*, New York: Penguin Press, 2019, p.2.

社会。时代的迹象表明，美国面临许多深层问题。越来越多的声音甚至警告，我们可能正在目睹共和国在我们眼前走向终结，某种尚未命名的政权正悄然崛起并取而代之。①

五、对自由主义的批评与反思

面对自由主义的困境，最近几十年来，对自由主义理论的批评与反思构成西方当代政治理论的一个重要方面。其中，既有从保守主义角度根本否定自由主义之价值者，也有自由主义阵营内部反思自由主义缺陷并提出救治方案者。批评或反思的主要对象是左翼自由主义的意识形态和政治实践。通过考察这些批评，我们或许可以观察到自由主义遭遇挑战的理论原因以及自由主义在危机中实现转型的可能性。

1. 保守主义对自由主义的批评

在对自由主义的批评中，保守主义的批评具有深刻的哲理，值得予以关注。我们可以先从近期颇有影响的德尼恩的著作谈起。

2016年，特朗普当选美国总统后不久，德尼恩出版了《自由主义为何失败》。② 他认为，自由主义的失败恰恰源于它的成功。作为一种以个人主义为核心的意识形态，自由主义通过一

---

① Patrick Deneen, *Why Liberalism Failed*, New Haven: Yale University Press, 2018, p. 2.
② Patrick Deneen, *Why Liberalism Failed*, New Haven: Yale University Press, 2018.

系列政治、经济、教育、科学和技术领域的变革，成功削弱了家庭、社区和宗教机构，将人从特定的文化、传统、地域和社会关系中解放出来，赋予了现代个体前所未有的自由与自主。然而，自由主义民主与市场资本主义的结合也带来了许多问题，如新兴的政治贵族阶层、日益扩大的经济不平等、教育系统中的优绩主义，以及新科技对人类本质的威胁。此外，政治、宗教、科学和媒体机构逐渐丧失公信力，社会信任崩溃，极化日益严重，进步派与保守派的对立愈加尖锐。这一切使得现代个体反而无法实现真正的自由和自主。[1]

德尼恩所批判的"自由主义"并非特指美国语境中以民主党为代表的自由主义，而是自美国制宪以来一直奉行的政治理念，是民主共和两党以不同方式共享的意识形态。在这个意义上，德尼恩拒绝将自己称为保守主义者，以防与共和党所声称的保守主义混为一谈。

德尼恩追溯了自由主义的起源和发展。自由的观念并非自由主义的发明，西方传统很早便有自由观念。但自由的含义是，培育美德和自我管理作为防止暴政倾向的工具。希腊人明白，"自治是从个人自治到城邦自治的连续过程，只有在美德，如节制、智慧、适度和正义得到相互维持和培养的情况下，才能实现自治。……希腊哲学强调'paideia'，即美德教育，作为防止专制和保护公民自由的主要途径"。[2]

罗马和中世纪基督教哲学不仅继承了希腊的自由观念，保

---

[1] Patrick Deneen, *Why Liberalism Failed*, p.4.

[2] Patrick Deneen, *Why Liberalism Failed*, p.22.

留了希腊对培养美德的强调，同时也发展了一些制度形式，旨在限制领导人的权力，同时为民众在政治统治中正式或非正式表达意见开辟途径。今天与自由主义相关的许多政府体制形式，包括宪政、三权分立、政教分离、联邦制、法治和有限政府，最初都是在现代之前的几个世纪中构思和发展起来的。①

现代自由主义背弃了古典自由主义的核心价值，拒绝了古代和中世纪遗留的这些制度性因素。马基雅维利开启了现代政治哲学的先河，此后，培根、霍布斯、笛卡尔和洛克等一系列理论家发展出现代自由主义理论。这些理论家拒绝了古典和基督教培养美德的努力，用"唯意志论"——即个人"不受束缚"和"自主"的选择——以及对自身利益的诉求，取代了有序的自由和美德的培养。这种自由观念"破坏了对共同利益的任何诉求"，导致"公民群体越来越受私人利益且主要是物质利益驱动"。②

德尼恩认为，自由主义在追求个人自主的过程中，反而摧毁了维系个人自由的社会纽带。它解构了家庭、社区、教会等社会机构，剥夺了个人的传统身份，使其成为孤立的个人。③ 颇具讽刺意味的是，自由主义声称要限制国家权力，但通过削弱所有中介性社会机构，最终却强化了国家对个体的控制。国家成为了唯一有权规范个人行为的实体，自由主义的个人自主最终导致了国家权力的扩张，形成了霍布斯《利维坦》中的景

① Patrick Deneen, *Why Liberalism Failed*, pp. 22 - 23.
② Patrick Deneen, *Why Liberalism Failed*, p. 24.
③ Patrick Deneen, *Why Liberalism Failed*, pp. 17 - 18.

象——国家由完全自主的个人组成，而个人则受制于国家的绝对控制。①

德尼恩断言：

> 自由主义已经失败，因为自由主义已经取得成功。随着自由主义彻底展现自身，它所产生的病态现象比能够应对或掩盖这些问题的手段增长得更迅速、更广泛。其结果是选举政治、治理和经济领域出现系统性的瘫痪，公众对合法性逐渐失去信心，甚至丧失了信仰。这些问题并非可以在自由主义框架内逐一解决的独立问题，而是紧密相连的合法性危机的体现，预示着自由主义的终结。②

德尼恩用流行的计算机语言给自由主义下了诊断书："问题不仅仅在于某个具体的项目或应用程序，而是在于操作系统本身。"③

如何摆脱自由主义的危机，构建后自由主义秩序？德尼恩主张，不是彻底革命，不是回到前自由主义时代，不是倒退回威权主义或专制主义，而是在承认自由主义成就的前提下，放弃导致自由主义失败的基础原因。④

构建后自由主义秩序的关键是超越各种现代意识形态，培育新形式文化以及与新文化相适应的经济与政治制度。纵观德尼恩的著

---

① Patrick Deneen, *Why Liberalism Failed*, pp. 38 – 39.
② Patrick Deneen, *Why Liberalism Failed*, p. 179.
③ Patrick Deneen, *Why Liberalism Failed*, pp. 179 – 180.
④ Patrick Deneen, *Why Liberalism Failed*, p. 182.

作，他对自由主义的批判以及后自由主义理论构建的核心是文化。他写道，当自由主义强调自主，强调政府必须基于人民同意时，

> 自由主义忽视了文化本身是一种更深层次的同意形式。文化和传统是历代人自愿积累并作为礼物传递给后代的实践和经验积累的结果。这种传承是一种更深层次的自由的结果，即代际与世界和彼此互动的自由。它是集体实践的结果，如果后代的经验和实践得出不同的结论，他们可以改变它。[1]

后自由主义理论构建的核心是在自由主义"反文化"的背景下重新构建文化，这种努力应该被理解为"反-反文化"。[2] 这种新文化的基础是社会有机体观念，而不是自由主义那种机械主义社会观。它倡导通过社区、家庭经济和公民参与的自治实践来对抗自由主义的抽象性和去人格化。这种努力强调地方性环境中的集体记忆、习惯和相互义务，以抵制自由主义造成的个体孤立。[3]

德尼恩的后自由主义方案让人想起 19 世纪末、20 世纪初盛行一时的法团主义。法团主义批评自由主义的个人主义，希望以各种形式的社团、共同体为基础构建社会。和法团主义相似，德尼恩也强调用社会有机体理论取代自由主义的机械主义理论。

德尼恩对自由主义的批评并非新鲜之见，类似的观点在过去几十年美国保守主义者的著作中屡见不鲜。其中具有代表性和影响力

---

[1] Patrick Deneen, *Why Liberalism Failed*, p.190.
[2] Patrick Deneen, *Why Liberalism Failed*, p.192.
[3] Patrick Deneen, *Why Liberalism Failed*, p.192.

的，当属罗伯特·博克的著作。博克是美国著名的保守主义法学家，曾任联邦上诉法院法官。1987 年，里根总统提名他为最高法院法官，但因参议院否决而未成功。他 1996 年的著作《步履蹒跚走向俄摩拉城：现代自由主义与美国的衰落》①，对于任何想要了解自由主义哲学前提与其在美国社会政治表现之间历史联系的人来说，是一部必读之作。

博克如此定位自己的著作："这是一本关于美国衰落的书。由于美国文化是所有西方工业化民主国家文化的一种形态，所以它甚至可能同时成为一本关于西方衰落的书。"②

衰落的根源在文化，文化是政治的先导，"文化最终塑造政治"，政治往往会有滞后效益。博克将他那个时代政治与社会问题的根源追溯到现代自由主义观念。

博克所讲的文化，"涉及所有人类行为和制度，包括大众娱乐、艺术、宗教、教育、学术、经济活动、科学、技术、法律和道德。在这个列表中，如今只有科学、技术和经济可以说是健康的，而这种状态能持续多久还是个问题。尽管看起来不太可能，但科学和技术本身正日益受到攻击，而且在一个衰弱的、享乐主义的文化中，似乎极不可能维持一个充满活力的经济，尤其是当这种文化通过越来越多地拒绝将个人成就作为分配奖励的标准而扭曲激励机制时。"③

---

① 据《圣经·创世记》记载，俄摩拉城与所多玛城一样，因其居民罪恶深重，一味地行淫，随从逆性的情欲，被上帝视为不可容忍，最终遭到了天火与硫磺的毁灭，两座城市在一天之内消失无踪。

② Robert H. Bork, *Slouching Towards Gomorra: Modern Liberalism and American Decline*, Harper Collins, 1996, p.11.

③ Robert H. Bork, *Slouching Towards Gomorra: Modern Liberalism and American Decline*, p.11.

导致美国衰落的原因在于"现代自由主义"。博克区分了"现代自由主义"和古典的或传统的自由主义。现代自由主义指的是自由主义发展的最近阶段，其观念从 50 年代起开始兴起、扩散，"不断增强并成为一股洪流，在 60 年代席卷全国。"[①]这种自由主义也可以被称为激进自由主义、情感自由主义或后现代自由主义。"现代自由主义的特点是激进的平等主义（结果平等而非机会平等）和激进的个人主义。"[②]

博克勾勒出一幅现代自由主义摧毁美国传统文化和价值观的画面。自 1960 年代以来，现代自由主义逐步成为文化的主导力量。自由主义激进分子占据了美国各大机构和政府中的权威与领导职位。自由主义在塑造舆论的知识分子、基金会高管、大学教授和官僚群体中占主导地位。最具破坏性的是联邦司法机构中自由主义泛滥，它已成为将不得人心的自由主义措施强加于公众的工具。自由主义的泛滥导致美国文化与社会的衰败。这表现在日益低俗的流行文化、不断攀升的非婚生育和长期的福利依赖、对暴力罪犯危险的宽纵、堕胎与安乐死、女权主义者的谎言与恫吓、法定的种族歧视（平权行动）、低水平的教育、法庭和新闻界的反宗教偏见以及造成社会分裂的多元文化主义。所有这些衰败的根源都与现代自由主义的两大支柱——激进个人主义和激进平等主义有密切关系。

德尼恩和博克对自由主义的批判，继承了二战后在美国兴起的

---

① Robert H. Bork, *Slouching Towards Gomorra: Modern Liberalism and American Decline*, p.10.

② Robert H. Bork, *Slouching Towards Gomorra: Modern Liberalism and American Decline*, pp.13 - 14.

传统保守主义（traditional conservatism）对自由主义及现代性的反思。传统保守主义质疑近代以来自由主义的基本社会价值观，拒绝道德相对主义，反感世俗化和大众文化，抵制多元文化主义，反对堕胎、同性恋和平权等。它倡导传统的社会价值观，主张恢复传统宗教和伦理规范。

最早举起传统保守主义大旗的有理查德·维沃（Richard Weaver）、拉塞尔·柯克（Russell Kirk）、罗伯特·尼斯贝特（Robert Nisbet）等学者。1948 年，维沃出版了《思想的后果》，对西方近代文明发起总体性攻击。在这部著作中，他以颇为通俗的笔法描绘了西方文明在现代的崩溃，并将这一崩溃的起源追溯到中世纪唯名论对唯实论的胜利。[①] 另一位极有影响的保守主义鼓吹者拉塞尔·柯克于 1953 年出版了《保守主义的精神：从柏克到艾略特》，系统梳理了近代保守主义历史，阐释了保守主义的基本教义。尤为重要的是，柯克试图挑战自由派所谓美国自由主义传统的神话，强有力地展示了美国的保守主义传统。[②]

在传统保守主义阵营中还必须提及一批重要的保守主义哲学家。这些保守主义哲学家并非仅仅倡导保守主义理念，而是从哲学的高度挑战自由主义的基础，从而具有更深远的影响。在这批哲学家中，最著名的是利奥·施特劳斯和埃里克·沃格林。

施特劳斯于 1953 年出版了他的代表作《自然权利与历史》，从古今之争的视角对西方近代以来的政治哲学作出全新的系统解释。

---

① 理查德·维沃：《思想的后果》，王珀译，江西人民出版社，2015 年。
② Russell Kirk, *The Conservative Mind: from Burke to Eliot*, Regnery Publishing, Inc., 1953.

施特劳斯认为，西方古典政治哲学的核心是一种自然正当（natural right）的观念，它将追求美好生活视为人生的最高目标和政治的最高目标。从马基雅维利和霍布斯等思想家开始，现代政治哲学经过三次浪潮，彻底颠覆了古典政治哲学，导向历史主义和实证主义，并因此导向价值相对主义甚至彻底的虚无主义。而自由主义作为现代性政治哲学的产物之一，将这种价值相对主义和虚无主义推向极端。①

与施特劳斯同属德裔移民的沃格林也是保守主义阵营中一位颇有影响的哲学家。沃格林在 1952 年出版的《新政治科学》，勾勒出一幅西方文明从上升到倒退的画面。西方文明继承了希伯来和希腊两大传统，在基督教兴起并制度化后达到高峰。而灵知主义的出现则成为西方文明下降的转折点。沃格林将启蒙运动以来的自由主义、极权主义、共产主义、民族主义等近代意识形态统统纳入"灵知主义"的框架进行抨击，认为这些意识形态代表了西方文明的衰退。②

其实，这种保守主义对自由主义的批判可以追溯到更早时期。笔者在《自由主义》旧版中曾论及法国大革命时期著名保守主义者梅斯特尔对自由主义的批评。他的主要论点至今仍然构成保守主义批评自由主义的基本论题。

梅斯特尔对自由主义的批评主要集中在自由主义的核心——个人主义上。他认为，个人主义的最大弊端是削弱了社会稳定与秩序赖以建立的基础。根据梅斯特尔的分析，建立一个健全而稳定的社会的基础是权威、宗教与社群（community）。而自由主义的核心恰

---

① 列奥·施特劳斯：《自然权利与历史》，彭刚译，生活·读书·新知三联书店，2003 年。
② 埃里克·沃格林：《新政治科学》，段保良译，商务印书馆，2018 年。

恰在于削弱权威，削弱宗教信仰，削弱个人赖以生存、赖以确定自己认同感与归属感的社群。①

笔者在《自由主义》初版中曾对保守主义这些批判表达过自己的评价，摘要如下："保守主义对自由主义的批评有助于我们为自由主义定位。自由主义在本质上是一套国家学说。……自由主义关注的重点并不是个人行为的道德性问题，而是制度构建问题。因此，当自由主义者高谈人是自私的，只要不伤害他人利益，个人有权追求自己认定的个人利益时，这并不意味着自由主义鼓励一种只追求个人私利、罔顾社会公德与 他人利益的行为。从亚当·斯密与边沁所谈论的"开明自利"到康德所强调的道德绝对命令，自由主义者无不试图强调个人追求自身 利益时应该有某种道德考量。不过，自由主义强调的是，这种道德行为的形成不是国家立法者的责任，而是个人自己的选择。自由主义不反对保守主义者褒扬传统与宗教，不反对社群主义者弘扬社群 的价值，不反对道德主义者关于道德观的说教。"②

2. 自由主义阵营的反思

面对自由主义的困境，面对保守主义的批评，自由主义阵营也不乏反思声音。其中最突出的观点是将目前自由主义理论的缺陷归因于冷战自由主义。在冷战的影响下，自由主义逐渐滑向"自由至上主义"（libertarianism），偏离了传统自由主义的一些重要原则，放弃了自由主义的价值理想。

西普利（David Ciepley）在《极权主义阴影下的自由主义》中

---

① 详见本书第五章第一节。
② 详见本书"结语"部分。

勾勒出自由主义发展所经历的三个阶段：第一阶段，古典自由主义，以社会契约理论为基础，带有强烈的批判性和革命色彩，但在道德上仍坚持美德。第二阶段，社会学的自由主义，托克维尔、美国的联邦主义者可以被视为这一阶段的代表，自由主义仍然保持了美德主义的特征。第三阶段则是冷战自由主义。①

在冷战的阴影下，自由主义与极权主义之间的对立成为美国知识界的主导思维框架，无论是在文化问题还是经济问题上，这种对立的累积效应推动了自由主义向自由至上主义的方向发展。②

> 当极权主义进入美国的集体想象后，极权主义与个人自由之间的二元对立成为美国自由思想的主导意象。……即使在今天，任何聪明的美国本科生都带着一张意识形态图谱，在经济层面上从共产主义到自由放任主义，在道德和文化层面上从法西斯主义到文化与公民自由至上主义。而且，就像任何将这一图谱内化于心的美国人一样，她必然会对极权主义的极端限制产生反感，而倾向于个人的极端自由，即把个人自由理解为没有限制。③

冷战自由主义导致知识界分裂为两大阵营：一边是右派，强烈拥护自由市场；另一边是左派，积极提倡道德和文化自由主义。换

---

① David Ciepley, *Liberalism in the Shadow of Totalitarianism*, Harvard University Press, 2006, pp. 26 – 30.
② David Ciepley, *Liberalism in the Shadow of Totalitarianism*, pp. 2 – 3.
③ David Ciepley, *Liberalism in the Shadow of Totalitarianism*, p. 2.

句话说，知识界在文化问题上向左倾斜，而在经济问题上向右靠拢。①

冷战自由主义的一个显著特征是对美德的拒绝与国家中立理念的泛滥。② 其结果之一是美国在现代国家建设上出现了弱化。与欧洲国家不同，美国传统上缺乏欧洲意义上的国家构建。"大萧条时期为美国提供了重新构建国家与社会关系的机会，美国的进步主义者似乎准备抓住这一契机。然而，极权主义的崛起在此时发生，改变了进步主义路线，并塑造了最终形成的国家性质。"③

> 极权主义的噩梦是双重的。一方面，它唤起了一个无所不包的行政国家通过强力干预社会的形象，这是当时关于国家与经济关系讨论中最突出的极权主义印象，它使进步主义者改变国家与经济关系的努力失去了合法性。另一方面，它激发了一个更为可怕的形象，即国家通过意识形态一致性来压制个体自由。这一形象对美国社会的后续发展影响更大，因为它使一种观点丧失了合法性，即公共权力在维护道德标准和塑造个体品格方面应当发挥作用。换句话说，极权主义使"塑造性政治"失去了合法性。④

同样将自由主义的衰落归罪于冷战自由主义的还有莫因

---

① David Ciepley, *Liberalism in the Shadow of Totalitarianism*, p.5.
② David Ciepley, *Liberalism in the Shadow of Totalitarianism*, p.14.
③ David Ciepley, *Liberalism in the Shadow of Totalitarianism*, p.39.
④ David Ciepley, *Liberalism in the Shadow of Totalitarianism*, p.183.

(Samuel Moyn) 的《自由主义反对自己》。该书的第一句话便表明了作者的基本判断："对自由主义来说，冷战自由主义是一场灭顶之灾。"[1] 两次世界大战的惨痛经历以及自由主义、法西斯主义与共产主义之间的意识形态较量，在 20 世纪中叶决定性地改变了自由主义的面貌。回顾法西斯主义的灾难，面对极权主义的威胁，西方阵营的许多自由主义者感到恐惧。他们将自由确立为最重要的政治价值，把在充满残酷与威胁的世界之中保存自由看作首要的政治目标。这不是一个新鲜的故事，但颇不寻常的是，莫因批评冷战自由主义是对苏联威胁的"过度反应"[2]。按照莫因的描述，60 年代，自由主义民主制内部曾出现对冷战自由主义的批评，但并未伤其根本；七十年代后期，随着越南战争的结束与缓和政策的终结，冷战自由主义重新抬头，并催生了新自由主义与新保守主义。冷战的结束与"历史的终结"似乎标志着自由保卫战的胜利，但 2001 年的 9·11 事件再次使西方世界感受到外部威胁的存在，也再度激活了冷战自由主义。对冷战自由主义者来说，2016 年特朗普的当选则意味着敌人出现在了自由主义民主制内部，这极大地激发了他们对于失去自由的恐惧。

沿着莫因的逻辑，我们甚至可以说，一个冷战自由主义的幽灵在西方徘徊，这个幽灵使自由主义在赢得冷战胜利之后仍然不断发现新的敌人。这一幽灵让恐惧而非希望成为自由主义的主导情感，

---

[1] Moyn, Samuel, *Liberalism Against Itself: Cold War Intellectuals and the Making of Our Times*, New Haven: Yale University Press, 2023, p.1.

[2] Moyn, Samuel, *Liberalism Against Itself: Cold War Intellectuals and the Making of Our Times*, p.6.

削弱了自由主义的理论自信。莫因指出："冷战自由主义已经失败……现在是时候重新评估它，而不是再次赋予它活力。"①

莫因将冷战自由主义视为对自由主义的"背叛"。他区分了十九世纪到 20 世纪早期的自由主义和冷战自由主义。早期自由主义继承了启蒙运动的理想，追求个体完善和社会进步，是一种面向未来的、解放性的政治理论。这种自由主义在应对各种挑战的过程中接受了普选权、国家干预经济、社会政策与福利国家。然而，冷战自由主义则代表了自由主义传统的严重断裂。冷战时期的自由主义思想家们抛弃了启蒙运动开启的现代解放潮流，不再追求个人的完善和社会进步，失去了在历史进程中实现解放、进步与自由的信念。他们怀疑人类的理性能力，将国家视为必要的恶和对自由的威胁，认为追求民主、平等、解放或更高的生活可能导致极权主义与暴政。冷战自由主义对国家权力的警惕也为后来自由至上主义与新自由主义对福利国家的批评铺平了道路。②

在批评冷战自由主义的喧嚣中，一些学者试图通过挖掘自由主义被遗忘的历史，重新发现其真正价值。海伦娜·罗森布拉特的《自由主义被遗忘的历史：从古罗马到 21 世纪》便是这一尝试的代表作之一。

罗森布拉特以一种颇为独特的方法追溯了"自由"及自由主义概念的历史演变，并以此为基础重构自由主义的发展脉络。她向读

---

① Moyn, Samuel, *Liberalism Against Itself: Cold War Intellectuals and the Making of Our Times*, p.7.

② Moyn, Samuel, *Liberalism Against Itself: Cold War Intellectuals and the Making of Our Times*, p.7. 对莫因理论的概括参考了孙宇辰的会议论文"冷战自由主义的幽灵"，在此表示致谢。

者展示，自由（liberty）一词起源于古罗马，最初的含义是"慷慨"（liberality）。这种含义一直沿用到近代。关于自由主义的起源，罗森布拉特不认同传统的盎格鲁－撒克森起源说。她强调法国大革命及其后的政治发展在自由主义兴起中的关键作用，并详细描述了德国思想家对自由主义发展的贡献。她声称："法国在 19 世纪早期创造了自由主义，德国在半个世纪后重塑了这个概念。直到 20 世纪初，美国才将自由主义据为己有，也是从那以后，自由主义才成为美国的政治传统。"①

通过这段历史的梳理，罗森布拉特试图描绘出两种不同类型的自由主义。一种是以法国和德国传统为代表的自由主义。这种自由主义更关注个人的道德而非个人的权利。在这一传统中，

> 大多数自由主义者在内心深处是道德家。他们的自由主义和我们今天听到的原子式的个人主义风马牛不相及。他们在谈论权利时一定会强调义务。大多数自由主义者相信，人们之所以享有权利是因为他们要承担义务，大多数对社会正义的问题也抱有浓厚的兴趣。他们始终不认为可行的人类共同体能够仅仅建立在自利（self－interest）之上。他们不断告诫人们要警惕自私的危害。自由主义者孜孜不倦地倡导慷慨、德行和公民价值。当然，这不代表他们都能以身作则或者完美地实践这些价值。②

---

① 海伦娜·罗森布拉特：《自由主义被遗忘的历史：从古罗马到 21 世纪》，徐曦白译，社科文献出版社，2020 年，第 3 页。
② 海伦娜·罗森布拉特：《自由主义被遗忘的历史：从古罗马到 21 世纪》，第 4 页。

与这种自由主义不同的是英美自由主义。罗森布拉特强调，英美自由主义主要致力于保护个人权利和个人利益，"这在自由主义的历史中是一个相当晚近的现象。它是 20 世纪的历次战争，特别是冷战期间对极权主义恐惧的产物。"①

作者以美国为例，描述了美国自由主义与冷战的关系。根据作者，在美国式自由主义兴起的过程中，哈耶克的《通往奴役之路》（1944 年）扮演了重要角色。

> 这本书鼓噪了民众对极权主义的恐惧……人们开始将自由主义与强力国家和政府干预之间的联系视为缺陷。哈耶克在这本意外走红的畅销书里写道，人们需要认识到一件很重要的事情，即"我们有重蹈德国覆辙的危险"。美国和英国当时正在迈向的"社会自由主义"必将导致极权主义。②

受此影响，"在美国，新政自由主义的支持者被贴上了社会主义者的标签，甚至共产主义者的标签，这些词也越来越带有恶意。1948 年，俄亥俄州的共和党参议员罗伯特·塔夫脱指责新政自由主义已经沾染上了苏俄色彩，他认为接受约翰·杜威或者罗斯福式自由主义观点的自由主义者不是真正的自由主义者，而是'极权主义者'"。③

---

① 海伦娜·罗森布拉特：《自由主义被遗忘的历史：从古罗马到 21 世纪》，第 4 页。
② 海伦娜·罗森布拉特：《自由主义被遗忘的历史：从古罗马到 21 世纪》，第 248 页。
③ 海伦娜·罗森布拉特：《自由主义被遗忘的历史：从古罗马到 21 世纪》，第 248 页。

在这种焦虑和悲观的气氛下，一些基督教思想家反思自由主义与极权主义的关系，认为极权主义是自由主义世界祛魅化的产物。[①]这一观点受到一些著名思想家的认同。阿伦特反复强调一个观点，自由主义是导致纳粹主义的"地狱的种子"。沃格林也认为，共产主义只是自由主义的极端表现。自由主义大力推进对世界的祛魅，因而在很大程度上要为西方自毁式的政治负责。列奥·施特劳斯指责自由主义的相对主义打开了一扇通往虚无主义和极权主义的大门。在他看来，自由主义者和极权主义者有许多共同之处。[②]

面对来自保守主义的各种攻击，自由主义思想家感到有必要澄清并强调自由主义与极权主义的区别。正是在这个过程中，自由主义减少了对社会重建的讨论，转而强调对个人权利的保护。自由主义被重新塑造为左的或右的极权主义的对立面。在这一转变中，"自由主义丧失了大部分道德核心以及几个世纪以来对公共利益的追求。随着自由主义者放低视野、降低目标，这些丧失的内容被个人主义取代。自由主义再一次被重塑，其目标也在这一过程中被降级。"[③]

在这场自由主义的转型中，有两个关键人物。

其一是美国历史学家、公共知识分子小亚瑟·施莱辛格。他的《关键中心》（The Vital Center，1949）很好地反映了学术氛围的变化和自由主义者在认知上的转变。施莱辛格感叹许多自由主义者这么晚才认识到极权主义的危险及其对个人构成的威胁。自由主义者

---

① 海伦娜·罗森布拉特：《自由主义被遗忘的历史：从古罗马到 21 世纪》，第 268—269 页。
② 海伦娜·罗森布拉特：《自由主义被遗忘的历史：从古罗马到 21 世纪》，第 271 页。
③ 海伦娜·罗森布拉特：《自由主义被遗忘的历史：从古罗马到 21 世纪》，第 271 页。

绝不能向极权主义妥协，必须重新肯定并申明捍卫个人权利的立场。

其二是以赛亚·伯林（Isaiah Berlin）。他在 1958 年发表的《两种自由概念》中，讨论了消极自由和积极自由之间的冲突。他认为，自由主义的自由在本质上是消极自由，其核心是保护个人自由，也就是保护个人免受政府的强迫。极权主义的积极自由则与乌托邦式的社会工程相关，许诺的是"集体的自我指导"和"自我实现"。①

尽管罗森布拉特对自由主义历史的梳理很难为主流自由主义研究者所接受，但她的基本意图却和诸多自由主义反思者相一致。那就是，通过重新审视自由主义的历史，找回当代自由主义遗忘的传统，特别是自由主义的道德主义特征。

众多自由派学者对自由主义困境的反思令人想起 19 世纪中后期英国从古典自由主义向新型自由主义（New Liberalism）的转型。自约翰·密尔开始，到格林集大成，古典自由主义完成了向新型自由主义过渡。为了应对当时的诸种社会与经济矛盾，新型自由主义者提出一套背离传统英国哲学而更接近德国唯心主义哲学的理论。

首先，新型自由主义者接受了德国哲学中的社会有机体论，对英国自霍布斯以来的机械主义社会观提出批评。格林主张，"自我乃是社会的自我"，个人不是孤立存在的，而是社会的一部分，个体通过对群体和其目标的依附与忠诚获得人格的完善和最高满足。这样，格林的哲学基点从个人主义转向了集体主义。

其次，新型自由主义者对古典自由主义的消极自由观提出批评，倡导积极自由的概念。格林认为："自由不仅仅是不受强制的自由，

---

① 海伦娜·罗森布拉特：《自由主义被遗忘的历史：从古罗马到 21 世纪》，第 271—272 页。

也不仅是做自己喜欢的事，而不管其价值。自由不应以他人的损失为代价。我们所指的自由是一种积极的力量或能力，去做或享受那些有价值的事，这些事也是我们与他人共同享有的。"

第三，新型自由主义主张国家在社会发展中应发挥积极作用。格林认为，积极自由体现了道德与善，而国家是道德与善的承载者，应该履行道德职能。这种哲学在很大程度上代表了英国哲学向德国哲学，特别是黑格尔哲学的靠拢。[①]

可以说，自由主义向新型自由主义的转变，为美国二战期间的新政自由主义奠定了哲学基础，也为英国福利国家的建立提供了理论依据。

当然，就理论深度而言，今天自由派的反思似乎还无法与19世纪的新型自由主义相比。不过，理论的影响力和理论的深度未必成正比。关键的问题是要观察今天自由派学者的理论反思是否能够产生广泛影响，并在一定程度上影响现实政治。从目前看，这些反思似乎仅仅局限于部分学者的智力探索。而在整个学术界和舆论界，仍是充斥着左翼的政治正确和右翼的老生常谈。

六、自由主义的前途

在初步梳理自由主义的历史际遇后，有必要对其未来发展作一点探讨。恰逢本文即将完稿之际，美国2024年大选尘埃落定，唐纳

---

① 详见本书第二章第二节。

德·特朗普以压倒性优势再次当选总统。特朗普的胜选及其就职后迅速推行的一系列政策，不仅在美国国内引发剧烈震动，也在国际社会掀起巨大波澜。从美国国内的反应来看，这次选举的影响似乎远超寻常的政权轮替，更像是一场革命甚至体制震荡。难怪有评论者称特朗普的回归是颠覆性的，《华尔街日报》甚至直言，这场选举标志着"旧秩序的崩溃"。①

尽管政权交接初期的混乱与新政举措令人目不暇接，但在党派斗争的喧嚣背后，仍可透视更深层次的变革，并借此评估自由主义的未来走向。

特朗普的当选及随后的政策调整，无疑对美国乃至全球的自由主义秩序构成了深远冲击。

在国内，2024 年大选可以被视为左翼自由主义与右翼民粹主义的直接对决。特朗普的压倒性胜利表明了美国选民对过去几十年左翼自由主义政策的明确拒绝。上台后，他迅速推动一系列政策，矛头直指左翼自由主义的核心议题：他加强移民管控，拒绝激进的多元文化主义；否定基于极端平权主义（*affirmative action*）的"多元化、公平化、包容化"政策，反对人才选拔中的逆向歧视；向"觉醒主义"（*wokeism*）宣战，遏制认同政治，恢复基督教传统价值观。所有这些宣示和政策都意味着在文化和社会领域遏制甚至扭转几十年来占主导地位的左翼自由主义主张。而且，这些政策的主要方面已经获得广泛的社会支持。颇为可能的是，在相当长时间内，左翼自由主义所主张的激进的多元文化主义、对美国文化与政治的

---

① Peggy Noonan，"Trump and the Collapse of the Old Order"，*The Wall Street Journal*，Jan. 31，2025.

解构、形形色色的认同政治无法重新恢复其影响力。在这个意义上，特朗普胜选是一场颠覆主导美国意识形态几十年来左翼自由主义的革命，其意义或许像有的评论者断言的那样，"可能正在开启美国乃至全球政治的新纪元"。[1]

特朗普的政策是否意味着对传统自由主义的彻底颠覆？尽管美国国内一些批评者坚信如此[2]，但至少目前尚难得出如此结论。特朗普的国内经济政策在很大程度上延续了新自由主义的基本框架：缩小政府规模，削减政府开支，减少政府对经济的干预，减税，减少社会福利等。这些政策基本符合共和党的传统理念。我们在上文曾提及著名学者希尔斯（Edward Shils）的观点，美国的两大政党虽然存在意识形态分歧，但总体上仍属于自由主义的不同派别。因此，从这一角度来看，特朗普的政策仍然是在自由主义体系内部的调整，而非对其根本性的颠覆。

如果我们将特朗普的社会、文化与经济政策和上文所描述的思想界对自由主义的批评和反思联系在一起来考察，可以发现，保守主义和自由主义内部对左翼自由主义的反思在特朗普的政策中得到回应。正如19世纪英国"新型自由主义"的理论激发了20世纪西方国家自由主义的转型一样，几十年来对自由主义的理论反思在政治实践中出现了对应的改变。

然而，有一点值得关注的是，特朗普所代表的右翼民粹主义是否会动摇美国的自由主义民主制度？从历史经验看，民粹主义往往

---

[1] Francis Fukuyama，"what the 2024 US election means for Washington and the world"，*Financial Times*，Nov. 8，2024.

[2] Francis Fukuyama，"what the 2024 US election means for Washington and the world".

会拥抱一个强人作为领袖。领袖不同于一般意义上的领导人。他具有韦伯所说的卡里斯玛特质，是人民利益与意志的真正代表。他不仅是政治家或行政领导人，而且是面对危机的领路人。他是行动者而不是口头宣教者，能够迅速作出决定，采取行动，甚至在必要时诉诸暴力。他具有反智特征，蔑视那些墨守成规的政客，蔑视那些在法律框架下循规蹈矩的懦夫。他要冲破现行法律与传统，代表人民的意志，带领人民克服危机，走向光明。[①] 惟其如此，民粹主义具有导向威权主义甚至独裁政权的可能。[②]

不过，美国宪政体系具有强大的制衡机制——三权分立、司法独立、联邦制、市民社会及言论自由等制度共同构筑了民主防线。尽管特朗普可能加强行政权力，突破部分宪制惯例，但从根本上颠覆美国宪政民主的可能性仍然有限。

相比于国内层面的政治变局，特朗普对自由主义国际秩序的冲击或许更加深远。

二战以来，美国主导建立了一套以多边合作、自由贸易、民主价值观推广和国际机制运作为核心的全球秩序。特朗普推行的"美国优先"政策，无疑对这一体系造成了显著冲击，并引发了关于其未来存续的激烈讨论。

首先，特朗普政府对多边主义的削弱，是对自由主义国际秩序最直接的挑战。他退出"巴黎气候协定"、联合国人权理事会，并削弱世界贸易组织（WTO）的争端解决机制，反映出美国在全球治理

① Jan‐Werner Müller, *What Is Populism?* pp. 62‐78
② Cas Mudde and Cristóbal Rovira Kaltwasser, *Populism: A Very Short Introduction*, Oxford University Press, 2017, p. 82.

中的角色正发生深刻变化。其次，他重启贸易保护主义政策，发动对不少国家的贸易战，推行重商主义经济路线。这不仅违背了战后确立的自由贸易原则，也加剧了全球市场的不确定性。再次，特朗普放弃了美国传统的价值观外交，使人权与民主议题让位于国家利益，甚至公开蔑视国际法与国际惯例。这一系列举措可能助长全球范围内的威权主义，为世界政治的未来蒙上阴影。

美国内政与外交政策的调整，势必会削弱西方自由主义模式在全球的吸引力，也将助长世界范围内民粹主义与民族主义的兴起。然而，这是否意味着自由主义的终结，仍然是一个悬而未决的问题。作为现代政治、经济与社会制度的基石，自由民主、法治与市场经济仍然在许多国家具有深厚根基。同时，全球化与科技发展带来的挑战，也需要某种全球性的解决方案。在美国影响力减弱的情况下，国际社会或许会进行自我调整，以维护全球秩序的稳定。

当今自由主义在全球面临的挑战，不禁让人想起一战后自由主义的低潮期。然而，意大利自由主义思想家拉吉罗（Luigi Einaudi）在 1924 年面对法西斯主义的兴起时，依然坚信自由主义的生命力。他断言："自由主义的危机虽然深远，却远非无可挽回。自由主义的生命力不仅源于其制度，更在于其价值观。"他坚信，自由精神具备自我更新的能力，是推动进步的关键动力。

没有自由，宗教信仰会堕落成麻木奴性的服从，科学会凝固成教条；艺术会枯萎成模仿；经济财富的生产会衰退，人类的生活也会沦于动物群体的水平。自由是一种可贵的力量，它努力突出自己宣传自己，给所有人新颖而富于创建的基调——那便是精神的基调，那便是个人独特的标志。[1]

今天，自由主义者是否仍能保持这样的乐观态度？尚待时间检验。在全球范围内，自由主义未来会走向衰落，还是在危机中获得新生？如果它走向消亡，后自由主义时代将是一个充满秩序、和平与正义的世界，还是充满无序、冲突与不公的时代？这一切，或许只有历史才能给出答案。

---

① 圭多·德·拉吉罗：《欧洲自由主义史》，第405—406页。

导　言

在 21 世纪之初讨论自由主义，一个不可回避的问题是：自由主义是一个活生生的主义还是已经死亡的教条？事实上，这也正是西方学术界几十年来一直争论不休的问题。

直到最近以前，西方学术界的共识似乎是，如果说自由主义还没有彻底死亡的话，至少可以说是处于退却态势。人们普遍以为，自由主义的新古典经济学已经被政治经济学取代，批判法学从根本上摧毁了自由主义的法学理论，法兰克福学派的批判理论敲响了以启蒙运动为代表的自由主义、理性主义的丧钟。学术界这种共识可以从几本关于自由主义的畅销书的题目看出：《自由主义的终结》、《西方自由主义的兴衰》以及《自由主义的贫困》，等等。①

然则，晚近以来，自由主义似乎又有死灰复燃、卷土重来之势。最近几十年来，整个世界都在某种程度上卷入一种可以被称作自由

---

① Theodore Lowi, *The End of Liberalism*, New York: Norton & Company, 1969; Anthony Ablaster, *The Rise and Decline of Western Liberalism*, Oxford: Basil Blackwell, 1984; Robert Paul Wolff, *The Poverty of Liberalism*, Beacon Press, 1968.

化的潮流。在西方国家，古典自由主义的经济与政治理念在当代自由主义政治家与理论家手中发扬光大，对市场经济的复归以及对国家干预经济的批评构成最近二十年来西方经济政治改革的核心。不仅美国的里根主义、英国的撒切尔主义代表了典型的古典自由主义的复归，就连那些在二战之后很长时期持反自由主义政策的政党，如英国的工党以及欧洲各国的社会民主党也在最近改弦易辙，公开地，或在事实上奉行自由主义的经济政策。在第三世界国家，从拉美到印度，经济自由化已成为声势浩大的潮流。就连从前社会主义阵营的国家，也不同程度地选择了经济与政治自由化的目标。这种全球性的自由化潮流是如此强大，以至于福山在其借以成名的"历史的终结"一文中断言，人类追求历史进化的努力随着苏联、东欧共产主义制度的解体而告结束，自由主义取得了最后的胜利。"全人类都将朝着自由社会的方向进化"，这种自由社会的基础是"经验事实不可否认的存在于先进的工业化与自由民主制度之间的关联"。①

当然，福山的结论可能有过分简单化之嫌，但不可否认的是，最近若干年来，自由主义的理念不仅在西方经济学、政治学、法学中再度成为显学，而且对全球的经济、政治与社会生活产生了巨大的冲击。即使那些并不期望自由主义马上在全球胜利的自由主义者们也毫不掩饰其内心的喜悦。美国自由主义政治理论家斯蒂文·霍尔姆斯满怀自信地写道："毫无疑义，自由主义不会在短期内独霸全球。权威主义与原教旨主义仍然存在，种族中心论正在兴起。但是，就目前的情势而论，无论从经济的，抑或军事的视角来分析，

---

① F. Fukuyama, "The End of History?" *The National Interest*, 1989, No.16, pp.3-18.

立宪主义民主制度显然比它的任何对手都有优越性，这已是不争的事实。"① 就连那些对自由主义持批评态度的人们，也不能忽视自由主义作为一种政治理念再度成为关注的中心这一事实。

自由主义不仅构成当代西方学术界争论的焦点，而且在很大程度上也成为我国近年来学术界思考的重点问题。学术界关于自由及其限度、市民社会、市场经济与产权、国家与社会关系、民主与法治等问题的讨论，都会或多或少涉及对自由主义基本原则的评价。

然则，令人遗憾的是，尽管自由主义已成为许多人神往或批评的对象，但国内学术界迄今尚未有过系统梳理自由主义的著作。当然，研究或批评自由主义某一方面、某一发展阶段、某一代表人物的著作并非罕见，但对自由主义的历史、理论及其所受到的批评进行系统梳理，仍是一项有待完成的任务。正是为了弥补这一缺憾，笔者才不揣简陋，试图对自由主义作一番梳理，追溯其历史沿革，剖析其理论原则，展示其所受到的批评，从而力图显示自由主义的全貌。

不过，甫一动手，才认识到这是一项十分艰巨、而且注定费力不讨好的工作。原因至少有三。

第一，自由主义在表面上似乎只是西方近现代诸种意识形态之一，不少著作也将自由主义、保守主义、激进主义等并列，称之为当代西方意识形态。但实际上，自由主义一直是西方近现代占主导地位的意识形态。如果用一些西方学者流行的说法来表述的话，西方现代实际上只有一种意识形态，那就是自由主义。保守主义在本

---

① Stephen Holmes, *Passions and Constraint: on the Theory of Liberal Democracy*, Chicago: the University of Chicago press, 1995, p. xi.

质上是要"保守"自由主义的成果，而激进主义则企图以激进的方式实现极端化了的自由主义原则。

如果这样理解自由主义的话，那么，以自由主义作为一部著作的对象就很难说是审慎的选择了。在某种意义上，描述自由主义的发展史相当于勾勒西方近现代思想的发展史；剖析自由主义的原则相当于概括并剖析西方近现代社会、经济、政治活动所遵循的最基本的理念；梳理自由主义所受到的批评相当于梳理西方现代文明所受到的批评。对如此庞杂的历史及理论作出梳理与概括，确实是一件相当具有挑战性的事。笔者知识的局限以及认识能力的局限，将使得本书关于自由主义的描述在很大程度上只是笔者所理解的自由主义而已。这颇似盲人摸象。笔者虽力求客观平实，防止片面，但以一己之有限知识，探讨如此复杂之问题，也只能是一孔之见。

第二，如何对自由主义的历史及理论作出正确评价，是一项更为艰巨的任务。自由主义的发展经历了长期的过程，其理论内涵纷繁复杂。对自由主义无论作整体肯定还是整体否定恐怕都是片面的。而且，有些原则最初虽由自由主义者提出，构成自由主义的基本内涵，但后来被人们认识到，这些原则所反映的实则不是自由主义一己一派之理想，而是现代社会或经济的要求。譬如，市场经济原则。过去很长时期，我们的理论界都认为，市场经济与私有制不可分割。改革开放以来，我们对这个问题有了新的认识。邓小平同志曾深刻指出，市场经济并不是资本主义的原则，社会主义也可以实行市场经济。在我们进行改革与开放的实践中，类似的例子已经有许多，而且将会有更多。

从某种意义上说，我国改革与开放的过程是一个对西方近现代制度与实践进行重新认识、评价的过程，也是吸取西方近现代文明之精华、扬弃其糟粕的过程。这一过程不可避免会涉及对自由主义理论与实践作更深入的认识与评价。这一过程需要许多人甚至许多代人的不懈努力，绝非笔者一己之力可以完成。鉴于这种理解，本书重点在于追溯自由主义的历史沿革与嬗变，剖析归纳其理论内涵。至于评价，笔者在自认为可以有所评论之处加以评论，而在难以把握之处则不敢妄加评说。不过，为了使读者对自由主义的缺失有所理解，本书专辟一章，介绍若干自由主义批评者的观点。

第三，研究自由主义不可避免会涉及中国自由主义的问题。这至少包含两个层面的内容。其一是传统中国思想中是否包含自由主义成分，其二是西方自由主义在近现代中国的传播及其命运。

传统中国思想与现代西方自由主义是否有某种相似或兼容成分？这是一个为许多人关注的重大理论问题，也是一个素来颇有争议的问题。近代以降，学者们对这一问题态度纷呈，观点各异。就其主要观点而言，至少有两种主张。一方面，近现代不少启蒙学者在介绍西方自由主义理论时，对传统思想曾有过激烈批评，称传统中国政治制度为专制主义，并将这种专制主义制度与中国传统文化联系在一起。另一方面，近现代以及当代不少学者或出于对理论问题的真正理解与新的解释，或出于文化自豪感，从传统中国思想特别是儒家与道家传统中挖掘出自由主义成分，甚至直截了当，称中国古代某些学说为"自由主义"。

中国传统思想与自由主义的关系是一个十分复杂的理论问题。为了理解传统中国文化与自由主义的关系，除了对传统中国文化进行深入研究之外，还必须考虑到若干方法论问题。首先有一个如何界定自由主义的问题。许多概念本有其特定内涵，若抽去内涵而乱贴标签，对理解与研究问题并无裨益。如果我们注意人们关于中国古代思想是否包含自由主义的争论，就会发现，争论的原因之一在于争论者对"自由主义"这一概念的界定全然不同，所以才有全然不同的结论。

譬如，严复在论及中国传统制度与思想时，直截了当地称之为专制主义，原因是在传统思想与制度中，没有一个明确的政府权力界限，皇帝作君作师，在理论上可以支配所有的人、决定所有的事，所谓"普天之下，莫非王土"讲的就是这一特征。与严复相反，孙中山在谈到传统中国政治与自由的关系时，则强调传统中国社会的主要问题不在于专制，不在于缺乏自由，而在于自由过度，造成整个民族缺乏纪律、缺乏凝聚力、缺乏国家观念，最终导致在现代世界的竞争中软弱无力。

显然，严复与孙中山讲的都有事实依据，都包含着深刻的洞见。只不过二者所谈的并不是同一个自由主义的问题。严复谈论的是，在正式的制度设定中，人民无法律保障之自由，皇帝无法律限定之权限。孙中山谈论的则是，在现实政治中，国家实际渗透、控制社会的能力十分有限。在今天讨论自由主义问题时，应该时时谨记分析哲学的一些基本道理，在语义、概念方面多加留意，以免混淆概念，言不及义。

除了需要厘清概念外，在讨论中国传统思想与自由主义的关系时，还涉及中国文化的主流与支流的问题。中国思想源远流长，学派繁多，其中不乏某些自由主义的要素。但这些要素是否构成某一学派甚至某一思想家思想的主流，仍是一个需要认真剖析的问题。

中国近代的自由主义尽管汲取了古代思想若干成分，但就整体而言是舶来品，是西学东渐的产物。最早系统介绍西方社会政治理论的严复，在很大程度上是一个自由主义者。在梁启超以及晚清不少革命派与改良派的思想家中，亦可发现自由主义的因素。胡适被许多研究者称为自由主义者，甚至是近代中国"惟一的自由主义者"。除胡适之外，不少民国时期的思想家与学者都受到自由主义的影响。

无论是传统中国思想与自由主义的关系，抑或是西方自由主义在近代中国的命运，都是令人神往的研究题目，而且也都是在中国语境下讨论自由主义不可不涉及的题目。但这些题目本身已经构成独立的研究对象，绝非一本讨论自由主义历史与原则的小书所能涵盖。譬如，关于近代中国自由主义的传播及其失败的研究，已成为中外学术界近几十年来关注的重要问题，而且已有若干有价值的成果。

本书作者在讨论自由主义时，力图对自己可能实现与无法实现的目标有一个基本估计。无论是中国传统思想中的自由主义因素，还是近现代自由主义的命运，都是需要专门研究的重大问题。本书主旨在于梳理自由主义的理论内涵，而不在于考察它在某一地域、某一时期的际遇。自由主义是西方近现代的产物，故本书的重点研究对象是西方近现代的学说。西方古代自由观念之所以被列为考察对象，实因西方近现代自由主义理论与其古代渊源有不可割裂的关系，而不得不考察，绝非厚彼薄此、数典忘祖。

本书在结构上主要包括三部分。第一部分叙述自由主义发展的历史。关于自由主义的定义，在下文将有较详细的讨论。简单地说，自由主义既是一种学说、一种意识形态，又是一种运动，而且在许多国家成为一种占主导地位的制度。本书的重点是勾勒、梳理作为一种学说、理论、意识形态的自由主义。对在自由主义影响下或以实现自由主义目标为宗旨的运动与制度只是偶尔涉及，并不作为讨论的重点。因之，本书所谓自由主义的历史主要是学说史、理论史。

对自由主义历史的描述不可避免会以某种有关自由主义的定义为前提。对自由主义内涵的不同理解会导致对西方近现代、当代自由主义发展历史的不同描述。譬如，英美学术界传统上不把康德列入自由主义理论家的行列，但在罗尔斯看来，康德为自由主义奠定了真正的基础。又如，哈耶克在描述他心目中真正的自由主义时，将功利主义者排斥在外，而将一些传统上或许被视为保守主义的思想家（如爱德蒙·柏克）尊为自由主义者。

笔者在描述自由主义历史时，一方面汲取了哈耶克等二战之后的自由主义者关于英国式自由主义与欧洲大陆自由主义两种自由主义传统的解释，另一方面，大致依循了英美学术界的一些基本传统。譬如，笔者将功利主义时期的自由主义视为自由主义发展的鼎盛时期，不少人恐怕难以接受这种观点。

本书第二部分剖析自由主义的主要原则。自由主义尽管不是一个完全统一的学说，但仍然具有某种内在统一性。为了从理论上展示自由主义的内涵，本书对自由主义的若干基本原则，诸如个人主义、自由、平等、民主、国家学说等进行剖析。在剖析自由主义原则时，本书将自由主义定位于一种国家学说，其核心是一套关于个人、社会、国家关系的理论。在这个意义上，自由主义主要属于政治哲学的范畴。

当然，严格说来，政治哲学是道德哲学在政治领域的应用与延伸，因此，探讨政治哲学问题离不开对道德哲学根本问题的探讨。此外，政治哲学中许多问题与经济哲学、法哲学、社会哲学密切联系。譬如，在讨论国家的职能问题时，必然涉及国家管理经济的职能，涉及政府行为与市场经济的关系问题。事实上，对政府与市场在资源配置中不同作用的理解，构成最近几十年来自由主义经济学与其他形形色色经济学的基本分野，构成自由主义政策与形形色色的国家干预政策的基本区别。又如，讨论自由主义的法治原则，实际上是在讨论法哲学的基本问题，讨论现代理性化法律与传统法律的基本区别。笔者十分理解现代人文与社会科学学科划分的意义，深知自由主义所涉及的不同方面需要由不同学科从不同角度进行探讨。但是，为了展示自由主义的全貌，笔者往往不得不涉猎自己并不十分熟悉的知识领域。笔者只希望自己对这些问题的粗浅讨论能够抛砖引玉，引起不同学科的讨论与交流，而绝无越俎代庖的愿望与能力。

本书第三部分介绍批评自由主义的学派及其观点。首先必须指出的是，无论从历史的角度还是从理论的角度，马克思主义对自由主义的批评都是自由主义所遭遇的最全面、最深刻、最系统的批评。马克思主义揭示了自由主义的阶级性、历史性与局限性，其理论的深度与观察之敏锐在许多方面是自由主义的其他批评者难以匹敌的。不过，需要说明的是，由于马克思主义对自由主义的批评构成马克思主义哲学、政治经济学、科学社会主义理论的重要内涵，对这些内涵已有许多专门著作进行研究，本书不可能在有限的篇幅涵盖如此丰富的内容，只得从略。当然，我们将力求用马克思主义的观点分析自由主义的历史与理论。至于分析中的缺点与不足之处，尚请读者批评指正。

除马克思主义之外，自由主义还受到其他意识形态的批评。其中最主要的是三种思潮的批评。第一是保守主义的批评。我们在下文将会指出，今天在西方不少国家以保守主义命名的政党、政治家或思想家实际上是一种特殊形态的自由主义，有人称之为"古典自由主义"。他们对所谓自由主义的批评主要是对现代自由主义经济政策的批评。在笔者看来，这些批评属于自由主义的内部论争。真正从保守主义立场批评自由主义的是一些在本质上与自由主义格格不入或憎恶自由主义基本原则的理论家。譬如，法国大革命时期的梅斯特尔，20世纪德国著名法学家、政治理论家卡尔·施密特等。

对自由主义批评的第二种思潮是今天十分时髦的社群主义。当然，社群主义究竟是对自由主义的挑战还是自由主义内部的自我批评与反思，这仍然是需要厘清的问题。社群主义出现二十多年来，最初似乎来势汹汹，构成对自由主义的强烈挑战。晚近以来，这种挑战的味道日益淡漠。相反，社群主义与自由主义似乎有日渐合流的趋势。

对自由主义的第三种批评是形形色色的左派思潮。这些左派思潮或多或少都受到马克思主义的影响，其对自由主义的批评有不少与马克思主义类似之处。由于国内学术界对这些思潮介绍颇多，笔者对这一思潮的讨论将着墨较少。

分析保守主义、社群主义以及各种激进主义对自由主义的批评本身是一件巨大的工程。事实上，由于自由主义构成十七世纪以来西方思想界的主流话语，批评自由主义或多或少成为西方最近几个世纪以来知识发展的重要推动力。这些批评有的最终被自由主义容纳，成为自由主义的内在组成部分，有的至今仍然构成对自由主义的挑战，促使自由主义自身不断自省、自新。在某种意义上，正是由于自由主义批评者不断出现，不断创新，才促使自由主义不断创新，保持其活力。

由于对自由主义的批评本身构成重大的研究对象，笔者在描述自由主义的批评者时只是选择一些直接批评自由主义基本原则——即自由主义政治哲学——的理论家。有些思潮，如今天颇为流行的后现代主义，也在很大程度上构成对自由主义的批评，特别是对自由主义赖以建立的理性主义与普遍主义的批评。但是，后现代主义阵营的许多重要作者并不直接批评自由主义的基本原则，而且许多后现代主义者在很大程度上是自由主义者，后现代主义提出的挑战与其说是对自由主义的挑战，倒不如说是对自由主义与理性主义、普遍主义之间联姻关系的质疑。鉴于这种理解，笔者对后现代主义基本未加涉猎。

第一章

自由主义的概念

在近代以来的西方社会，自由主义观念支配一般大众的思想并影响形形色色政党的实践。可以毫不夸张地说，整个西方的政治制度都建立在自由主义原则及价值观之上并受其制约。

——拉姆赛

尼采尝言，只有非历史的存在才可能被赋予恰当的定义。[①] 在这个意义上，自由主义作为一种具有复杂历史变迁的学说，似乎不应该有一个确切的定义。然则，人们在讨论政治问题时，又确实常常用"自由主义"指谓某种政治派别、意识形态甚至行为方式。这就意味着，人们不管在主观上是否意识到，但在客观上却赋予"自由主义"某种特定的含义，使之区别于其他政治思潮或意识形态。

但是，当我们试图找出"自由主义"的确切含义，找出自由主义区别于其他意识形态的本质内涵时，我们却不能不感到迷惘，感到无力。只要粗粗翻阅一下西方学者关于自由主义的著作，就会发现，有多少本著作，就会有多少种不同的定义。诚然，在涉及社会政治问题时，没有哪一个概念不具有歧义，但是，自由主义是所有基本概念中最具歧义的概念之一。《民主新论》的作者萨托利曾这样写道："如果我们用'自由主义'这个标签与那些和它相近的概念比较，如民主、社会主义、共产主义，那么，自由主义在有一点上是无可匹敌的：它是所有概念中最不确定、最难以被准确理解的术语。"[②] 当我们谈论社会主义、共产主义、民主等概念时，尽管每一概念都具有复杂的内涵，但其基本内涵还是比较确定的。但当我们讨论自由主义时，就连这一点也需要仔细厘清。

---

① 转引自，J. G. Merquior, *Liberalism: Old and New*, Boston: Twayne Publishers, 1991, p. 1。

② Giovanni Sartori, "*The Relevance of Liberalism* in Retrospect," in Zbigniew Brzeinski et al ed., The Relevance of Liberalism, Boulder, Colorado: Westview Press, 1978, p. 1.

自由主义概念的歧义至少与几方面的因素有关。第一，自由主义在近代以来经历了复杂的发展过程。在其发展过程中，自由主义理论强调的重点不断变化，从而使自由主义具有了多方面的含义。第二，不幸的是，在许多研究自由主义的著作中，不同的研究者由于对自由主义的态度不同，强调自由主义的不同方面，从而描绘出全然不同的自由主义画面。第三，使事情更为复杂化的是，自由主义不仅仅是一种理论、一种意识形态，而且还是一种制度、一种政治运动或政党的旗帜。由于自由主义内涵的复杂性，在现实中往往有这样的情形，许多自称为自由主义的派别或政党也许全然与自由主义原则无关，而许多以保守主义甚至社会主义命名的派别或政党在事实上奉行自由主义的某些原则。

现在，让我们依次考察这几方面的情形。

一、自由主义概念内涵的演变

为了理解自由主义概念的复杂内涵，我们必须首先简略回顾一下自由主义的历史，以及在其历史发展中自由主义如何演变为一种具有多重含义的概念。当然，较为详细的历史回顾将是下一章的重点。这里首先关注的是自由主义概念如何在发展中不断转变其关注的重点，不断增加新的内涵。

首先应该提及的是，自由主义是现代现象。约翰·格雷（John Gray）对此有过明确讨论。他在《自由主义》的小册子中十分肯定地写道，自由主义是近代的学说、近代的意识形态。

尽管历史学家从古代世界，尤其是从古希腊与罗马中，找出自由观念的成分，然则，这些成分仅仅构成自由主义史前的内容，而不是现代自由主义运动的组成部分。作为一种政治思潮与知识传统，作为一种可以辨认的思想要素，自由主义的出现只是17世纪以后的事。[①]

　　格雷把自由主义的出现确定在17世纪，这代表了西方学术界的主流观点。通常而言，当人们追溯自由主义的历史时，一般会以17世纪英国革命作为起点，特别是以洛克作为第一个真正具备自由主义特征的思想家。

　　不过，应该提及的是，尽管自由主义的起源可以追溯到17世纪，但"自由主义"作为一个名词起源比较晚。现在通行的看法是，"自由主义"这一称号只是在19世纪才第一次被用来称呼一种政治运动。1810年西班牙议会中，主张英国式宪政主义的政党被称作"自由主义的"（liberal）。1812年，这个称呼被西班牙的自由派政党所采纳。[②] 这似乎是自由主义被用来指谓一种政治派别的最早时间。1816年，英国托利党人首次以贬抑的口吻使用"自由主义"（liberal）这一术语。1822年，英国文学家拜伦、雪莱等人创办了一份以《自由主义》命名的杂志（The Liberal，1822—1823），但影响甚微。只是到了19世纪三四十年代，"自由主义"才开始在英国被广泛使用。19世纪30年代，英国辉格党人再次执政，并首次获得

---

① John Gray, *Liberalism*, England: Open University Press, 1986, p.ix.
② J. G. Merquior, *Liberalism: Old and New*, p.2.

"自由派"或自由主义者的称号。随后，以自由主义命名的政党——自由党宣告成立。该党在一次大战之前一直是英国主要的执政党。在自由党执政期间，英国进行了政治、经济、法律等方面系统的以自由主义原则为导向的改革。这个时期也是自由主义在欧洲大陆大行其道的时期。在整个19世纪，欧洲相当多具有重大影响的思想家具有自由主义特征。法国的贡斯当、托克维尔，德国的洪堡（Wilhelm von Homboldt），英国的约翰·密尔等在欧洲具有重大影响的思想家都是自由主义者。

如果我们以一种比较简单化的方式来回顾自17世纪以来自由主义的主要发展历程的话，那么，可以发现，自由主义在其三百多年的发展中逐步获得了四方面的内涵。

第一方面的内涵可以称为政治自由主义（political liberalism）。早期的自由主义者面临的主要任务是反对绝对主义，争取个人的政治权利，争取宪政政府。从洛克、贡斯当到密尔的理论大致反映了自由主义在这方面的关注。到19世纪中后期，欧洲的主要国家和美国大致完成了这方面的任务，建立了立宪政府，对个人的基本权利有了法律上的保障。而且，人民逐步享有了选举与参与的权利、选择政府形式的权利。代议制民主在西方主要国家建立并得到巩固。

大约从苏格兰启蒙运动时期起，即从18世纪起，自由主义者开始关注经济活动的方式，关注政府应该以何种方式介入经济活动，经济自由主义（economic liberalism）的理论开始形成。当然，理论的发展往往很难有一个绝对的起点与终点。如果追溯经济自由主义的渊源的话，洛克的财产权理论当然是经济自由主义发展过程中重要的里程碑。但经济自由主义作为一套系统的理论是从苏格兰启蒙运动时期开始的，特别是从亚当·斯密开始的。之后，英国的功利主义者与曼彻斯特学派进一步发展了经济自由主义，并将经济自由主义转变为英国的经济政策。这种经济自由主义的核心内涵是对经济与财产权利的强调。它强调经济个人主义与自由企业制度，它坚持个人应该有生产与消费的权利，有缔结契约关系的权利，有通过市场经济购买或售卖的权利，有以自己的方式满足自己愿望的权利，有支配自己的财产与劳动的权利。它的基石是私有财产、市场经济以及国家较少对经济干预与控制。

从 19 世纪中后期起，自由主义开始关注社会问题。我们在后面会谈到，从自由主义的本质含义出发，关注社会正义，关注弱者的基本生存条件，也是自由主义的应有之义。因此，从约翰·密尔开始，特别是从以格林（T. H. Green）为代表的新型自由主义开始，社会自由主义（social liberalism）的内涵逐步确立了它在自由主义体系中的位置。社会自由主义在 20 世纪相当长时期一直是西方发达国家自由主义政治派别的主要诉求之一。我们在下文将会展示，以罗尔斯为代表的自由主义理论传统对社会自由主义理论作出了新的贡献。

自由主义发展从它最初出现时起，就没有将自己的视角局限于具体的政治、经济、社会问题，而是试图发展出一套关于个人、国家、社会的基本理论。这些理论构成自由主义的哲学基础。从霍布斯、洛克到今天的罗尔斯，自由主义者在很大程度上一直坚持个人主义的立场，坚持个人至上的观点。他们往往强调个人的价值与权利，强调个人由于其天生禀赋或潜能而具有某种超越万物的价值，强调个人应该得到最高的尊重，应该享有某些基本权利。它强调社会的法律、政治、经济原则应该是这一基本道德原则的贯彻与实现。他们大都或多或少将社会视为个人的联合体，而不是某种有机的共同体。当然，并不是所有自由主义者都赞同这些立场，正如并不是所有自由主义者都赞成经济自由主义一样。

二、自由主义研究中的歧见

对于自由主义如此复杂的理论内涵，不同的研究者出于不同的立场，往往强调不同的方面，从而使自由主义的概念显得扑朔迷离。

一般而言，自由主义学者在界定自由主义时往往强调自由主义所包含的若干抽象的理念，尤其是其政治、经济与法律理念。当然，不同的学者也许会对不同的理念有所侧重。但他们共同的特征是，以一种非历史、非阶级的方法描述自由主义。试举几例。

美国学者萨皮罗（J. Salwyn Schapiro）在《自由主义》的小册子中将自由主义定义为关于自由的学说。"自由主义在所有时代的典型特征是它坚定地相信自由对于实现任何一个值得追求的目标都是不可或缺的。对个人自由的深深关切激发自由主义反对一切绝对权力，不论这种权力来自国家、教会或政党。"[①] 萨皮罗的定义颇具代表性。不少自由主义者倾向于将自由主义界定为强调自由的学说，作为自由主义的对立面，保守主义强调秩序，社会主义则强调平等。这样的例子很多。如西班牙著名自由主义理论家葛塞特（Ortega Y

---

① J. Salwyn Schapiro, *Liberalism: Its Meaning and History*, Princeton: D. Van Nostrand Co., 1958, p. 9.

Gasset）在其影响颇大的小册子《大众的反叛》（1929）中声称，自由主义是一种最高形式的慷慨，"它是多数授予少数的权利，因此它是我们这个星球上回响的最高尚的诉求。它是与敌人——甚至是软弱到不堪一击的敌人——共同生活的决心。"意大利自由主义者埃努迪（Luigi Einaudi）则更形象地将自由主义社会描述为同时兼具两个特征的社会："法律的统治与观念的无政府状态"。[①]

美国自由主义理论家斯蒂芬·霍尔姆斯（Stephen Holmes）在回答"什么是自由主义"这一问题时，指出自由主义包含四方面的核心规范或价值观。第一，个人的安全（personal security），即强调垄断合法暴力权力的国家机构之行为必须受到法律的监督与制约；第二，公正性或曰普遍性，即同一法律制度适用于所有的人；第三，个人自由，即个人享有不受集体或国家制约的广泛领域的自由权；第四，民主，即通过选举或公开讨论的方式参与决策的权利。[②]

曼宁（D. J. Manning）在其关于自由主义的专著中，强调自由主义包含若干基本原则。第一是平衡原则。这意味着，自由主义的社会在本质上是一个多元的社会。社会的稳定与进步依赖于社会各组成部分之间的平衡关系。权力、财富，甚至意见的过分集中会构成对社会平衡与进步的威胁。第二是自发的原则，它强调社会的自发秩序，强调自由个人的创造性，强调较少的社会控制。第三是统一性（uniformity）的原则。它主张实现某种普遍主义的秩序。它

---

① 转引自，J. G. Merquior, *Liberalism: Old and New*, Boston: Twayne Publishers, 1991, pp. 3 - 4.

② Stephen Holmes, *The Anatomy of Antiliberalism*, Harvard University Press, 1993, pp. 3 - 4.

认为，人的本性在任何地方、任何时间都是相同的，人们在种族、国籍、宗教、性别、阶级方面的差别并不会影响人们的基本道德与知识特征，并不能构成阻止某些人享受自由或选择自己政府的权利之理由。[①]

与自由主义者不同，保守主义在界定自由主义时，强调的不是言论与出版自由、分权与制衡、民主选举、法治等特征，而是自由主义的现代性。保守主义将自由主义与现代性视为孪生兄弟。在他们看来，自由主义可以有诸多理论内涵，但最本质的内涵是现代性，这种现代性的起源可以追溯到启蒙运动，其内涵包括个人主义、理性主义（rationalism）、人道主义、唯物主义、怀疑主义、普遍主义等。[②]

英国保守主义政治理论家约翰·格雷对自由主义的描述在一定程度上反映了这种保守主义的特征。格雷在分析自由主义理论内涵时强调自由主义的现代性（modernity）特征，强调自由主义在现代性基础上确立的一套独特的关于个人与社会的学说。根据格雷，尽管近代自由主义各种思潮的哲学基础也许有诸多不同，譬如，有的诉诸人的自然权利，有的诉诸功利原则，尽管自由主义在不同的国家与不同文化中会有不同的特色，但是，自由主义是一个统一的传统，而不是两个或几个自由主义的传统。

自由主义传统的所有不同流派都有一个特定的、独具现代性的关于人与社会的概念。这个概念包含若干要素：第一，它是个人主义的，它主张个人相对于任何社会集体的道德至上性（moral

---

① D.J. Manning, *Liberalism*, London: Dent & Sons LTD., 1976, pp. 13 - 30.
② 参见 Stephen Holmes, *The Anatomy of Antiliberalism*, pp. 4 - 7。

primacy）；第二，它是平等主义的，它赋予所有人同等的道德地位，否认人们之间的道德差异对社会及政治秩序具有任何相关性；第三，它是普遍主义的，它肯定人类的道德统一性，仅仅赋予特定的历史及文化形式以第二位的重要性；第四，它是社会向善主义的，它认定所有社会制度与政治制度都是可改造的、可改善的。[①] 正是这种关于人与社会的特定概念赋予了自由主义独有的特征，这一特征超越了自由主义所有的内在差异与复杂性。

不少学者在讨论自由主义时，尽管承认自由主义有其核心的理论倾向与价值导向，但他们强调自由主义是一种历史的现象，即自由主义是在特定历史条件下发展出来的，并将随着历史的发展而衰亡。他们反对以价值观的方法界定自由主义，而主张以历史的方法考察自由主义，将自由主义置于特定的历史发展阶段，甚至将它与特定阶段的特定阶层或阶级联系在一起。马克思主义是以这种方式分析自由主义的典型代表。马克思主义经典作家对自由主义的分析是人所共知的。自由主义是资产阶级的世界观，是资产阶级利益的反映。受马克思主义的影响，20 世纪西方不少左派学者都从阶级的或历史的分析方法出发评价自由主义，其中专门出版过研究自由主义著作的著名学者有拉斯基、麦克佛森、阿伯拉斯特等。

哈罗德·拉斯基（Herold Laski，1893—1950）的名字对中国读者也许并不陌生。他的多元主义理论在 20 世纪 30 年代就被介绍到中国。拉斯基是一位受马克思主义影响很深的自由主义哲学家。他的《欧洲自由主义的兴起》至今仍然是研究自由主义发展的重要著

---

① John Gray，*Liberalism*，p. x.

作。在这部著作中，拉斯基提出一个常常被今天自由主义者所诟病的观点，即自由主义与资本主义是一对孪生兄弟。自由主义是一种维护私有财产的意识形态。惟其如此，拉斯基指出，自由主义的核心，即它对私有财产的维护，包含了自由主义自身毁灭的条件。一场推翻私有财产制度的社会主义革命将必然同时宣布自由主义的终结。不过，拉斯基认为，传统上与自由主义相联系的若干重要的价值观，如个人自由与民主制将在新的社会主义制度中得以保留。①

拉斯基对自由主义的分析在当代两位马克思主义学者那里得到进一步阐述。拉斯基的学生、加拿大政治学者麦克佛森（C. B. Macpherson）在《以所有权为基础的个人主义政治理论：从霍布斯到洛克》（1962）中，通过对英国革命时期政治理论的分析，特别是对霍布斯与洛克政治理论的分析，提出了著名的"以所有权为基础的个人主义"（Possessive Individualis）的概念。这个概念的核心在于，自由主义关于自由、民主、法治的一系列理念都是基于所有权概念之上的。自由无非是所有权的自由交换。而民主则是所有者权益在政治上的反映，换句话说，民主制度在实质上相当于股份所有制。②

当代另一位从马克思主义立场分析自由主义的学者是阿伯拉斯特（Anthony Arblaster）。阿伯拉斯特继承了马克思主义的传统，特别是继承了卢卡奇的观点，把自由主义界定为保护私有财产的意识

---

① 参见 Harold J. Laski, *The Rise of European Liberalism*, Transaction Publishers, 1997。
② C. B. Macpherson, The Political Theory of Possessive Individualism: Hobbes to Locke, Oxford University Press, 1962.

形态。阿伯拉斯特指出，不应该把自由主义看作是一种固定的、抽象的、不变的道德与政治价值观，而应该将自由主义置于特定的历史环境中，分析在该环境中个人与社会及国家的关系，这样才可能充分理解自由主义。正是在这种理论预设的基础上，阿伯拉斯特认为，对自由主义的考察必须既是理论的，又是历史的。一方面，对自由主义的考察意味着揭示并描述自由主义的政治价值观，以及支撑这些价值观的关于个人与社会的理论；另一方面，描述自由主义又必须揭示自由主义作为一种观念与意识形态的历史特征与历史限度，将自由主义置于恰当的历史环境之中。在此基础上，阿伯拉斯特将自由主义的历史描述为一部从进步走向反动的历史。在资产阶级革命初期，自由主义是进步的。以 1848 年革命为转折点，资产阶级面对无产阶级作为一个独立阶级的觉醒开始走向反动，自由主义作为其意识形态也开始走向反动，并逐步衰落。[1]

三、自由主义：理论、政治派别与制度

对于自由主义的研究者而言，问题的复杂性还在于，自由主义不同方面的含义往往与不同的政治派别相联系，而这些政治派别又往往有全然不同的名称。这就使得我们的讨论更为艰难。

从历史上讲，西方一些国家曾出现过直接以自由主义命名的政

---

[1] Anthony Arblaster, The Rise and Decline of Western Liberalism, Oxford: Basil Blackwell, 1984；同时参见，John A. Hall, *Liberalism: Politics, Ideology and the Market*, Chapel Hill: The University of North Carolina Press, 1987, pp. 1 - 5。

治派别、政治运动或政党。英国的自由党便是典型的例证。但是，自 20 世纪初以来，英国的自由党逐步衰落，最后竟至于与社会民主党合并，自由党在自由主义的故乡香火已断。其他西方国家的情形与英国大同小异。美国从未出现过以自由主义命名的政党，自由主义政党在西欧诸国都处于边缘地位。

自由主义作为政党的衰落并不意味着自由主义作为一种意识形态的衰落。恰恰相反，具有悖论意义的是，自由主义政党的衰落在很大程度上是由于自由主义作为一种意识形态的成功而造成的。自由主义成功地实现了政治自由的任务，实现了宪政国家与代议制民主，自由主义政党最初为之奋斗的理想在西方国家大都变成了现实。与此同时，自由主义对社会正义的关注在社会民主党人那里得到更完整与彻底的表达，自由主义的经济自由理想在以保守主义命名的政治派别中得到发扬。自由主义政党自身失去了纲领与特征。理查德·贝拉米（Richard Bellamy）在《自由主义与现代社会》中，曾对作为意识形态的自由主义与以自由主义命名的政治派别在 20 世纪的命运作出这样的描述：

> 20 世纪的自由主义遭遇了一种奇特的命运：一方面，作为某一特定政党所特有的选举力量，它在大多数国家不断衰落，但与此同时，作为一种背景性理论或一套贯穿于各种意识形态的理论预设，它却日益传播并发展。今天，所有主要的群体都利用自由主义的语言，诸如权利、自由以及平等来表达它们的观点并使这些观点合理化。有迹象显示，它们也基本接受自由主义的民主概念以及市场概念。从新右派保守主义到民主社会

主义，现在似乎都成了自由主义者。①

　　贝拉米在这里区分的自由主义的两种不同境遇对我们研究自由
主义颇有意义。确实，西方当代政治的独特现象是：自由主义作为
一种理念的胜利与自由派作为一种政治派别的衰落并存。自由主义
者成功地将自由主义理念传播到社会文化与政治生活中，使其成为
西方几乎所有政治派别共享的理念。在今天的西方，自由主义的理
论前提，而不是基督教的、封建主义的或社会主义的理论前提，深
深地植根于大众共同的社会、经济、政治态度之中。西方的所有政
治派别，无论是保守主义的抑或是激进主义的，在其本质上都带有
强烈的自由主义色彩。诚如拉姆赛（Maureen Ramsay）所言，在近
代以来的西方社会，"自由主义观念支配一般大众的思想并影响形形
色色政党的实践。可以毫不夸张地说，整个西方的政治制度都建立
在自由主义原则及价值观之上并受其制约"。② 正是在这个意义上，
我们可以说，自由主义是西方现代占主导地位的意识形态。或者，
像西方一些学者所说的那样，西方现代思想其实只有一套学说，那
就是自由主义。保守主义是要"保守"自由主义取得的成就，而激
进主义则是企图用更激烈的方式实现极端化了的自由主义理想。因
此，在某种意义上，西方近代思想史就是一部自由主义兴起、发展、
受到挑战的历史。③

---

① Richard Bellamy, *Liberalism and Modern Society*, Polity Press, 1992, p.1.
② Maureen Ramsay, What's Wrong with Liberalism: A Radical Critique of Liberal
Political Philosophy, Leicester University Press, 1997, p.1.
③ 参见, Anthony Arblaster, The Rise and Decline of Western Liberalism, p.6。

我们可以举美国的情形为例。

自由主义在美国的命运颇为独特。我们在后面将会论及有些美国学者的观点，即认为美国是天然的自由主义国度，美国既不存在传统意义上的保守主义，也不存在社会主义。然则，颇具讽刺意义的是，美国从未出现过以自由主义命名的政党或政治派别。惟其如此，爱德华·希尔斯（Edward Shils）在剖析美国自由主义时指出美国的自由主义没有体制化（institutionalized）。

不过，根据希尔斯的分析，美国的两个主要政党——民主党与共和党——在本质上都是自由主义政党，只不过各自体现了自由主义的不同原则。为了区分两个政党所持的不同的自由主义原则，希尔斯创造了两个新的概念。他认为，美国民主党的自由主义可以被称为"集体主义自由主义"（collectivistic liberalism），共和党的自由主义是一种"自主性的自由主义"（autonomistic liberalism）。希尔斯认为，这两种自由主义有共同的传统，他们都坚持个人主义，都反对传统的宗教权威、反对社会等级制，都强调教育作为解放思维、培养理性化、提高个人素质从而促使社会进步的工具，在政治上，都坚持个人的自由权利、民主与宪政主义。希尔斯强调，美国的共和党不是传统意义上的保守主义，尽管人们有时将其称作保守主义政党。

当然，美国的两大主要政党所主张的自由主义尚有诸多区别。譬如，由于美国没有社会主义政党，欧洲社会主义党的许多经济诉求在美国与民主党相联系。与此相对比，共和党则在经济政策上更倾向于古典自由主义。民主党倾向于允许政府在经济和社会生活中扮演重要角色，共和党则倾向于批评政府权限的扩张；民主党对个人表达自己意见、结社、示威的自由几乎毫无保留地支持，共和党则较多地关注社会的稳定与秩序；民主党更多地强调民主特别是大众参与的价值，共和党则把宪政主义置于民主之上。

这一清单可以列得很长。从这一清单可以看出，两党的分歧并不是所谓自由主义与保守主义的分歧，而是自由主义不同原则、不同方面的分歧。[1]

研究不同国家或地区、不同时期自由主义政党或政治派别的命运是历史学家或比较政治学者的任务，本书的宗旨不在于研究某一政治运动或派别的自由主义，而是研究作为一套理念、意识形态的自由主义。

为了较好地理解作为一种理念、一种意识形态的自由主义，我们将首先较为系统地回顾自由主义演变与发展的历史，并在此基础上，归纳自由主义的主要原则。这就是说，较为完整的关于自由主义的定义，要在对自由主义作出历史的以及理论的考察后才会比较清楚。

---

[1] 参见 Edward Shils, "The Antinomies of Liberalism," in Zbigniew Brzezinski et al ed. , *The Relevance of Liberalism*, Westview Press, 1978, pp. 135 - 200。

第二章

自由主义的历史

昔日的君主只靠物质力量进行压制；而今天的民主共和国则靠精神力量进行压制，连人们的意志它都想征服。在独夫统治的专制政府下，专制以粗暴打击身体的办法压制灵魂，但灵魂却能逃脱专制打向它的拳头，使自己更加高尚。在民主共和国，暴政就不采取这种办法，它让身体任其自由，而直接压制灵魂。

——托克维尔

上文已经提及，自由主义是现代现象。不过，强调自由主义的现代特征并不否认自由主义可能有古代的渊源。事实上，许多政治观念的渊源都可以追溯到古代。人类社会在几千年的发展中，有令人目不暇接的创新，有改变自身生存条件的巨大进步。就人类的社会组织与活动而言，人类对社会组织的结构与运作的理解更深刻了，管理自己的手段更先进了。然则，人类探索的基本社会政治问题却没有根本变化。从古代哲人到今天的思想家，人类的精英一直在探索，在思考：人应该过一种什么样的社会生活，人类应该建立什么样的社会与政治组织？这些问题并不会由于知识的累积而自然解决。

　　从知识论的角度言，人类有两类知识，一类是关于事物确切性的知识，即关于"事实"的知识。知识的累积使我们对各种现象有愈来愈精确、全面的认识。但另一类知识所涉及的不是"事实"问题，而是价值判断问题。知识的累积充其量只能为价值判断提供一个更全面的背景或更广阔的视角，却无法代替价值判断本身。价值判断是人的判断，是一个时代人们自身的取舍与偏好。只要有人存在，这种判断就不会停止。

　　从古代到今天，人们在讨论社会政治问题时，最根本的问题就是人的本质、社会的本质、国家的本质，以及个人、社会、国家之间的关系。这些问题恰恰是自由主义关注的核心问题。

　　在这个意义上，如果某些学者声称从古代思想中找出近代自由主义的渊源，也是完全可以理解的。不过，就严格意义而言，古代思想中所包含的只是自由主义理论的先声，而不是系统的自由主义学说。系统的自由主义学说是近代的产物。

一、现代自由主义的古代渊源

如同许多政治观念一样，西方自由观念的历史也可以追溯到古希腊。威廉姆·奥滕（William A. Orton）在探索自由主义的历史渊源时，曾对古希腊哲学与自由的关系作过如此描述：

> 很少有任何地方像古希腊共和国那样鲜明地展示了自由与组织、自由与稳定、进步与秩序之间的困境。希腊共和国未能成功地解决这些问题，其失败有某种必然性。他们常常使自由蜕变为无政府，使秩序变成暴政……然则，在失败的过程中，在希腊人为此反思的过程中，西方世界几乎所有政治问题都第一次得到系统的探索；一个理想确立了，一个标准设定了，这些理想与标准在二十四个世纪之后仍然激励着人们……①

那么，希腊人究竟在何种意义上为后世自由主义的发展作出贡献呢？许多西方学者从不同的角度提供了不同的解释。当代自由主义哲学家卡尔·波普尔在其颇负盛名的著作《开放社会及其敌人》中，沿袭英国辉格党人历史学的传统，将公元前 5 世纪的希腊思想与实践视为自由主义——波普尔称之为开放社会——的最早渊源。

---

① William Aylott Orton, The Liberal Tradition: A Study of the Social and Spiritual Conditions of Freedom, Yale University Press, 1945, p.21.

波普尔称"处在伯罗奔尼撒战争之前和战争之中的那个时期"的雅典人为"伟大的一代"（great generation）。波普尔列举了这个时期一些著名人物对所谓"开放社会"的贡献：

> 在他们之中有伟大的保守主义者，例如索福克勒斯（Sophocles）或修昔底德。在他们之中也有代表这个转变时期的人物；他们是动摇的，例如欧里庇得斯，或者是怀疑的，例如阿里斯多芬。但是，还有伟大的民主领袖伯里克利，他提出在法律面前人人平等和政治个人主义的原则；有希罗多德，他在伯里克利的城邦中获得人们的欢迎和称赞，说他是一部为这些原则增光的著作的作者。普罗泰戈拉……以及他的同乡德谟克利特也必须被视为这个伟大世代的人物。他提出一种学说，认为语言、风俗习惯和法律这些人类建构并不具有禁忌的神秘性质，而是人的创造，不是自然的而是约定俗成的，他们还坚持说，我们对这些人类建构是负有责任的。那时有高尔吉亚学派——其中有迈基达玛、利科弗龙和安提斯泰尼，他们提出了反奴隶制、理性保护主义和反民族主义（即人类世界帝国的信念）的基本教义。此外还有也许是其中最伟大的人物苏格拉底，他教导这样的学问：我们必须相信人类理性，同时又要提防教条主义；我们必须抛弃厌恶理论（即对理论和理性的不信任）的态度，也要抛弃制造智慧偶像的那些人所采取的神秘态度；换句话说，他教导我们说，科学的精神就是批评。①

---

① 卡尔·波普：《开放社会及其敌人》（上），杜汝楫、戴雅民译，山西高校联合出版社，1992年，第194—195页。

作为这一代人政治理念的象征，人们往往会津津乐道地提及伯里克利与雅典民主，提及雅典城邦制度所包含的现代政治、法律制度的萌芽。历史学家修昔底德用一段无比精彩的文字说明了城邦制度对于雅典人所具有的意义。这就是著名的伯里克利"葬礼上的演说词"。伯里克利讲道：

> 我们的政治制度之所以被称为民主政治，因为政权是在全体公民手中，而不是在少数人手中。解决私人争执的时候，每个人在法律上都是平等的；让一个人负担公职优先于他人的时候，所考虑的不是某一个特殊阶级的成员，而是他们有的真正才能。任何人，只要他能够对国家有所贡献，绝对不会因为贫穷而在政治上湮没无闻。正因为我们的政治生活是自由而公开的，我们彼此间的日常生活也是这样的。当我们隔壁邻人为所欲为的时候，我们不至于因此而生气；我们也不会因此而给他以难看的颜色，以伤他的情感，尽管这种颜色对他没有实际的损害。在我们私人生活中，我们是自由的和宽恕的；但是在公家的事务中，我们遵守法律。这是因为这种法律深使我们心悦诚服。[1]

在伯里克利强调希腊城邦政治的诸多特征——如自由、平等、民主、法治中，以往的论者往往更多地强调民主制度与自由理念，

---

[1] 修昔底德：《伯罗奔尼撒战争史》，谢德风译，商务印书馆，1960年，第130页。

但是，应该指出的是，古希腊人对法治的强调是其自由与民主理念的基础。古希腊人有一个强烈的信念，那就是，自由的含义是尊重法律。让我们引证萨拜因的论述：

> 雅典人并非把自己想象为完全不受约束，但他对约束划有极其严格的界限：一种约束只不过是屈从于另一个人的专断的意志，另一种约束是承认法律的统治地位，这种统治地位有权要求受到尊重，因之就这个意义而言，约束是自愿接受的。①

正是基于对法律统治与专断意志统治的区别，古希腊人区分了自由国家与专制国家。他们认为，专制政体（despotism）就是运用非法强迫手段统治的政体。它是所有政体中最坏的政体。事实上，在他们看来，专制政体只是"东方"帝国的政体。在那里，最大的敌人就是掌国的专制主，在他的治下没有自然法，有的是单独一人发号施令，法只不过是专制统治者任意发布的命令。与专制政体相比，"在自由国家里，主宰一切的是法律而不是统治者"。所以，希腊人认为，希腊城邦政治成功的秘诀是尊重法律。"自由和法治是良好政体的两个相辅相成的方面。"②

华特金斯在其研究西方政治传统的著作中对古希腊的自由主义萌芽作了颇为精确的概括。他指出，希腊政治传统中存在诸多其他古代文明缺乏的因素，为后来自由主义的兴起奠定了基础。在这些独特因素中，最重要的是"法治传统"。"在强调'法律下的自由'

---

① 乔治·萨拜因：《政治学说史》，刘山等译，商务印书馆，1990年，上册，第39页。
② 同上。

的概念方面，现代世界是古希腊与罗马的直系嫡传。"在古希腊，"法律乃是团结城邦社会的唯一力量。……政治权力通常都是一种'司法'权力"。在政治统治中如此重视法律的作用在古代文明中是仅见的。"中国人与其他具有高度文明的民族，政治思想的特色都是伦理而非法律；希腊人则自始就将大部分政治精力放在立法与施法上。"[①] 希腊人的法治理想影响了希腊的政治制度。"希腊人对法律问题的关注，不仅表现在杰出思想家的事业上，也见诸一般人的生活中。在希腊的民主制度里，立法、执法乃是全体公民的责任。"[②] 不仅如此，希腊人的法治理想也塑造了"西方思想的一般风貌"。

当然，我们在后文会展示，并不是所有人都附和辉格党人对古希腊城邦制度这种近乎理想化的描述。在许多自由主义者看来，希腊城邦的制度与其说是自由主义的，毋宁说是一种集体主义的。霍布斯对此曾有过精辟观察。他指出："古希腊罗马人的哲学与历史书以及从他们那里承袭自己全部政治学说的人的著作和讨论中经常推崇的自由，不是个人的自由，而是国家的自由。"[③] 贡斯当在其著名的关于古代人的自由与现代人的自由的演讲中，将两种自由概括为共同体的自由与个人自由，与霍布斯的观察大同小异。贡斯当注意到，古代人所理解的自由主要是一种公民资格，即参与公共事务辩论与决策的权利。古代的城邦国家是一些较小的共同体。由于领土狭小，贸易不发达，特别是由于奴隶制度为自由人提供了闲暇，古

---

① 菲特烈·华特金斯：《西方政治传统：近代自由主义之发展》，台北：联经，1999 年，第 3—4 页。
② 同上，第 5 页。
③ 霍布斯：《利维坦》，黎思复等译，商务印书馆，1985 年，第 166 页。

代人生活的主要内容是公共生活。他们几乎把全部精力与时间投入到军事与公共服务之中。对这种投入的回报是，他们在共同体政治活动中有很大的重要性。然则，与古代人有权参与社团事务并存的是，在古代人那里，没有一个明确界定的私人领域，没有任何个人权利。古代人承认个人对社群权威的完全服从是和追求自由相容的。贡斯当指出：

> 在古代人那里，个人在公共事务中几乎永远是主权者，但在所有私人关系中却是奴隶。作为公民，他可以决定战争与和平；作为个人，他的所有行动都受到限制、监视与压制；作为集体组织的成员，他可以对执政官或上司进行审问、解职、谴责、剥夺财产、流放或处以死刑；……与此相对比，在现代人中，个人在其私人生活中是独立的，但即使在最自由的国家中，他也仅仅在表面上是主权者。他的主权是有限的，而且几乎常常被中止。如果他在某些固定、偶尔的时候行使主权的话（在这些时候，也会被谨慎与障碍所包围），更经常地则是放弃主权。①

因此，许多自由主义者认为，不是公元前 5 世纪希腊城邦的理论及其实践孕育了现代自由主义，而是希腊化时期的哲学孕育了现代自由主义的核心，即个人主义。希腊被马其顿征服之后，在城邦政治中实现道德理想的希望破灭了，哲学家们愈来愈从政治隐退，

---

① 贡斯当：《古代人的自由与现代人的自由之比较》，《公共论丛》，第四期。

在个人生活中寻求自我实现。罗素对这一现象有过生动的描述：

> 希腊的哲学家们，下迄亚里士多德为止，尽管他们可以埋怨这埋怨那，但在大体上对于宇宙并不绝望，也不觉得他们在政治上是无能的。他们有时候可以是属于失败了的政党，但如果是这样，他们的失败也只是由于冲突中的机缘所致，而不是由于有智慧的人之任何不可避免的无能为力。……但当政权转到马其顿人手里的时候，希腊的哲学家们就自然而然地脱离了政治，而更加专心致意于个人德行的问题或解脱问题了。他们不再问：人怎样才能够创造一个好国家？而是问：在一个罪恶的世界里，人怎样才能有德；或者，在一个受苦受难的世界里，人怎样才能够幸福？[①]

尤其是在斯多葛派的哲学中，我们可以发现许多现代自由主义观念的萌芽，其中最重要者当属自然法的概念。这一概念主张，在现实的法律之上有一个更高的法律，它是自然的法律，也是人的理性所揭示的法律。现实的法律必须以它为依归才可能获得其确切性。而且，基于具有普遍主义特征的自然法，一切人生而平等。美国宪法学家考文在论述美国宪法的渊源时，曾将自然法的观念列为其最重要的理论渊源。关于斯多葛派对自然法的贡献，考文写道：

> 一般认为，亚里士多德的"自然正义"主要是一种立法者

---

① 罗素：《西方哲学史》（上），何兆武、李约瑟译，商务印书馆，1982年，第292—293页。

遵循的规范和指南，而斯多葛派的"自然法"却是人类通往幸福的坦途。最高的立法者是自然本身；自然秩序也并非仅指现代科学所探究的那个物质的秩序。斯多葛主义所强调的自然法概念是一种道德秩序的概念，人们通过上帝赐予的理性能力与诸神一道，直接参与这种秩序。自然、人性和理性是一回事。[①]

考文对斯多葛派的自然法概念给予高度评价。称它是"一种全新的世界观，它既是个人主义的，又是世界主义的。"这两点恰恰是现代自由主义的基本特征。斯多葛哲学的影响一直持续到罗马时期。罗马时期文化与希腊时期文化的重大区别之一是，在希腊，特别是在城邦时期，政治活动是人们活动的中心，政治问题是人们关注的核心。亚里士多德称"人是政治的动物"，这既意味着人在本质上是城邦的成员，其个人属性打上城邦的烙印，又意味着人只有在城邦政治活动中才能得到自我实现，寻求自己的真正价值。这种情形在罗马就不复存在了。罗马时期思想的发展大致循着两条不同的路径，其一是法学的倾向，其二是神学的倾向。前者指的是罗马法的形成，后者则指谓基督教化的过程。[②]

罗马思想发展的这两大路径都受到斯多葛派哲学的影响，西塞罗则是将斯多葛派自然法观念传入罗马思想的主要人物。西塞罗是整个罗马时期最具有自由色彩的思想家，而且，恐怕也是这个时期

---

① 爱德华·考文：《美国宪法的高级法背景》，强世功译，李强校，生活·读书·新知三联书店，1997年，第4页。
② 乔治·萨拜因：《政治学说史》，刘山等译，商务印书馆，1990年，上册，第200—201页。

惟一可以称为政治理论家的人物。西塞罗对政治理论的贡献与他对自然法的解释分不开，也与他对法治的强调、对共和的推崇分不开。西塞罗的自然法观念包含着强烈的个人主义色彩与平等的理想。特别是他的国家学说包含有许多现代自由主义的理念。西塞罗认为，国家的存在需依赖对公民权利的尊重。国家是一种"公共的事业"，它追求公共的目标。如果丧失了这个目标，国家就会堕落为"大规模的拦路抢劫"，与强盗无异。他还强调"国家本身和它的法律永远要服从上帝的法律，或道德的或自然的法律——即超越人的选择和人的制度的更高一级的正义统治"。① 哈耶克曾这样评价西塞罗对自由主义的贡献：

> 西塞罗的论著的确成了现代自由主义的主要权威典籍，而且我们当下大多数最具效力的关于法治下的自由的论述也都得益于他，例如：一般性规则或法律学说应当支配立法的观念，为了自由我们必须服从法律的观念，以及法官应当只是法律据以说话的代言者的观念，等等。西塞罗最为明确地指出，在罗马法的古典时代，人们已经充分认识到法律与自由之间并不存在冲突，而且自由还依赖于法律的某些特性，如法律的一般性和确定性，以及它对权力机构自由裁量权所施加的限制。②

尽管斯多葛派对个人主义、普遍主义有突出的贡献，但是，与

---

① 乔治·萨拜因：《政治学说史》，刘山等译，商务印书馆，1990年，上册，第207页。
② 哈耶克：《自由秩序原理》（上），邓正来译，生活·读书·新知三联书店，1998年，第209页。

罗马法相比，斯多葛派对自由主义的贡献便相形失色了。关于罗马法对现代自由主义的贡献，至少可以指出两点。第一，罗马法具有相当强烈的个人主义特征。马克斯·韦伯在比较罗马法与日尔曼法时，曾断言罗马法的基本特征是个人主义的。[①] 这种个人主义特征可以从"十二铜表法"中发见。该法律是依据梭伦法的模式制定的，它代表了对个人自由的重要保障。罗马的私法也是相当个人主义的。这种个人主义式的法律传统在查士丁尼与康士坦丁时期衰落了。但经过17世纪拉丁复兴的媒介，它在近代有很大的影响。第二，罗马法承继了希腊的自然法传统。罗马法将法律分为市民法（jus civile）、万民法（jus gentium）和自然法（jus naturalis）三类。自然法是制定法的对称，罗马的法学家认为它是指合乎人性、合乎理性的法律，适用于全体人类（包括奴隶），是永远不变的、超时间、超空间的法律，一切制定法都应以自然法为标准，因而它是最理想、最好的法律。这种自然法的观念实际上包含着对普遍正义的信仰。德国著名法学家施塔姆勒把对正义的信仰视为罗马法学的最后胜利。他写道：

> 在我看来，这就是罗马古典法学家的普遍意义；这是他们的永恒价值。他们有着把目光从日常的普通问题移向整体的勇气，并且在思考特定事件的局部情况时，他们的思想却注意到全部法律的总原则，即使生活中的正义得以实现。[②]

---

① Dirk Kasler, *Max Weber: An Introduction to His Life and Work*, the University of Chicago Press, 1979, pp. 24 – 25.
② 转引自萨拜因：《政治学说史》（上册），第212页。

罗马帝国解体之后，西欧进入中世纪。最能代表中世纪特征的是两种制度，其一是基督教以及教会的支配地位，其二是封建制度。对这两大制度在自由主义发展中的地位，西方学术界充满了争议。在欧洲近代启蒙运动时期，进步的思想家对基督教持激烈批评态度。所谓启蒙，就是使个人理性从神学的蒙蔽下解放出来，成为自主判断事物的标准。在当时倡导自由的思想家看来，基督教与自由的理念是水火不相容的。即使在启蒙运动后期，这种观念也在思想界占据主导地位。譬如，休谟认为，罗马在康士坦丁期间接受基督教代表了古代宗教宽容观念以及尊重知识、教育观念的消失。基督教导致了野蛮主义（barbarism）与宗教的胜利，使欧洲进入不宽容与无知的黑暗时期。至于封建制度，在启蒙运动时期更是激烈批评的对象。所谓资产阶级革命，其主要目标就是摧毁托克维尔所谓的"旧制度"——即封建制度，建立一种基于平等原则之上，保障个人自由的新制度。

但是，自19世纪末以来，这种对中世纪的基本否定态度似乎有相当的改变。首先，不少学者对基督教与现代自由主义关系持一种更为平衡的看法。他们指出，与罗马及犹太人的宗教相比，早期基督教是一种个人主义的信仰，它所关心的是个人的得救，而不是群体的得救。其个人得救的概念以及它关于所有事物都有一个终极目标的概念有利于松懈旧的宗教的道德纪律，代表了对罗马后期许多哲学与宗教中表达的个人主义精神的强化。基督教有利于近代自由主义的另一个方面在于其普遍主义观点。[①]

————————

① 参见 John Gray, Liberalism, pp. 5 - 6。

至于西欧封建制度与现代自由主义的关系，新的解释更是层出不穷。譬如，马克斯·韦伯在讨论西欧中世纪封建制度时，对封建支配所包含的契约化、法制化倾向颇为重视，称其为现代"宪政主义"的起源。[①] 英国著名中世纪思想史专家佩恩特（Sidney Painter）与乌尔曼（Walter Ullmann）也认为，封建时期的政府是一种基于"同意"、受制于法律的政府，因而包含了现代自由主义的宪政主义因素。[②] 至于代议制度产生于中世纪的封建制度，这更是人们所熟知的。我们只要举出卢梭对代议制的批评就够了。卢梭称代议制"起源于封建政府，起源于那种使人屈辱并使'人'这个名称丧失尊严的、既罪恶又荒谬的政府制度"。[③]

二、近代早期的自由主义萌芽

无论从古希腊、罗马、中世纪发现多少可以被解释为自由主义的因素，但这些因素充其量只能被看作自由主义的种子。这个种子的萌发并成长全然是近代的事情。首先开启自由主义在近代影响的是文艺复兴运动与新教改革运动。文艺复兴是欧洲历史发展的重要转折点。从文艺复兴起，自由主义的世界观开始形成。而且，从文艺复兴起，自由主义开始成为一种持续的历史运动，不仅是

① 参见拙作《传统中国社会政治与现代资本主义：韦伯的制度主义解释》，《社会学研究》，1998 年，第三期。
② 参见，Anthony Ablaster, The Rise and Decline of Western Liberalism, p. 97。
③ 卢梭：《社会契约论》，何兆武译，商务印书馆，1982 年，第 123—125 页。

一种思想的、观念的运动，而且是一种具有实质内容的社会与政治力量。

文艺复兴对自由主义发展的贡献集中体现在两个方面，其一是人文主义，其二是个人主义。文艺复兴运动的核心是"人文主义"思潮的滥觞。英国学者阿伦·布洛克在分析西方人文主义传统时，指出西方思想存在看待人和宇宙的三种不同模式。"第一种模式是超自然的，即超越宇宙的模式，集焦点于上帝，把人看成是神的创造的一部分。第二种模式是自然的，即科学的模式，集焦点于自然，把人看成是自然秩序的一部分，像其他有机体一样。第三种模式是人文主义模式，集焦点于人，以人的经验作为人对自己、对上帝、对自然了解的出发点。"① 如果我们接受著名历史学家雅各布·布克哈特在《意大利文艺复兴时期的文化》中的论点的话，那么，文艺复兴的本质特征就是人文主义，是人权向神权的挑战，是重申古希腊哲学家普罗泰戈拉"人是万物的尺度"这一原则。

自由主义的世界观在本质上是人文主义的，其根本特征是世俗化。它强调人的幸福、人的尊严、人的欲望、人的意志。它把人作为目的，而不是把上帝或其他更高尚的事物作为目的。文艺复兴在很大程度上开启了从以神为中心向以人为中心的世界观的转变。

值得提及的是，文艺复兴文化中不仅包含了人文主义的倾向，而且包含了个人主义的倾向。当文艺复兴时期的文学家、艺术家、思想家描绘人、谈论人的时候，他们越来越多地是指谓作为个体的人，而不是作为一种类型的人。这种个人主义的特征在意大利文艺

---

① 阿伦·布洛克：《西方人文主义传统》，董乐山译，生活·读书·新知三联书店，1997年，第12页。

复兴时期的艺术中有明显的表现。第一是人的多样性、丰富性，由此展示了个人之间的差异，展示了个人的独特性。第二是这些作品强调孤独的个人，描绘在社会环境之外的个人。

当然，个人主义在文艺复兴时期仅仅处于萌发阶段，完全意义上的个人主义尚未出现，个人价值的实现在很大程度上仍然依赖于公共领域。在这个意义上，文艺复兴的个人主义仍然带有强烈的古典特征，带有古希腊与罗马思想的特征。

比文艺复兴稍晚的新教改革运动对西方近代个人主义与自由主义的兴起扮演了更为重要的角色。在西方学术界有一种颇为盛行的说法，自由主义只不过是没有上帝的新教而已，可见新教与自由主义关系之密切。关于新教改革与近代自由主义之间的关系，自由主义者以及自由主义的批评者有颇为相近的看法。前者可以举马克斯·韦伯的例子。韦伯关于新教伦理与资本主义精神的理论已为人们所熟知。但应该同时指出的是，韦伯认为新教伦理与近代自由民主制度有内在的联系。韦伯指出，只有新教伦理才可能孕育出典型的现代个人主义。传统的基督教虽然有超越价值，有利于普遍主义的形成，但由于个人必须通过教会组织与上帝沟通，个人的意志与观念不可能具有独立地位，不可能形成个人主义。新教改革降低了教会组织在个人得救中的作用，个人可以直接与上帝沟通。个人与上帝直接沟通表面上抬高了上帝的地位，实际上抬高了个人的地位。上帝无形，个人有形。与上帝的沟通实际上是一种个人的自省与慎独。上帝可以成为几乎任何个人意志与观念的认可者。这样，个人意志就具有了独立性与神圣性，个人主义就有了哲学的与宗教的基础。与韦伯的分析有异曲同工之妙的是自由主义批评者的观点。法国大革命时期著名的保守主义思想家约瑟夫·梅斯特尔曾指出，法国大革命的祸根可以从新教改革中发见。路德的新教理论将个人主义这个魔鬼从牢笼中释放出来。此后，对个人利益的追求以及对无政府状态的向往削弱了社会秩序赖以存在的基础，削弱了权威与等级制的原则。[①]

不过，应该指出的是，尽管新教伦理从哲学的角度看包含着个人主义的内涵，但新教运动本身最初却具有强烈的权威主义色彩与不宽容倾向。加尔文的教义及其建立的政教合一的制度代表了对异端的不宽容与迫害。因此，具有讽刺意义的是，最早倡导思想与学说自由等自由主义原则的恰恰来自天主教阵营，其典型代表是托马斯·莫尔、伊拉斯谟等天主教人文主义者对新教改革的批评。本来，莫尔与伊拉斯谟对新教改革充满了同情。他们和新教改革家一样批评罗马的腐败。但他们担心，由新教改革引发的宗教的分裂以及各教派之间的纷争可能不仅摧毁基督教的统一性，而且摧毁社会的人文特征。正是在这个意义上，莫尔在《乌托邦》中呼吁宗教宽容，伊拉斯谟强烈呼吁教皇与路德教之间各自作出让步，互相宽容。莫尔与伊拉斯谟都很难被称为自由主义者，但他们关于宗教宽容的诉求却在后来自由主义的发展中扮演了重要角色。从宗教改革起，宗教的冲突与战争一直是欧洲政治的重要现象。自由主义的早期发展是与对宗教宽容的诉求密切联系在一起的。

---

① 参见，J. G. Merquior, *Liberalism: Old and New*, Boston: Twayne Publishers, 1991, p. 16。

三、自由主义理论的形成

历史发展有许多不解之谜，自由主义理论的兴起便是一例。本来，最早点燃自由主义火种的是欧洲大陆，意大利的文艺复兴，德国与瑞士的新教改革都出现在欧洲大陆。但颇为有趣的是，自由主义作为一种理论、一种制度最早出现在英国。

关于英国自由主义传统的渊源，英国学者麦克法兰（Alan Macfarlane）在其颇有影响的著作《英格兰个人主义的起源》中作过详尽的考察。麦克法兰在研究中发现，在英国革命之前相当长一段时间内，作为自由主义基础的个人主义便已经在英国滥觞。至少从 13 世纪开始，英格兰的社会结构、法律传统、财产关系、家庭生活、道德文化就展示出某些独有的特征。这些特征不仅不同于亚洲社会与东欧社会，而且在很大程度上区别于欧洲大陆。这些特征的核心是个人主义。[①]

对这种个人主义第一次作出系统哲学表述的是托马斯·霍布斯。由于霍布斯的学说在西方自由主义发展史上有独特的地位，由于霍布斯的一些理论构成今天自由主义受到维护或攻击的主要目标，我们有必要较为详尽地剖析霍布斯学说对自由主义的贡献。

霍布斯（1588—1679）表达了不妥协的个人主义，其彻底的现代性特征标志着与柏拉图、亚里士多德哲学以及中世纪神学的决裂。霍布斯的学说在中国长期受到误解，被认为是倡导专制主义的学说。

[①] 参见，Alan Macfarlane, The Origins of English Individualism: the Family, Property and Social Transition, Oxford: Basil Blackwell, 1978。

但在西方，霍布斯的学说长期被尊为近代自由主义思想的先声。他的学说对近代自由主义的最大贡献在于其个人主义的内涵。正如莱恩（Alan Ryan）指出的那样，"霍布斯被广泛称为近代个人主义的创始人、个人主义之父"。①

霍布斯在西方近代政治思想史中的地位相当显赫。英国当代著名保守主义思想家奥克肖特（Michael Oakeshott）曾以如下语言高度评价霍布斯的主要著作《利维坦》：

> 在以英文写成的政治哲学著作中，《利维坦》是最伟大的杰作，也许是惟一的杰作。我们的文明史仅仅可以提供少量著作，能够在广度与成就方面与《利维坦》相提并论。②

奥克肖特尤其强调霍布斯的个人主义哲学对西方近代自由主义的贡献："尽管霍布斯本人不是一个自由主义者，但他的哲学比大多数自由主义的公开倡导者的学说包含更多的自由主义成分。"③

当然，这里有些说法需要加以界定。西方个人主义的兴起是一个复杂的历史现象，绝不是某一个思想家独自的贡献。然则，尽管个人主义有深刻的历史、文化、宗教与社会根源，但它作为一种哲学，作为一种理论立场，却是由霍布斯首先系统阐述的。西方马克思主义政治哲学家麦克佛森对此毫不怀疑："个人主义作为一种基本

---

① Alan Ryan, "Hobbes and Individualism," in G. A. J. Rogers & Alan Ryan ed., *Perspective on Thomas Hobbes*, Oxford: Clarendon Press, 1988, p. 81.
② Michael Oakeshott, "Introduction" to Hobbes's *Leviathan*, Oxford: Basil Blackwell, 1946, p. viii.
③ 同上，p. ivii。

的理论立场，其起源至少可以追溯到霍布斯。尽管霍布斯的结论很难说是自由主义的，但他的基本预设却是高度个人主义的。"①

那么，如何理解霍布斯的个人主义在西方近代思想发展，特别是在自由主义发展中的地位呢？西方三位著名学者的论述或许可以对我们有所启迪。

列奥·施特劳斯，当代著名保守主义思想家，以其对个人主义独特的批评眼光审视了霍布斯在从传统思想向现代思想过渡中所扮演的角色。根据施特劳斯，这种过渡的实质可以从传统自然法学说与现代自然法学说的不同看出。"传统自然法所关心的主要是一个客观的'法则与尺度'，它是一种先于人类意志并独立于人类意志的、具有约束力的秩序。"在这个意义上，施特劳斯称古代西方的传统为"大传统"。"而近代自然法则主要是或倾向于是一系列'权利'，这些权利是主观上声称的，其来源是人类的意志。"②

在施特劳斯看来，正如柏拉图与亚里士多德是古代政治哲学的奠基者一样，霍布斯是近代政治哲学的奠基人：

尽管与大多数［近代］自然法的倡导者相比，霍布斯并未赋予"人的权利"较大的实践重要性，但近代自然法的实质及其基本含义在他的原理中比在任何其他学说中表现得更为清楚。因为，很显然，霍布斯并不像大传统那样把"自然法"，即一个

---

① C.B. Macpherson, The Political Theory of Possessive Individualism: Hobbes to Locke, Oxford University Press, 1962, p.1.

② Leo Strauss, *The Politicl Phiolsoply of Hobbes*, University of Chicago Press, 1952, pp. xi‐xii.

客观的秩序作为起点，而是把"自然权利"作为起点。这种自然权利是一种绝对合理的主观声称，它非但不依赖于任何事先存在的法律、秩序或义务，而且，它本身是所有法律、秩序或义务的渊源。①

奥克肖特则强调霍布斯学说中对个人意志的重视。奥克肖特观察到欧洲政治哲学有三种主要传统：第一种传统的基本概念是理性与自然，柏拉图的《理想国》是这一传统的突出代表；第二种传统的基本概念是意志与人造物，霍布斯的《利维坦》是这一传统最杰出的代表；第三种传统是在18世纪才出现的，其基本概念是理性的意志（rational will），黑格尔的《法哲学原理》是其典型代表。

根据奥克肖特的分析，霍布斯政治哲学的基础是两大主题：意志与人造物。个人即代表意志，这个意志是绝对的，它既不以任何标准、规则或理性为条件，也不受它们的制约。它也不受任何计划或目标的决定。霍布斯将这种不存在任何义务的状态称为"自然权利"。与个人意志的绝对性形成对比的是，人类社会是人创造的，是个人绝对意志自由创造的结果，正如自然是上帝绝对意志自由创造的结果一样。②

当代马克思主义政治哲学家麦克佛森则从全然不同的角度解释了霍布斯的个人主义。他认为，西方自由主义传统的基石是个人主

---

① Leo Strauss, *The Politicl Phiolsoply of Hobbes*, University of Chicago Press, 1952, p. xii.
② Alan Macfarlane, The Origins of English Individualism: the Family, Property and Social Transition, Oxford: Basil Blackwell, 1978, pp. lii‐liii.

义。个人主义的根源可以追溯到英国 17 世纪的政治理论与实践。17 世纪英国的个人主义表现为两种不同的形态。第一种以霍布斯为代表。霍布斯抛弃了传统的社会、正义与自然法观念，而从个人的利益与意志中推导出政治权利与义务。第二种个人主义则存在于清教徒的政治思想中。其核心是强调所有个人具有同等的道德价值与尊严，这种思想在洛克的学说中十分明显。麦克佛森指出，这两种形式的个人主义都不约而同地展示了近代自由主义的一个基本概念，即"所有权"的概念，这种所有权的概念首先表现在个人的概念上——个人是其自身及自身能力的所有者，即自己的主人。自由是所有权的一个功能。社会是由许多自由、平等的个人构成的，这些个人以自身能力所有者的身份而互相联系。由于各个所有者之间的交换关系，社会才得以组成。①

尽管这几位西方当代哲人对霍布斯在自由主义发展史上地位的概括不尽相同，但有几点是共同的：

1. 霍布斯的哲学是一种机械主义哲学（mechanism），视社会为个人简单组成的集合体。这与社会有机体理论大异其趣。而社会有机体理论往往会导致集体主义的结论。

2. 霍布斯的道德相对主义构成后来自由主义的核心。

3. 霍布斯认为存在一个具有普遍意义的个人的自然权利，这就是自由权，"每个人都有使用自己的权利、按照本人的意愿保卫自己本性的自由"。

在欧洲大陆，另一个自由主义的先驱是斯宾诺莎（1632—

---

① Michael Oakeshott，"Introduction" to Hobbes's *Leviathan*，Oxford: Basil Blackwell，1946，p.3.

1677）。就政治学说而言，斯宾诺莎比霍布斯更接近于自由主义传统。一方面，斯宾诺莎认为自由具有内在的价值，强调个人在社会的自由权利；另一方面，他推崇民主政体，这与霍布斯赞成绝对主义大相径庭。然而，如果仔细分析，我们会发现，斯宾诺莎的自由与民主理念也许更接近哈耶克后来所说的欧洲大陆的自由主义，而不是英国传统的自由主义。

首先，斯宾诺莎所理解的自由与霍布斯式的消极自由不同，而更倾向于伯林所谓的积极自由。[①] 约翰·格雷注意到，"与霍布斯相比，个人自由在斯宾诺莎那里并不是一个消极的价值，即不存在满足欲望的障碍，而是每一个人的最高目标"。[②] 这一区别可从霍布斯与斯宾诺莎对自由的不同理解中看出。对霍布斯而言，"自由这一语词，按照其确切的意义来说，就是外界障碍不存在的状态"。因此，所谓个人自由就是指个人"用他自己的判断和理性认为最适合的手段去做任何事情的自由"。[③] 相对于霍布斯，斯宾诺莎的自由不仅仅是不受外界障碍的消极状态，而且是遵循某种必然性的状态。在斯宾诺莎看来，人的行为必然受到两种因素制约，一是外在的因素，一是个人自身的内在本性。因此，就个人行为而言，就会有两种情形的不自由，其一是个人行为受到外在因素之阻碍。其二是个人行为受到自身条件的限制，无法达至企望达至的目标，或个人受到自己非理性欲望的左右，无法认识自身的真正利益。真正的自由不仅

---

① 关于伯林消极自由与积极自由概念，我们在讨论"自由及其限度"时将有较详细的分析。
② John Gray, Liberalism, p.9.
③ 霍布斯：《利维坦》，商务印书馆，1985年，第97页。

仅表现为有某种抽象的"权利"去做自己希望做的事，而且意味着具有现实的能力去做自己希望做的事。这种能力就其本质而言是对事物必然性的认识。

斯宾诺莎认为，人类获得自由的途径并不在于摆脱自己行为的必然性和因果性，而在于从外在的或强制的必然转变为内在的或自由的必然，也就是说，使自己的活动从外在因果的强制性中解放出来，变成自己自觉自愿和希望实现的行为。只有这样，人类才能从自然的奴隶变成为自然的主人，才能获得自由。[①]

正是在这个意义上，伯林把斯宾诺莎作为倡导积极自由的典型代表。人有欲望和力量，依自己的欲望或权利行动是人的自然权利。用斯宾诺莎的例子来说，"鱼是天造地设地在水中游泳，大鱼吞小鱼；因此之故，鱼在水中快乐，大鱼有最大的天赋之权吞小鱼"。[②]

然则，完全依自己的天赋之权的行为不是自由的行为。"只有完全听从理智的指导的人才是自由的人。"因为，只有理智才能告诉人们如何追求自己的真正利益。因此，往往会有这样的情形，一个人在表面上是受人控制的，但由于这种控制恰恰符合他的真正利益，他在实际上是自由的。譬如，"孩子虽然必须听从父母的一切命令，可是他们不是奴隶，因为父母的命令大致说来是为了孩子们的利益的"。"公民服从统治者的命令，命令是为公众的利益，他自己也包括在内。"在这两种情况下，人们在本质上都是自由的。

由于斯宾诺莎对自由的理解不同于霍布斯，他对政体的观点也不同于霍布斯，而且，在很大程度上不同于后来的自由主义者。斯

---

① 洪汉鼎：《斯宾诺莎哲学研究》，人民出版社，1997年，第598—618页。
② 斯宾诺莎：《神学政治论》，温锡增译，商务印书馆，1982年，第212页。

宾诺莎高度赞扬民主制。他指出，在君主制、贵族制、民主制三种政体中，"民主政治是最自然，与个人自由最相合的政体"。[1] 不过，应该立即指出的是，斯宾诺莎对民主的理解令人联想起后来的卢梭。像在卢梭的学说中一样，民主在斯宾诺莎的理论中是实现个人自由的手段。"在民主政治中，没有人把他的天赋之权绝对地转付于人，以致对于事务他再不能表示意见。他只是把天赋之权交付给一个社会的大多数。他是那个社会的一分子。这样，所有的人仍然是平等的，与他们在自然状态之中无异。"

由于斯宾诺莎将民主制度理解为个人实现自由的手段，他在讨论民主政治时全然没有后来自由主义者对民主政治的担心，没有任何限制政治权力的意图。相反，他明确认为，在民主制度下，人民应该将自己的天赋之权完全转让给国家。他写道："若是每个个人把他的权利全部交付给国家，国家就有统御一切事物的天然之权；就是说，国家就有惟一绝对统治之权，每个人必须服从，否则就要受到最严厉的处罚。这样的一个政体就是民主政体。民主政体的界说可以说是一个社会，这一社会行使其全部的职能。统治权不受任何法律的限制，但是每个人无论什么事都要服从它……"[2]

斯宾诺莎也许预见到人们可能会对这样一个全能的、不受任何法律限制的政体有所疑惧，担心它会滥用权力。他的回答再一次让人联想起后来卢梭的观点："在一个民主政体中，不合理的命令更不要怕，因为一个民族的大多数，特别是如果这个民族很大，竟会对于一个不合理的策划加以首肯，这几乎是不可能的。还有一层，民

---

① 斯宾诺莎：《神学政治论》，温锡增译，商务印书馆，1982年，第219页。
② 斯宾诺莎：《神学政治论》，温锡增译，商务印书馆，1982年，第216—217页。

主政体的基本与目的在于避免不合理的欲求，竭力使人受理智的控制，这样大家才能和睦协调相处。"

斯宾诺莎的哲学对后来德国哲学的发展产生过巨大的影响，以致有的学者声称，"德国思辨哲学无非只是发展了的斯宾诺莎主义"。[①] 斯宾诺莎的自由理念在康德、黑格尔那里得到进一步的阐述，从而演变出与英国式自由主义不同的自由观念。正是在这个意义上，伯林将斯宾诺莎与黑格尔并列为倡导自主的主要哲学家。

然则，斯宾诺莎的学说在英语世界的影响几乎微不足道。拉斯基将这种状况归因于斯宾诺莎思想的自由成分以及威廉三世对他的著作的压制。但另一个重要的原因恐怕在于，斯宾诺莎的自由民主观念与英国式的自由主义有相当大的距离。这就可以理解，为什么在英国只有浪漫派诗人如柯勒律治、拜伦、雪莱才对斯宾诺莎表示崇拜。

霍布斯与斯宾诺莎尽管阐发了自由主义的若干基本理念，但并未系统提出自由主义理论。自由主义的核心要素第一次被提炼为一套一致的知识传统，并通过一个强有力的政治运动表达出来，是在英国内战期间以及光荣革命之后的辉格党人执政期间，其最重要的代表是洛克的《政府论》（下篇）。洛克学说在西方自由主义发展史中的地位相当显赫。对此，阿那森（Richard J. Arneson）的观点颇具代表性。阿那森在其主编的题名为《自由主义》的三卷本中，列入自由主义殿堂的第一位思想家便是洛克。他写道："如果说现代自由主义政治哲学选择一部经典著作的话，它肯定是洛克的《政府

---

① 洪汉鼎：《斯宾诺莎哲学研究》，人民出版社，1997年，第719—726页。

论》（下篇）。"①

不过，就思想深刻程度而言，洛克远不及霍布斯。霍布斯的理论具有很强的逻辑一贯性与彻底性，而洛克的学说则充满了矛盾与内在冲突。他过分着眼于现实政治，着眼于大众，而回避了一些最重要的基本问题，从而使他的整个政治哲学体系缺乏分析的透彻性。萨拜因如此评价洛克的学说：

> 他的天才的主要标志既不是学识渊博，也不是逻辑缜密，而是集中了无与伦比的常识，他借助于这些常识把过去经验产生的关于哲学、政治、伦理和教育的主要认识集中起来，纳入他这一代更为开明的思想之中。他把这些道理用简明、朴实而有说服力的语言传给18世纪，成为英国和欧洲大陆往后政治哲学赖以发展的渊源。②

洛克的政治学说在某种意义上代表了英国现代政治哲学的特征。它缺乏缜密的逻辑体系，缺乏形而上学的思辨，但它有谦逊的特征，有开明的气质，中庸而实际，不违背常识。这种哲学在理论上很难令人激奋，但在实践中却不致过分极端。如果用英国人惯用的术语来描述的话，洛克的学说具有"普通人的理性"。

洛克对自由主义的贡献在于他的学说奠定了自由主义理论的几大基石：其一是个人自然权利的理论，其二是政府必须基于被统治

---

① Richard J. Arneson ed., *Liberalism*, Edward Elgar Publishing Limited, 1992, vol. 1, p. xi.
② 萨拜因：《政治学说史》（下），商务印书馆，1990年，第587页。

者同意的理论，其三是宗教宽容理论。

洛克政治理论的出发点与霍布斯相似，即从自然状态（the state of nature）出发构建正当的（legitimate）政治秩序。自然状态是一种无政府状态。洛克笔下的自然状态一方面可以被理解为历史上或现实中实际存在的状态。洛克曾举北美的印第安人作为这种状态的例证。但更为重要的是，自然状态是一种哲学家的理论构想。哲学家希望探讨政府的目的、形式等问题。为了回答这些问题，他们便提出一个理论预设：假如没有政府人们会处于何种状态，会过一种什么样的生活？当代著名保守主义哲学家诺齐克在构建政治理论时，也是从讨论无政府状态下个人的权利以及个人生活的不便开始，从而进一步推导出最小政府的结论。

尽管洛克对自然状态的描述与霍布斯的描述不尽相同，但二者有一个基本的共同点，即个人主义特征。洛克学说的理论前提也是抽象的、非社会的个人。这些个人享有自然权利。由于自然状态的种种不便，人们才订立社会契约，组成社会，设立政府。社会与政府的目的仅仅在于保护个人利益，除此之外，绝无其他特殊利益。和霍布斯一样，在洛克的学说中，个人是第一位的，社会、国家是第二位的；个人是本源，社会、国家是派生的；个人是目的，社会、国家是手段。

如果说洛克与霍布斯的学说有一些共同的出发点的话，那么，基于这些出发点导出的政治结论却大相径庭。在霍布斯那里，个人主义并未导出自由主义的结论，野兽般的个人只有在一个绝对君主的统治下才可能有秩序，有基本的生存条件。洛克对人性的基本估计比霍布斯乐观，他对个人的理性行为能力寄予更高的期望。因此，洛克设计的政府不是绝对政府，而是有限政府。政府权力的来源是人们为了安全而转让出来的部分自然权利，因而政府的职能仅仅限于为人们的共同生活提供安全保障。个人在组成社会后，并未丧失自己的基本自然权利。恰恰相反，这些自然权利作为个人的保留权利被带入社会，构成社会权利。最基本的社会权利是生命、自由、财产权利。这些权利是不可转让、不可剥夺的。用今天的术语来说，这些权利构成基本的人权。

在这些基本人权中，财产权十分重要。在西方思想发展史上，洛克是最早明确论证私有财产权利正当性的学者。事实上，尽管洛克经常列举"生命、自由、财产"作为天赋权利，但在他泛指任何权利的时候，也常常使用"财产权"（property）一词。他把财产权当作典型的和最重要的权利。而且，就分析角度言，财产权也是他进行过详细探讨的惟一权利。洛克认为，财产权是个人最基本的自然权利。这种权利起源于劳动。在自然状态中，最初并没有财产权。财产是共有的，每个人都有权从大自然获得生计。但是，由于人对自身有所有权，然后通过劳动将自身的人格延伸到劳动的对象上去，使它变为自身的一部分。用洛克自己的话来说：

> 每人对他自己的人身享有一种所有权，除他以外任何人都没有这种权利。他的身体所从事的劳动和他的双手所进行的工作……是正当地属于他的。所以只要他使任何东西脱离自然所提供的和那个东西所处的状态，他就已经掺进他的劳动，在这上面参加他自己所有的某些东西，因而使它成为他的财产。①

---

① 洛克：《政府论》（下篇），商务印书馆，1983年，第19页。

洛克的财产权学说为后来古典经济学与马克思主义经济学的劳动价值论开创了先河，也成为自由主义理论的重要组成部分。不过，洛克的财产权学说在多大程度上构成自由主义的核心，不同的学术流派有不同的看法。从拉斯基到麦克佛森、阿伯拉斯特，所有左派政治哲学家都以洛克的财产权理论为例，强调洛克所谓的自然权利最终是资产阶级所要求的财产权利，并以此展示自由主义与资本主义的必然联系，展示自由主义的阶级性与局限性。自由主义者对洛克财产权理论的态度是复杂的。一方面，自由主义者大都强调财产权的重要性，强调政府的重要职能之一是保护财产权；另一方面，自由主义者坚决否认洛克的自然权利可以简单地归结为一个财产权，归结为一个为资产阶级的权利争辩。他们强调洛克学说中关于个人自由、宽容的理论具有超时代的意义。

洛克学说中另一个对自由主义学说的重大贡献是政府必须基于人们的同意。如果我们不过分挑剔细节的话，洛克理论的逻辑是清楚的：在自然状态下，人们享有完全意义的自然权利。自然状态是一个和平互助的状态。人们自由而平等。然而，自然状态又有许多不便。特别是，在自然状态下，每个人都必须充当裁判者与裁判执行者，惩治那些违反自然法的人。这就可能使惩罚不合理，甚至由于自私而导致偏袒或报复，从而引发混乱和无秩序。为了纠正这种弊端，人们就订立社会契约，组成公民社会，并设立政府。政府正当性的惟一基础是组成社会的"各个个人的同意"。同意也许是以默许的方式表示的，但它必须是每个成员自己表达的同意。

从政府必须基于每一个人的同意这一原则出发，洛克导出若干有重大影响的政治结论。首先，洛克以相当激进的方式回答了政治哲学中最核心的问题，即权威的正当性与个人服从权威的义务问题。古往今来，无论是中国还是外国，只要有社会与政治组织，只要有权威，人们就会思考权威的正当性问题，就会问："为什么我们应该服从这一权威？"当然，不同的政治传统可能对这一问题有不同的回答。有人可能从强力导出权威，有人可能从传统导出权威。洛克的回答是相当激进的。政府在某种意义上相当于一个股份有限公司，每个人转让出一部分自然权利，构成政府权力的渊源。政府权力在两个意义上受到个人权利的限制。其一，政府权力的外延受到个人天赋的、不可转让的权利的制约，政府在任何情况下都不得侵犯个人的天赋权利。其二，政府在行使自身那些有限的权力时，又必须基于组成社会的人们的同意。尽管洛克本人还不是一个民主制度的倡导者，但他关于政府权威正当性的理论包含着相当民主主义的成分。其次，洛克以个人的同意作为政府权威的基础，包含着革命权的含义。政府必须基于人们的同意。政府权力实质上是一种委托权（trust）。一旦政府违反了授权时的契约，人们就有权撤回同意，推翻政府。

洛克对自由主义理论发展的第三个重要贡献是他的宗教宽容主张。在某种意义上说，自由主义是欧洲宗教改革的产物。由马丁·路德发端的新教改革导致了基督教的分裂。不同的教派都希望借助国家的力量推行统一的信仰和道德观，于是引发了教派之间的纷争。在一段时间里，欧洲充斥着血腥的内战与残酷的宗教迫害。面对这种局面，欧洲思想界逐步发展出一种新的理念，希望通过构建世俗国家、实行宗教宽容来建立适应宗教多元主义的新秩序。这种新理念构成早期自由主义的核心主张。罗尔斯在《道德哲学史讲义》中曾提到,自由主义的出现有两个历史根源,其一是宗教宽容,其二是民族国家的兴起。[1]

尽管宗教宽容的理念在宗教改革之初即已出现,但洛克无疑是对这一理念作出系统阐释的重要理论家之一。洛克的《论宗教宽容》以充满激情与思辨的方式论证了宗教信仰是个人的私事,应由个人的良知来选择。他强烈反对国家干预个人的信仰自由,主张"必须严格区分公民政府的事务与宗教事务,并正确规定二者之间的界限";"官长的全部权力仅限于……公民事务,而且其全部民事的权力、权利和辖制权仅限于关怀与增进这些公民权利,它不能、也不应当以任何方式扩及灵魂拯救"。[2]洛克也反对教会以强制的方式迫使其成员信奉某种教义。他的逻辑是,"教会是一个自由的、自愿的团体"。如果教会发现其成员违背了教义,教会"使教会会员忠于职守的唯一手段是规劝、训诫和勉励。如果经过这些手段仍不能使违反者改邪归正,那就没有别的办法可循,只好将这种没有希望挽救的顽固者逐出教会。这是教会最大的、也是最后的一项权威。对于被开除者,教会除与之断绝关系外,不能再进行惩罚,受罚者不再是那个教会的一员"。[3]

洛克的宗教宽容理论代表了对古典政治哲学的颠覆。以古希腊哲学为代表的古典政治哲学的核心是追求美好至善的生活,这种追求也构成中世纪基督教理论的核心。宗教改革打破了中世纪宗教的

---

① 罗尔斯:《道德哲学讲义》,上海三联书店,2003年,第12页。
② 洛克:《论宗教宽容》,商务印书馆,1982年,第5页。
③ 同上,第11页。

统一，也打破了对于美好至善生活共识的基础，追求美好至善的生活愈来愈成为纷争与迫害的渊源。洛克倡导的宗教宽容理念揭示了自由主义在面对宗教与价值多元主义时的基本政治方案。这一方案的实质是，将美好至善生活的问题从政治中剥离出去，使其成为私人信仰问题。政治的目标从追求至善降为寻求秩序，其目的是使芸芸众生能够在一起过一种和平生活。从洛克的宗教宽容，到密尔的自由理论，最后到罗尔斯的政治自由主义，对现代社会价值多元主义的认可是相当一贯的。

洛克的理论在历史上产生过重大影响。在英国政治传统中，洛克一直被认为是为光荣革命辩护的重要思想家。近年来，这一说法受到一些挑战。但至少有一点是不容置疑的，洛克的理论是对光荣革命后确立的立宪政体的最好阐释之一。洛克的理论对美国革命与立宪产生了巨大的影响，这几乎是学术界一致公认的。

四、自由主义与启蒙运动：法国、美国与苏格兰的贡献

1. 法国：18世纪自由主义的大本营

如果说17世纪欧洲自由主义的大本营是在英国的话，在18世纪，自由主义的阵地便转移到了法国。当然，这种说法需要界定。考虑到哈耶克对法国式自由主义的强烈批评，视法国为18世纪自由主义的阵地似乎有点冒险。不过，不论对18世纪法国思想持赞成抑或批评的态度，不容置疑的是，18世纪的法国确实是欧洲思想最活跃、创造力最丰富的地方。启蒙运动产生了一大批富有成果的思想家，

这些思想家关注的核心问题涉及今天自由主义讨论的最基本问题。

18世纪法国思想与自由主义的关系颇为复杂。这种复杂性与法国大革命前后独特的社会政治背景有关。一方面，法国自由主义是在反对封建主义以及绝对主义制度的背景下出现的，这与英国的背景不同。英国尽管在斯图亚特时期企图建立大陆式的绝对王权，但英国的悠久传统阻止了法国式社会政治制度——托克维尔称之为旧制度（ancient regime）——的建立。另一方面，法国天主教势力的强大导致法国自由主义一些不同的特征，譬如，法国自由主义更多地与自由思想以及反宗教相联系，而不是像英国那样与清教相联系。

如果根据二战以后自由主义主流学者的划分标准，那么，法国启蒙运动时期大多数学者，特别是百科全书派的学者，都不是自由主义者。一方面，这些人在政治理论方面贡献不大，且大都主张开明专制；另一方面，这些人在哲学上追求哈耶克所批评的"构建理性"，与英国式的自由主义传统格格不入。法国启蒙运动时期或启蒙运动后期真正具有自由主义特质的思想家只有三位：孟德斯鸠、贡斯当与托克维尔。

孟德斯鸠的自由主义学说在许多方面是洛克思想的延伸。与洛克不同的是，孟德斯鸠在哲学上几乎没有任何贡献。这实际上也是孟德斯鸠、贡斯当、托克维尔三位法国自由主义者的共同特征。孟德斯鸠对自由主义理论的贡献主要在于他关于自由与权力的讨论。孟德斯鸠酷爱自由，但是，正如萨拜因所言，"他的学说对自由的基本原则的分析却是草草拼凑和肤浅的"。[①] 他关于自由的一句名言常

---

① 萨拜因：《政治学说史》（下），商务印书馆，1990年，第619页。

常被人们引用："自由是做法律所许可的一切事情的权利。"① 不过，不少人似乎误解了这句名言，以为其含义是教导臣民守法、顺从，这与孟德斯鸠的本意相去何止万里！实际上，这句名言包含了孟德斯鸠自由学说的几乎全部内涵。孟德斯鸠认为，自由与法律密切联系。在社会生活中，个人的自由只能由法律来保障。法律既约束被统治者，也约束统治者。没有任何人有超越法律的权力。"如果一个公民能够做法律所禁止的事情，他就不再自由了，因为其他的人也同样会有这个权利。"②

在孟德斯鸠看来，对自由侵害最甚的制度莫过于专制制度（despotism）。专制制度这个概念最早出现于古希腊政治学说中。当时，希腊人用它指谓希腊之外的政治制度，特别是东方的制度。在希腊人看来，东方制度的最大特征是没有一套统治者与被统治者共同遵守的法律。不过，真正使专制制度成为一个重要政治学范畴的却是孟德斯鸠。孟德斯鸠是近代第一个系统分析专制主义特征的思想家，他对专制制度的分析构成自由主义关于自由与权力理论的重要组成部分。孟德斯鸠之后，另一个赋予"专制主义"概念重要性的是当代西方学者卡尔·魏特夫。他的《东方专制主义》继承了古希腊、孟德斯鸠的传统，将专制主义严格界定为"东方"的现象。如果我们将孟德斯鸠的理论和魏特夫的学说联系起来考察，就会对前者有更深刻的理解。这也是为什么我们要在这里提及魏特夫的原因。

孟德斯鸠区分了专制政体、君主政体与共和政体三种不同类型

---

① 孟德斯鸠：《论法的精神》，上册，张雁深译，商务印书馆，1978 年，第 154 页。
② 同上。

的政体。专制制度的特征是没有法律，统治者的命令就是法。"一个单独的个人依据他的意志和反复无常的爱好在那里治国。"[1] 在专制制度下，统治者的行为不受任何制约。"只有一个人是自由的，那就是专制统治者本人。"君主制下，君主的行为既受到法律的约束，也受到贵族或其他等级的约束，在这个意义上，君主的权力是有限的，人民有一定程度的自由。共和制最可能保障人民的自由，但这种制度需要人民有较高的美德。这三种法律制度各有不同的精神，专制主义的精神是恐惧，统治者为防止臣属的反抗，"就要用恐怖去压制人们的一切勇气，去窒息一切野心"。[2] 君主制的精神是荣誉，共和制的精神是美德。"在专制的国家里，绝对无所谓调节、限制、和解、条件、等值、商谈、谏诤这些东西；完全没有相等的或更好的东西可以向人建议；人就是一个生物服从另一个发出意志的生物罢了。"[3] "专制国家的教育所寻求的是降低人们的心志。专制国家的教育就必须是奴隶性的了。"[4]

孟德斯鸠对专制主义的描述在一定程度上是以中国的政治制度为蓝本的。中国的文化制度在西方近代思想发展中的地位颇耐人寻味。在启蒙运动时期，从莱布尼茨、伏尔泰到魁奈，都对中国文化表示过赞美。中国文化的人文传统被他们作为榜样来批评基督教对思想的禁锢，中国思想中对个人美德的赞誉被引用来作为对新近出现的现代主义的批评，中国的政治制度也被作为开明专制的典范介

---

[1] 孟德斯鸠：《论法的精神》，上册，张雁深译，商务印书馆，1978年，第19页。
[2] 同上，第26页。
[3] 同上，第27页。
[4] 同上，第39页。

绍给欧洲人。不过，即使在这一时期，具有自由主义色彩的思想家也已经开始察觉到中国传统专制制度的弊端。孟德斯鸠、托克维尔以及稍后时期的密尔，都以中国制度无法保障个人自由为由而对其加以激烈抨击。在孟德斯鸠看来，中国的专制制度是最典型的专制主义，中国尽管也有过法律，但所有法律的实质仅仅是约束百姓的行动，对最高统治者毫无制约。

基于对专制主义的批评，孟德斯鸠发展出分权的理论。事实上，分权的观念由来已久。古希腊亚里士多德关于混合政体的理论通常被认为是最早的分权理论的萌芽。在中世纪，有节制的君主或混合君主是人们所熟知的概念。近代初期，洛克的政治学说中便有关于分权的明确讨论。孟德斯鸠的贡献是，将分权的思想与自由的概念联系起来，并具体提出三权分立的方案。孟德斯鸠分权学说的理论基础是关于自由与权力的关系的理论。对自由的最大侵害莫过于统治者滥用权力。孟德斯鸠对权力的分析可谓深刻："一切有权力的人都容易滥用权力，这是万古不易的一条经验。有权力的人们使用权力一直遇到有界限的地方才休止。说也奇怪，就是品德本身也是需要界限的！"[1] 如何防止有权力的人滥用权力呢？孟德斯鸠的方案是，"要防止滥用权力，就必须以权力约束权力"。这样就可能产生一种政制，这种政制"不强迫任何人去做法律不强制他做的事，也不禁止任何人去做法律所许可的事"。[2]

以权力制约权力的方式之一是对国家权力的三个方面，即立法权、行政权、司法权进行划分，使三者分属于不同的机构，并在法

---

[1] 孟德斯鸠：《论法的精神》，上册，张雁深译，商务印书馆，1978 年，第 154 页。
[2] 同上，第 154 页。

律上相互制约，达到均衡。对孟德斯鸠而言，幸运的是，后来美国发展出的政治制度体现了三权分立、制约均衡的原则。这就使得孟德斯鸠的理论似乎具有了重要的意义。

在论及法国启蒙运动与自由主义的关系时，一个无法回避的问题是卢梭与自由主义的关系。卢梭在西方思想史中的地位是独特的。最初，卢梭的学说被保守主义者批评为追求过分自由民主的理论。但到了法国大革命之后，许多向往英国式自由主义的思想家开始对卢梭学说的自由主义性质提出质疑。第二次世界大战之后，自由主义阵营对卢梭的批评更达到登峰造极的地步。塔尔蒙将卢梭视为"极权主义民主"（totalitarian democracy）的始作俑者，哈耶克将卢梭视为欧洲大陆自由主义的主要代表。从 20 世纪五六十年代起，几乎所有自由主义者都把卢梭的学说与当代极权主义理论联系起来。大致勾勒出一条以卢梭为起点，中经康德、黑格尔，最后发展出当代极权主义的思想史线索。

应该说，卢梭理论的出发点与归宿也是自由。卢梭酷爱自由，他的最大遗憾是："人生而是自由的，但却无往而不在枷锁之中。"[1]他的政治理论的宗旨就在于"探讨在社会秩序之中，从人类的实际情况与法律的可能情况着眼，能不能有某种合法的而又确切的政权规则"，即可以既保障自由，又切实可行的政权规则。[2]

"自由"在卢梭的理论中有诸多含义，但最本质的含义就是后来伯林（Isaiah Berlin）所称谓的积极自由，其核心是自主。卢梭在《社会契约论》中声称，自由意味着，"一个人一旦达到有理智的年

---

① 卢梭：《社会契约论》，何兆武译，商务印书馆，1980 年，第 8 页。
② 同上，第 7 页。

龄，可以自行判断维护自己生存的适当方法时，他就从这时成为自己的主人".[1] 卢梭这种自由概念与霍布斯的消极自由概念形成明显对比。在霍布斯那里，自由就是不受权力控制。因此，人们在社会中必须作一项最基本的选择：自由或被统治。尽管霍布斯也崇尚自由，但他坚持，为了安全，理性的人们应该放弃部分自由，过一种有权威的社会生活。卢梭的观点恰恰相反。他不仅否认自由与被统治之间存在内在矛盾，而且断言人们只有在社会与政治生活中才能过一种最完美的自由生活。卢梭以一种极其简单的方式解决了困扰霍布斯的自由与秩序问题。在卢梭看来，人们可以同时既是自由的，又是被统治的。实现这一目标的神奇方案是采纳一种独特的社会契约。这一契约的实质是"每个结合者及其自身的一切权利全部都转让给整个集体"。这样，"我们每个人都以其自身及其全部的力量置于公意的指导之下，并且我们在共同体中接纳每一个成员作为全体之不可分割的一部分".[2] 在这种社会契约中，每个人全部转让了自己的天然自由，公意是全体成员的共同意志。这样，当个人服从公意时，他"不过是在服从自己本人，并且仍然像以往一样自由".[3] 正是基于这种社会契约，卢梭建立了他的人民主权理论。

如果将卢梭的学说和与他同时代的孟德斯鸠相比较的话，二者理论倾向之不同便显得十分清楚。孟德斯鸠尽管也关心政治权力由谁来行使的问题，但他最关心的是对权力的限制问题。权力的本质导致绝对权力必然会滥用，不论这个绝对权力是由一人行使，少数

---

[1] 卢梭：《社会契约论》，何兆武译，商务印书馆，1980年，第9页。
[2] 同上，第23—24页。
[3] 同上，第23页。

行使还是多数行使。为了防止权力滥用，就必须对权力实行限制。限制的方法是多种多样的。对权力的外延实行限制，划分权力与个人权利之间的界限是其一；以法律制度限制权力行使的方式，使权力的行使有规则可循，是其二；实行分权与制衡原则，以权力制约权力，是其三。卢梭似乎对权力本身并无恐惧，他所关心的核心问题是政治权力的正当性问题，即权力由谁行使，属于谁的问题。在卢梭看来，如果权力属于人民，受公共意志指导，权力不可能对人民构成伤害，正如个人对自身不会进行伤害一样。

最早对卢梭学说进行系统批评的是保守主义者爱德蒙·柏克。柏克的《法国大革命感言》对法国大革命及其精神指导——卢梭的学说发出猛烈的抨击。从自由主义角度最早对卢梭加以批评的是本雅明·贡斯当。二战之前，贡斯当在西方政治思想界并不受重视。二战以后，这种情形发生了变化。贡斯当对自由与代议制的执着追求，对各种压制自由的制度的无情鞭挞，以及他对卢梭的批评在当代自由主义者那里找到了知音。从 20 世纪 50 年代起，几乎所有论及自由主义发展的书籍都会提到贡斯当的贡献，特别是他关于自由理念的贡献。[①] 当代自由主义大师伯林《自由四论》的"导论"就是以贡斯当的著名格言作为卷首语的。伯林称贡斯当的《古代人的自由与现代人的自由之比较》是讨论消极自由与积极自由两种自由概念的最好的文章。[②]

贡斯当自由观念的出发点是对卢梭自由观的批评。贡斯当认为，

① Biancamaria Fontana, *Benjamin Constant: Political Writings*, Cambridge University Press, 1988, p.1.
② 伯林：《关于〈两种自由的概念〉》，《公共论丛》，第二期，第 220 页。

卢梭将自由原则与人民主权的原则联系在一起，要求社会的"每一个体将自己的权利毫无保留地完全转让给共同体（community）"，这是其理论的一个致命弱点。卢梭真诚地以为，共同体作为一个抽象的实体，既是成员共同利益的代表，也是他们共同意志的代表。这种共同意志的外化就是主权。人们在服从主权时，实质上只是服从自己。"主权——即社会实体——既不可能伤害它的全体成员，也不可能伤害其中任何具体的成员。"在贡斯当看来，卢梭忘记了一个最基本的道理：任何主权都必须由具体个人行使。不论主权者的概念有多么抽象，一旦权威的实际组织开始操作时，抽象的主权者本身无法行使权力，它必须将权力交给自己的代理人。这时，卢梭赋予抽象主权者的那些属性便不复存在了。不管我们喜欢与否，当一个人将自己奉献给所有人时，他绝非像卢梭所想象的那样没有向任何人奉献自己，而是向以全体的名义行为的那些人奉献了自己。这就是说，任何政治权力不论在抽象意义上如何代表人民，如何体现公意，在实际上，它必然由少数人行使，必然更多地反映少数人的利益与意志。"在所有时代，所有国家，不论是人民的捍卫者还是压迫者，都是不与人民协商而以人民的名义行事。"[1]

因此，贡斯当强调，企图通过民主方式来保证主权的绝对权力不侵害个人利益，只能是一种幻想。抽象的权力也许可能是高尚的、公正的、无私的，而现世的权力必然是偏私的、压迫性的，或者说是罪恶的。正是在这个意义上，贡斯当强调，任何由人行使的权力都不应该是绝对的。"任何现世的权力都不应该是无限的，不论这种

---

[1] Jack Hayward, After the French Revolution: Six Critics of Democracy and Nationalism, New York: Harvester Wheatsheaf, 1991, p.107.

权力属于人民，属于人民代表，属于任何名义的人，还是属于法律。人民的同意不能使不合法的事情变得合法：人民不能授予任何代表他们自身没有的权利。"①

贡斯当从卢梭的学说与法国大革命的实践中发现一个十分有趣的悖论：卢梭与大革命企图摧毁所有旧观念、旧制度，建立一套全新的制度、全新的法律、全新的道德。然则，他们整个理想的基础却是对古代制度的模仿，尤其是他们关于自由的讨论打上了古代社会的深深印记。这一悖论促使贡斯当探讨卢梭以及法国大革命时期的理念与古代社会的关系，并提出关于古代自由与现代自由比较的著名理论。根据这一理论，古代人所谓的自由主要指公民的参与权，用现代术语来表述，即人民主权，而现代人的自由是一种在法律保障下的生存空间，是个人不受社会与政治控制的权利。②

贡斯当在自由主义发展史中的地位十分重要。贡斯当关于自由以及极权主义式暴政的分析对后来自由主义的发展影响颇大。贡斯当对人民主权理论的批评、对民主可能产生暴政的担忧在托克维尔那里得到更明确的阐述。托克维尔在西方自由主义发展史上的地位与贡斯当有某种相似之处。在历史上，托克维尔尽管在其《论美国的民主》问世后曾轰动一时，激起欧洲思想界的高度重视，并在很大程度上激发约翰·密尔的自由理论，但直到第二次世界大战以前，托克维尔还不能算是自由主义发展史中的主要人物。只是到了二战之后，由于

---

① Jack Hayward, After the French Revolution: Six Critics of Democracy and Nationalism, New York: Harvester Wheatsheaf, 1991, p. 123 - 124.
② 关于贡斯当对自由主义的贡献，参见拙作《贡斯当与现代自由主义》，《公共论丛》，第四期。

批评卢梭以及极权主义的需要，托克维尔才变得显赫起来。

托克维尔对自由主义发展的最主要贡献就是把从贡斯当开始的自由主义对大众民主的恐惧发展为一套系统的理论。法国大革命前，西方自由主义思想对自由与民主这两种制度的理解颇具乐观主义色彩。人们的一致看法似乎是，好事总是互相联系的。在旧的制度下，君主独裁，恣意妄为，践踏法律，人民既无法律保障的自由，也无民主。新的制度必须建立在保障人民自由权利之上，这当然也意味着，人民有参与政治决策的权利。

法国大革命从根本上动摇了人们的乐观主义信念，至少对自由主义者而言是如此。大革命期间的暴政使不少人丧失了对大众民主的信念，开始怀疑民主与自由是否互相兼容。贡斯当关于两种自由的区分最早从理论上表达了这种怀疑，托克维尔则将这种恐惧系统表述为对"多数暴政"的恐惧。

托克维尔对民主制度的态度是矛盾的。一方面，他敏锐地观察到，由美国发轫的民主制度代表了历史发展的潮流与趋势。欧洲传统的君主制度将无法抵御民主制度的冲击。不管特权阶层对民主制的抵抗多么顽强，民主制将最终获得胜利。另一方面，托克维尔对民主制度有一种本能的反感。这不仅仅是因为他的贵族出身，更重要的是，他看到民主可能对个人自由造成危害。

"民主"在托克维尔那里首先意味着多数的统治。"民主政府的本质，在于多数对政府的统治是绝对的，因为在民主制度下，谁也对抗不了多数。"[1] 作为孟德斯鸠与贡斯当最杰出的继承者，托克维

---

[1] 托克维尔：《论美国的民主》，董果良译，商务印书馆，1993年，第282页。

尔坚信，绝对权力必然造成对自由的侵害。他写道：

> 无限权威是一个坏而危险的东西。在我看来，不管任何人，
> 都无力行使无限权威。我只承认上帝可以拥有无限权威而不致
> 造成危险，因为上帝的智慧和公正始终是与它的权力相等的。
> 人世间没有一个权威因其本身值得尊重或因其拥有的权利不可
> 侵犯，而使我愿意承认它可以任意行动而不受监督，和随便发
> 号施令而无人抵制。当我看到任何一个权威被授以决定一切的
> 权利和能力时，不管人们把这个权威称作人民还是国王，或者
> 称作民主政府还是贵族政府，或者这个权威是在君主国行使还
> 是在共和国行使，我都要说：这是给暴政播下了种子，而且我
> 将设法离开那里，到别的法制下生活。①

正如约翰·密尔在评价托克维尔的贡献时提到的那样，托克维
尔对美国民主制度的分析第一次使人们认识到，民主制度的最大危
险不在于无政府状态，而在于它所拥有的绝对权威可能扼杀个人的
自由。托克维尔这样评价美国的民主："我最挑剔于美国所建立的民
主政府的，并不像欧洲人所指责的那样在于它的软弱无力，而是恰
恰相反，在于它拥有不可抗拒的力量。我最担心于美国的，并不在
于它推行极端的民主，而在于它反对暴政的措施太少。"②
　　托克维尔将多数的暴政与君主制下的暴政加以比较，发现前者
在广度与深度方面都是后者无法企及的。国王的暴政充其量只能是

---

① 托克维尔：《论美国的民主》，董果良译，商务印书馆，1993 年，第 289 页。
② 同上，第 289—290 页。

一种政治的暴政，而不可能是社会的暴政。原因很简单，国王的权力至多仅仅是政治权力。国王对不同意见者的最大惩罚不过是将其投入监狱。他可以肆无忌惮地蹂躏其身体，却无法控制其思想。他甚至无法阻止异端思想"在国内甚至在宫内传播"。民主所产生的多数暴政却不同。多数既拥有政治权力，又拥有社会的乃至道德的权力。多数是真理的化身，是道德的体现。任何人如果与多数的意见相左，他首先就必须反躬自问，反省自身，而绝不敢对多数的判断力提出疑问。简言之，"国王只拥有一项物质力量，这项力量仅能影响人民的行动，而触及不了人民的灵魂。但是，多数既拥有物质力量又拥有精神力量，这两项力量合在一起，既能影响人民的行动，又能触及人民的灵魂，既能消弭动乱于已现，又能防止动乱于预谋"。[①]

在托克维尔看来，这种由多数权力造成暴政是往昔由镣铐和刽子手构成的暴政所无法比拟的。它代表了对人格的根本否定，对人的尊严的蔑视。他写道："昔日的君主只靠物质力量进行压制；而今天的民主共和国则靠精神力量进行压制，连人们的意志它都想征服。在独夫统治的专制政府下，专制以粗暴打击身体的办法压制灵魂，但灵魂却能逃脱专制打向它的拳头，使自己更加高尚。在民主共和国，暴政就不采取这种办法，它让身体任其自由，而直接压制灵魂。"[②]

当然，托克维尔并不认为美国的民主可能立即堕落为多数暴政。他注意到，美国社会与政治结构中有许多制约多数暴政的因素。但

---

① 托克维尔：《论美国的民主》，董果良译，商务印书馆，1993 年，第 292—293 页。
② 同上，第 294 页。

他坚定地认为，如果民主制度在一个缺乏对民主制约的社会中建立，其结果必然是西方从未经历过的集权与专制：

> 假如将来有一天类似美国这样的民主共和制度在某一个国家建立起来，而这个国家原先有过一个独夫统治的政权，并根据习惯法和成文法实行过行政集权，那么，我敢说在这个新建的共和国里，其专横之令人难忍将超过欧洲的任何君主国家。要到亚洲，才会找到能与这种专横伦比的某些事实。[1]

托克维尔是第一个明确阐述自由与民主两种理念可能发生冲突的思想家。自由与民主的两种理念的分别乃至冲突，是 20 世纪自由主义热衷议论的主题。20 世纪的自由主义者从托克维尔关于多数暴政的描述中找到极权主义的影子。这恐怕是托克维尔在二战以后受到高度重视的重要原因。

为了防止民主制度转变为多数暴政，侵害个人的自由，托克维尔沿袭了孟德斯鸠对法制与分权的强调。但在此基础上，托克维尔还相当重视市民社会对政治权力的制约。在托克维尔的心目中，一个由各种独立的、自主的社团组成的多元的社会，可以对权力构成一种"社会的制衡"。这一点，是保证美国民主制度是一种自由主义民主的重大因素，也是保证任何民主不致堕落为多数暴政的重要因素。[2]

2. 美国：西方近代宪政主义先河的开创者

与欧洲，特别是与法国相比，自由主义在美国的发展要顺利得

---

[1] 托克维尔：《论美国的民主》，董果良译，商务印书馆，1993 年，第 302 页。
[2] 参见顾昕：《以社会制约权力》，《公共论丛》，第一辑，第 148—167 页。

多。美国学者哈茨（Louis Hartz）在考察美国的自由主义传统时，曾提出过一个颇为有趣的观点，即美国具有"天然的自由主义"（natural liberalism）传统。哈茨指出，美国是一个移民国家，早期美国的定居者都是为了逃避欧洲的封建与宗教迫害才抵达新大陆的。因此，与欧洲相比，美国从一开始便不存在封建压迫与宗教压迫，不存在等级制度，在这个意义上，美国社会从一开始便是一种自由主义的社会。

由于不存在等级制，不存在封建压迫与宗教迫害，美国在本质上不存在反自由主义的社会力量，也从未出现过英国的菲尔麦以及法国的梅斯特尔那样系统批评自由主义的理论家。理论的发展不仅需要客观环境的刺激，而且依赖于理论之间的冲突与辩论。由于美国不存在反对自由主义的力量与理论，美国的自由主义者从来不需要系统地阐述、论证、维护自由主义的理论与原则。惟其如此，美国从未出现过系统而深刻的自由主义理论家，甚至从未出现过以自由主义命名的政党或政治派别。

也恰恰由于这些社会与文化特征，美国从未有过真正意义上的革命。美国独立战争尽管被不少人称作"革命"，但它缺乏欧洲革命的基本特征。由于不存在托克维尔所谓的欧洲那种"旧制度"，不存在内部激烈的阶级对立，美国革命缺乏强烈的阶级激情与阶级对抗，缺乏压迫者与被压迫者生死搏斗的情景。

由于这些原因，美国革命时期的理论家们对自由主义理论几乎没有多少贡献。惟一可以算作贡献的是，美国的政治家们以一种冷静、审慎、实用主义的方式将欧洲自由主义的诸多重要原则体现在美国宪法之中，从而开创了西方近代宪政主义的先河。可以毫不夸张地说，美国对自由主义的贡献最主要的是宪政主义（constitutionalism）。①

尽管美国革命时期的政治家们对自由主义理论并未作出具有创造性的贡献，但美国的《独立宣言》与"宪法"无论从任何意义上言都是自由主义的重要文献。这些文献不仅突出了欧洲启蒙运动时期自由主义思想的许多重要成分，而且，由于实际政治运作的需要，提出了自由主义原则在实际操作中的问题。

这些文件至少在以下几方面对自由主义的发展作出了贡献。

首先是关于个人天赋权利的观念。从《独立宣言》到"权利法案"，贯穿着一个持续的观念，即个人享有某些天赋权利，这些权利不因个人进入社会与政治实体而丧失，恰恰相反，社会与政治制度的目的之一是保障个人的这种天赋权利。在《独立宣言》中，这种天赋权利被概括为"生命、自由以及追求幸福的权利"。很显然，这是洛克"生命、自由与财产权利"的翻版。洛克理论对美国革命以及革命后制宪的影响是被广泛认知的。哈茨甚至将美国自由主义传统描述为"美国社会对洛克原则的毫无反思的一致同意"。洛克原则中最重要的原则是自然权利的理论，如前所述。古代自然法的学说在近代思想发生了本质的变化，自然法从规范人们行为的法则转变为个人的自然权利。对这一转变作出最大贡献的是霍布斯，而使这一转变具有自由主义色彩的则是洛克。洛克理论最早在实际政治中的体现就是美国的《独立宣言》及随后的宪法。美国宪法专家考文

---

① 参见，Louis Hartz, The Liberal Tradition in America: An Interpretation of American Political Thought since the Revolution, New York: Harpcourt, Brace and Company, 1955, pp. 3 – 32。

的叙述可以作为我们讨论的佐证：

> 将自然法思想传送到美国宪法理论的是洛克那本优秀著作
> 《政府论》（下篇）——尽管它绝不是这方面惟一的著作。……
> 洛克论述自然法的突出特点在于，自然法概念经过他处理之后，
> 几乎完全融入个人的自然权利之中；或者用洛克从斯图亚特王
> 朝的拥护者和议会党人的辩论中借用来的术语来讲——融入
> "生命、自由和财产"权利中。①

为了保障个人的权利，就必须对政府权力进行限制。美国宪法
的制定者将洛克与孟德斯鸠关于宪政的观念、限制政府权力的观念、
分权的观念有机地融入一套宪法理论与实践中，从而使分权与制衡
理论成为实践，成为此后许多国家在制宪时遵循的典范。

美国宪法也是自由、法治、民主观念最早融合的实践方案。我
们在后面将会谈到，自由与民主是两个全然不同的概念，而且在许
多情况下是互相冲突的理想。早期的自由主义者对民主制往往持一
种审慎甚至怀疑的眼光。典型的自由主义者如孟德斯鸠和典型的民
主主义者如卢梭在气质上以及理论特点上是截然不同的。这种自由
主义与民主主义的冲突在美国制宪过程中表现为民主与法治的冲突。
杰佛逊的理论与主张更多地倾向于卢梭的民主主义传统，希望赋予
民主机制更大的权威，更少的限制。而麦迪逊等人在《联邦党人文
集》中所表达的主张则更符合从洛克到孟德斯鸠的自由主义传统。

---

① 爱德华·考文：《美国宪法的"高级法"背景》，第62页。

他们强调对政府权力的限制，强调分权原则，强调法律的至高无上性，强调民主必须以法治为前提，人民的意志不是至高无上的。在人民意志之上，有一种更高级的法律，即自然法。美国宪法理论与实践中包含的这种民主与宪政传统的冲突，直到今天仍然是学者们讨论的重要课题。

3. 苏格兰启蒙运动

1740 年至 1790 年间，苏格兰是知识分子活动集中的地方，这些活动被后人称为苏格兰启蒙运动。大卫·休谟（David Hume）、亚当·斯密（Adam Smith）、亚当·佛格森（Adam Ferguson）是其中的佼佼者。

哈耶克对苏格兰启蒙运动评价颇高。他甚至声称，在苏格兰启蒙运动的社会哲学家与政治经济学家那里，"我们发现了对自由主义基本原则的第一次系统的阐述"。哈耶克尽管极力推崇"英国式的自由主义"，但一部英国自由主义发展史中，他真正推崇者也不过是苏格兰启蒙运动诸公以及柏克。传统上认为对自由主义有重大贡献的霍布斯、洛克以及后来的功利主义者，皆因所谓的"构建理性"嫌疑而受到哈耶克的责难，甚至被革出自由主义教门。

除哈耶克之外，今天的自由主义、保守主义、社群主义者也都从苏格兰启蒙运动中发现某些值得推崇的特征。颇为有趣的是，不同的人从同样的思想家中会发现全然不同的价值观。譬如，自由主义者从斯密那里发现对市场经济原则的推崇，社群主义者则从斯密关于道德情操的讨论中看到对普遍主义道德观的批评；自由主义者从休谟的学说中发现怀疑主义的价值，保守主义者看到休谟对传统与历史的尊重，社群主义者则注意到休谟对社群的关注。功利主义者从斯密与休谟理论中找到功利主义的成分，功利主义的批评者则看到他们的功利主义与边沁功利主义的区别。

由于这些原因，苏格兰启蒙运动思想家在当代西方学术界获得了政治思想家通常难以获得的礼遇。很少有哪些思想家得到如此广泛的学派的认可。且不说当代西方思想界对德国政治学说的普遍冷遇，对法国思想中所谓大陆构建理性的批评，就以英国思想而论，霍布斯的单子式个人主义为保守主义以及今天的社群主义所诟病，边沁的功利主义为一些持义甚高、立论颇正的自由主义者所不齿。就是在阐释自由主义原则、鼓吹自由主义理念方面立下汗马功劳的约翰·密尔，尽管其自由学说、民主理论迄今仍被视为经典之作，其命运仍然令人感叹，但功利主义者批评密尔的背叛，功利主义批评者不满他对功利原则的忠贞，自由主义者批评他在经济学理论中向社会主义暗送秋波，社会主义者则不满他在几乎所有问题上为自由主义辩护，保守主义不满他学说中体现的对个人权利近乎无条件的强调。

苏格兰启蒙运动思想家之所以在今天受到高度礼遇，原因之一恐怕在于他们关于自由主义诸原则的讨论语焉不详，给当代学者们留下自己发挥的余地，给不同学派留下解释的空间。如果我们将苏格兰的思想家与稍后的密尔比较的话，这一点就会十分明显。如果说在苏格兰启蒙思想诸公那里对许多自由主义重要原则只有零星论述的话，那么，到了密尔那里，自由主义的几乎所有原则都得到颇为详尽的阐释。惟其详尽，密尔被尊为古典自由主义的集大成者，而苏格兰启蒙运动诸公则以其不详之语，为后人留下许多启迪。

苏格兰启蒙运动对近代自由主义的贡献主要体现在休谟、佛格森、斯密等思想家的著作中。

休谟（1711—1776）在政治学说发展史中的地位是独特的。在近代思想史中，大多数思想家的理论或多或少都是对当时重大历史事件的反映。譬如，霍布斯的学说与1642年英国内战有联系，洛克的理论则与1688年光荣革命有联系，柏克的理论是对法国大革命的直接反映，马克思的理论则反映了19世纪西欧伴随着无产阶级诞生而出现的一系列社会、政治与经济矛盾。与这些情形相反，休谟的一生是在一个没有重大事件的时代度过的，而且，休谟一生对现实政治的兴趣也十分淡漠。

休谟个人经历的特征或多或少反映在他的哲学中。就政治理论的发展而言，休谟的贡献不在于他对当时政治运动或制度的敏感，不在于他的政治理论中包含某种新颖的见解，更不在于他对自由主义政治原则有新的贡献。客观地说，休谟的政治理论与其说是自由主义的，毋宁说是保守主义的。休谟对政治哲学的发展，对自由主义理论的发展的贡献是在形而上学方面，他重新构建了政治理论的哲学基础。正是基于这样一种贡献，休谟才得以跻身于西方近现代伟大政治哲学家的行列，也才被不少人列入自由主义的殿堂。

休谟哲学是一种基于经验主义之上的温和的怀疑主义。休谟以前的经验主义试图为许多一般观念提供理性依据。休谟认为，很多信念，包括对因果关系的信念，都不可能有理性的依据。至于伦理学，更不可能有所谓理性依据。休谟批评那种认为道德判断可以被赋予理性基础的流行观点，他认为道德信仰在很大程度上依赖于感知。

为了论证道德不可能有理性基础，休谟区分了事实与价值两个不同的范畴，区分了实然（is）与应然（ought）两类不同的命题。"理性的作用在于发现真或伪。真或伪在于对观念的实在关系或对实际存在和事实的符合或不符合。"① 而道德准则属于实践哲学，"对行为和感情有一种影响，所以当然的结果就是，这些准则不能由理性得来"。"道德上的善恶的区别不可能是由理性造成的"。②

休谟怀疑主义哲学的政治意义在于，它摧毁了道德普遍性的哲学基础。在休谟看来，任何追求人类思想或道德一致性的努力都会导致专断主义。事实上，人是存在于环境中的具有有限感知能力的动物。在这个环境中，善仅仅与人们需要相联系，这样，不同的人因为不同需要就会有不同的善的观念。

建立在温和怀疑主义基础之上，休谟提出一套关于正义的理念。"正义"的基本特征在于，它是一种人为的美德（artificial virtue），而不是"自然的美德"（natural virtue）。休谟在《人性论》中详细解释了这一命题的含义：正义感不是自然的，它"不是建立在理性上的，也不是建立在外面的永恒的、不变的、具有普遍约束力的某些观念关系上面的"，而是"由于应付人类环境和需要所采用的人为措施和设计"。人类本来并不具有自然的正义感，只是为了社会生活的需要，人们人为地达成某些协议，于是出现了正义的概念与原则。随着正义观念的出现，"也发生了财产权、权利和义务的观念"。"我们的财产只是被社会法律、也就是被正义的法则所确认为可以恒常占有的那些财物"。③

---

① 休谟：《人性论》，关文运译，郑之骧校，商务印书馆，1983 年，第 498 页。
② 同上，第 497、502 页。
③ 同上，第 536、517、531 页。

休谟正义概念的政治含义是十分深刻的，它奠定了休谟关于政治行为准则的基础，代表了与所有形式的唯理主义（rationalism）的决裂。在政治哲学的探索中，唯理主义的方法可以说是源远流长。古希腊的哲学，无论是柏拉图还是亚里士多德，都具有强烈的唯理主义倾向。在这些哲学家的理论中，理想的政治制度就是某种符合"自然"的制度。罗马法以及中世纪哲学中包含着自然法与人类法的区分，并要求人类法体现自然法的原则。近代早期在政治讨论中占主导地位的自然法学派，其理论的基本预设是，存在某种自然法与自然权利，人类的社会政治组织应该符合自然法的要求，保障人们天赋的自然权利。所有这些理论有一个共同的特征，它们都将"正义"视为"自然的美德"，它或者来源于上帝，或者来源于人的本质属性。基于这一前提，它们认为政治中有某些原则是自然的，是必须遵循的。

　　因此，在这些理论中，政治主张可以经由某些固定的政治预设推演出来，或者换一个角度说，所有正当的政治制度或行为必须符合某些确定的前提。以洛克为例，他认为人们对自己劳动所改变的物品有自然的财产权利，而且对经同意而产生的政府有服从的自然义务。因此，显而易见的结论之一就是，个人的财产权利是神圣的，未经个人或其代表同意而对财产征税是非法的。

　　休谟对正义的解释否定了政治讨论中所有确定的预设。在政治中，没有任何东西导源于不证自明的前提。人们之所以组成社会，按照规则行为，绝非出于对某种先验的理论规范之遵循，而是基于惯例、习俗，源于人们追求功利的愿望，或来自人们之间的协议。正是在这个意义上，戴维·米勒（David Miller）指出，休谟的正义理论摧毁了自然法理论的基石。

休谟的正义概念尽管承认人们追求功利目标是正义的渊源之一，但是，休谟并不是一个严格意义上的功利主义者。正如哈耶克所分析的那样，休谟的功利主义与后来边沁的功利主义不同。前者是解释性的，其重点是从功利的角度解释某些制度的起源；后者是规范性的，其重点是用功利的原则衡量与评价历史的、现存的政治、经济与法律制度，倡导基于功利原则基础之上的改革。在边沁的功利主义理论中，功利的原则是最高的规范性原则，是所有政治问题赖以评价的基础。正是在这个意义上，哈耶克看到边沁功利主义的"构建理性"特征，看到休谟功利主义的非构建理性特征。

休谟正义概念的这些特点使休谟的政治立场带有自由主义与保守主义混合的特征。一方面，休谟信奉政治与经济自由的原则、法治原则、宪政原则，这使休谟有一定的自由主义色彩。但另一方面，休谟注重传统与习俗，希望保留社会的等级制度，强调对现存权威的尊重，这些又带有强烈的保守主义色彩。就最根本的政治问题而言，休谟的保守主义色彩较自由主义色彩浓厚。近代自由主义在本质上是进步主义的、普遍主义的。自由主义并不必然是激烈的反传统主义者，但自由主义一般很难承认传统本身具有内在价值。自由主义倾向于接受某种具有普遍意义的原则——权利原则或功利原则——作为评估传统、改造传统乃至现存制度的更高原则。历史上乃至当代自由主义受到的主要批评大致与这些特征有联系。但恰恰是这些特征构成自由主义区别于保守主义的主要特征。

与休谟同时代的另一位著名的苏格兰启蒙运动思想家是亚当·斯密（1723—1790）。斯密长期在格拉斯哥大学任道德哲学教授，其主要著述包括《道德情操论》（1759），《国民财富的性质和原因的研究》（1776），以及《关于司法、警察、岁入及军备的讲演》（1763）。斯密的声誉主要是由于他为经济学奠定了基础。不过，他对伦理学、政治学与法学的贡献也不容忽视。斯密在格拉斯哥大学讲授的道德哲学比今天的道德哲学内容要宽泛得多，它包括神学、伦理学、法学与政治学，而政治学部分则包括了当时所称的政治经济学。[①] 斯密的经济学、伦理学、政治学构成了一个有机的学术体系，这套体系对现代自由资本主义制度作出解释，并为之辩护。惟其如此，斯密被尊为现代自由资本主义制度的设计师。[②]

斯密政治经济学的研究对象是国民财富问题，其中心在于探讨一种最能促进国民财富增长的制度框架。

斯密经济理论的出发点是所谓理性经济人的预设。经济活动的基础是分工。分工的前提是人们为了利己的目的而进行交换。个人利益是人们从事经济活动的出发点。斯密有一句常被人引用的名言："我们每天所需的食料和饮料，不是出自屠户、酿酒家或烙面师的恩惠，而是出于他们自利的打算。我们不说唤起他们利他心的话，而说唤起他们利己心的话。我们不说自己需要，而说对他们有利。"[③]

显然，斯密这里描述的个人是霍布斯式的个人。但是，斯密与霍布斯从个人的利己本性得出的结论却截然不同。霍布斯根据个人的利己本能导出政府的必要性，而斯密却从个人的利己本能看到人

---

① 参见，斯密：《道德情操论》"译者序言"，蒋自强等译，商务印书馆，1997年。
② 参见，列奥·斯特劳斯、约瑟夫·克罗波西：《政治哲学史》（下册），河北人民出版社，1993年，第752页。
③ 亚当·斯密：《国民财富的性质和原因研究》，上卷，郭大力、王亚南译，商务印书馆，1997年，第14页。

类社会进步与经济发展的渊源。斯密没有接受霍布斯对个人竞争的悲观主义看法，而是接受了曼德维尔（Bernard Mandeville，1670—1733）的乐观主义立场。曼德维尔在其著作《蜜蜂的寓言：或私人罪恶与公共利益》中提出一个著名的悖论：私人的罪恶产生公共利益。曼德维尔看到人性在本质上是冲动的与自私的，而不是理性的、具有公共精神的。但是，与以往的道德理论家不同，曼德维尔并不试图教导人们改变这种本性，而是试图说明，这种冲动、自私、骄傲与嫉妒恰恰是社会运作与发展的动力。

斯密对曼德维尔的惟一批评是，曼德维尔过分强调了私人罪恶与公共利益的对立。事实上，如果自私的行动并未伤害他人，而且在实际上有利于他人的话，这种行动不应该被称为"罪恶"。斯密比曼德维尔更前进一步。在他看来，每个人追求自己的利益就会造成社会利益的总实现。另一方面，个人只有在为他人利益服务的情况下才可能实现自己的私利。这样，个人利益与公共利益就神奇般地达到和谐。对于个人而言，他通常既不打算促进公共的利益，也不知道他自己是在什么程度上促进那种利益。……他只是盘算他自己的安全；由于他管理产业的方式目的在于使其生产物的价值能达到最大程度，他所盘算的也只是他自己的利益。在这场合，像在其他许多场合一样，他受着一只看不见的手的指导，去尽力达到一个并非他本意想要达到的目的。……他追求自己的利益，往往使他能比在出于本意的情况下更有效地促进社会的利益。①

实现个人利益与公共利益和谐的"看不见的手"就是市场。斯

---

① 亚当·斯密：《国民财富的性质和原因研究》，下卷，第27页。

密认为，市场是一个极其复杂的制度，是一种最自然的制度。在市场制度之下，每个人为了追求自己的私利，必然尽最大可能提高自己产品的质量与数量，增进自己对他人的服务与对社会的贡献。这样，国民财富就会以最快的速度增长。

基于这种理解，斯密认为，一个国家最好的经济政策就是经济自由主义，即对私人经济活动不加干预，采取自由放任的态度。经济的发展、社会的繁荣绝非政府有意组织所能达到，而是追求自己利益的个人发挥其才智的结果。政府的职能仅仅在于提供必要的保障，使个人追求自己利益的行为有可靠的外部环境。政府绝不应该介入经济活动。斯密认为，试图以政府行为实行资源配置"恐不是人间智慧或知识所能做到的"。斯密批评重商主义，反对政府违反自然趋势、鼓励特定的产业或限制特定的产业。他主张废除特惠或限制制度，建立"最单纯的自然的自由制度"。在这种制度下，"每一个人，在他不违反正义的法律时，都应听其完全自由，让他采用自己的方法，追求自己的利益，以其劳动及资本和其他人或其他阶级相竞争"。斯密强烈反对政府"监督私人产业、指导私人产业、使之最适合于社会利益的义务"。

不过，斯密并不认为市场是万能的。恰恰相反，斯密十分强调政府提供某些公共服务的职能。他指出，政府应该履行三方面的公共职能：

第一，保护社会，使不受其他独立社会的侵犯。第二，尽可能保护社会上各个人，使不受社会上其他人的侵害或压迫，这就是说，要设立严正的司法机关。第三，建设并维持某些公共事业及某些公共设施（其建设与维持绝不是为着任何个人或任何少数人的利益），这种事业与设施，在由大社会经营时，其利润常能补偿所费而有余，但若由个人或少数人经营，就绝不能补偿所费。[1]

哈耶克指出，"英国经济学家的论点既阐明了国家的恰当功能，也说明了国家行动的限度"。[2] 这一评论对于斯密实在是最恰当不过了。斯密对国家功能的强调代表了自由主义关于国家的典型理论。一方面，自由主义反对国家对经济的干预，反对国家权力过大。另一方面，自由主义强调必须有一个国家，而且必须有一个有效的、能为社会提供公共产品的国家。事实上，斯密在许多场合讨论了国家功能的重要性。在某种意义上，斯密认为国家能否提供必要的公共产品是不同国家经济成败的重要原因。

譬如，斯密指出，为了进行交换，作为交换媒介的货币是十分重要的。为了保证货币的统一性与可靠性，"进步国家……都认为有必要，在通常用以购买货物的一定分量的特定金属上，加盖公印。于是就有了铸币制度和称为造币厂的官衙。"[3]

又如，正常的经济运作需要保障产权、保障契约履行的法律制度。他写道：

---

① 亚当·斯密：《国民财富的性质和原因研究》，下卷，第252—253页。
② 哈耶克：《自由秩序原理》（上），邓正来译，生活·读书·新知三联书店，1997年，第69页。
③ 斯密：《国民财富的性质和原因研究》（上卷），第22页。

一国法律上的缺陷，有时会使其利息率增高到大大超过它的贫富状况所需要的程度。它的法律如果不强制人们履行契约，那就使一切借款人所处的地位，和法制修明国家中破产者或信用不好者的地位相差不远。出借人收回借款的不确定性，就使他索取破产者在借款时通常需要出的那么高的利息。①

斯密曾多次论及传统中国经济停滞的现象，并把这一现象与中国法律制度联系在一起：

中国似乎长期处于静止状态，其财富也许在许久以前已完全达到该国法律所允许有的限度，但若易以其他法制，那么该国的土壤、气候和位置所可允许的限度，可能比上述限度大得多。一个忽视或鄙视国外贸易、只允许外国船舶驶入一二港口的国家，不能经营在不同法制下所可经营的那么多交易。此外，在富者或大资本家在很大程度上享有安全，而贫者或小资本家不但不能安全，而且随时都可能被下级官吏借口执行法律而强加掠夺的国家，国内所经营的各种行业，都不能按照各行业的性质和范围所容纳的程度，投下足够多的资本。在各行各业上，压迫贫者，必然使富者的垄断成为制度。②

苏格兰启蒙运动的另一个重大贡献是对当时出现的社会发展阶段，即商业阶段中的伦理和制度的分析。佛格森（Adam Ferguson）

① 斯密：《国民财富的性质和原因研究》（上卷），第88页。
② 同上，第87—88页。

在《论市民社会的历史》（An Essays on the History of Civil Society）中将近代兴起的社会称为市民社会。佛格森关于市民社会的理论是近代以来对市民社会的最早研究。

在论及苏格兰启蒙运动时期思想家时，有必要提及同时代的另一位思想家，即爱德蒙·柏克（1729—1797）。柏克不是苏格兰人，他生于爱尔兰，主要活动于英格兰。但柏克与休谟、斯密有相当密切的私人关系，其理论亦有互相影响、互相补充的成分。哈耶克将柏克与休谟、斯密并列为自由主义的杰出代表，原因之一恐怕是三者在理论上的互相补充与影响。

戴维·米勒在其研究休谟的专著中曾将休谟、斯密与柏克作过一番比较。米勒注意到，流行的观点是，斯密是自由主义者，柏克是保守主义者，而休谟则是介乎二者之间的人物。米勒认为，这种流行观点实则并无根据。米勒指出，这三位思想家有许多共同点：他们生活在同一时期，有良好的私人关系，活动在大致相同的社会与政治圈中，他们在最基本的问题上持相同的观点，如信奉经济自由，强调社会等级制，对 18 世纪的英国制度有根深蒂固的信念。

以经济自由为例，斯密曾这样描述柏克的立场："柏克是我所知道的在经济问题上与我持完全相同观点的惟一的人，而我们之间从未事前进行过观点交流。"[①] 他们三人的不同首先是各自展示给后人的主要方面不同。斯密以经济学家的身份为后人谨记，其经济自由主义的特征湮没了他对社会等级制的强调与对道德普遍主义的批评。休谟在后人的心目中是一个哲学家，人们知道更多的是他的怀疑主

---

① David Miller, *Philosophy and Ideology in Hume's Political Thought*, Oxford: Clarebdon Press, 1981, pp. 196 - 197.

义、正义理论，而对他的经济学说则较少关注。柏克是三人中惟一目击过法国大革命全过程的人。他最重要的、被后人阅读最多的著作是他为抨击法国大革命而撰写的文字。为了批评法国大革命，柏克不得不将斯密、休谟视为理所当然的一些原则（如对传统的尊重、对等级制的强调）详加阐释。而且，由于大革命的刺激，柏克在解释这些原则的过程中将这些原则上升到理论高度，强调到休谟与斯密从未达到的极端。

五、自由主义时代

休谟、斯密、柏克对英国 18 世纪制度的强烈信念在当时的自由主义者中是典型的。18 世纪自由主义思想家心目中有一个偶像，一个自由主义的天堂，那就是光荣革命后的英国。孟德斯鸠在《论法的精神》中，以英格兰的法律为楷模，阐释了保障自由的法律之基本原则与特征。他以十分神往的语调将英国的法律介绍给法国读者："世界上还有一个国家，它的政制的直接目的就是政治自由。我们要考察一下这种自由所赖以建立基础的原则。如果这些原则是好的话，则从那里反映出来的自由将是非常完善的。"[1] 对英国宪法更全面、更系统的讴歌在英国著名法学家布莱克斯通（William Blackstone，1723—1780）的《英国宪法释义》中臻于完美。

然则，以今天的眼光视之，18 世纪的英国很难说是自由主义的

---

① 孟德斯鸠：《论法的精神》（上），第 155 页。

天堂。它的政治制度包含诸多相当腐败的成分：议会选举只是少数人的特权，行政与财政管理混乱不堪，卖官鬻爵成风。法律制度亦相当混乱，以习惯法为主的法律，其主要条文由"五百年来搜集的无数个别的议会法令、条例组成"，结果让"不法的状态代替了'法治状态'"。由于法制混乱，在司法审判中律师起着决定作用，审理结果完全取决于他们的学识与机警。无论在政治结构与法律制度中，土地贵族都垄断了绝对的权力，并利用其垄断权维护自身的特权。

随着英国工业革命的发展，这种状况愈来愈难以为日益壮大的工商业资产阶级所容忍。马克思主义经典作家在分析 19 世纪英国自由主义的发展时，曾将自由主义改革与工商业资产阶级要求政治上的权利联系在一起。西方自由主义思想的研究者们对此似乎并无异议。萨拜因在描述英国 19 世纪的自由主义改革时，强调"商业和工业资产阶级的地位和影响变得更加巩固"是改革的主要原因。他指出，当时改革的阶级背景是，随着工商业的发展，资产阶级的政治权力日渐扩大，与此相应，拥有土地的士绅的影响却相对下降，而雇佣劳动者尚未取得政治上的自觉，也没有能起作用的组织。萨拜因承认，"要说立宪政治和个人自由的理想代表的只不过是资产阶级的利益，这完全是夸大……可是要说在开始时期，这个阶级是这些理想的主要发言人，倒也是事实。"①

工商业资产阶级要求对国家的政治、经济、法律实行改革，以维护自己的利益。这种改革的要求是以自由主义的方式体现的。正如萨拜因所观察的那样，"政治上的自由主义是个大规模的运动，影

---

① 萨拜因：《政治学说史》（下），第 742—743 页。

响到西欧所有国家和美洲，但最典型的发展却发生在英国"。只有在英国，"自由主义才同时取得民族哲学和国家政策的地位"。①

展示自由主义在英国重要性的现象之一是，19世纪30年代，英国诞生了以自由主义命名的政党——自由党。该党在第一次世界大战之前一直是英国主要的执政党。而且，也正是在这一时期，英国进行了政治、经济、法律等方面系统的以自由主义原则为导向的改革。自由党的前身是辉格派，该派在反对斯图亚特王朝的斗争中扮演了主要角色。从光荣革命之后到19世纪30年代，辉格党人曾几次短期执政，并形成有独特特征的辉格党人立场。这些立场可以大致归纳为：道德上的宽容与宽松、个人主义、责任政府以及进步的观念。19世纪30年代，辉格党人再次执政，并首次获得"自由派"或自由主义者的称号。19世纪40年代，自由党成立。自由党主要由三部分人组成，大多数辉格党人，某些带有自由主义色彩的托利党人（如格兰斯通）以及受边沁影响的激进主义者。②

在观念领域，19世纪可以说是功利主义占主导地位的世纪。功利主义的学说将功利原则（the principle of utility）视为道德与立法的根本原则，它批评自然权利的学说，批评神权学说，以功利原则评价现实社会，并要求改造现实社会。杰里米·边沁（1748—1832）是功利主义的重要阐释者，是著名的哲学家、政治思想家、法学家、社会改革家。边沁一生著述颇丰，最常被引证的著作包括《道德与立法原则导论》（*An Introduction to the Principles of Morals and*

---

① 萨拜因：《政治学说史》（下），第743，744页。
② 参见，J. G. Merquior, *Liberalism: Old and New*, Boston: Twayne Publishers, 1991, pp. 45 - 46。

Legislation）以及《政府片论》（*A Fragment on Government*）。在某种意义上，边沁的功利主义原则可以被视为自由主义政治哲学发展中的革命。如前所述，西方近代自由主义最初是建立在自然法与自然权利理论基础上的。霍布豪斯曾描述过这种状况及其原因：

> 早期的自由主义必须对付教会和国家的极权统治。它必须为人身自由、公民自由及经济自由辩护，在这样做的时候，它立足于人的权利，同时因为它必须是建设性的，又不得不适当地立足于所谓的自然秩序的和谐。……自由主义的理论答称人的权利是以自然法则为基础的，而政府的权力则以人的机构为基础。……政治社会是个比较人为的安排，是为了获得更好的秩序和维持共同安全这一特殊目的而达成的协议。[1]

这种基于自然法与自然权利论证自由主义的路径，在洛克与卢梭的学说中表现得相当明确，在法国大革命时期的《人权宣言》（1789 年）中更达到登峰造极的地步。《人权宣言》的基石是强调个人的自然权利，并把这种权利作为构建人的社会权利与社会结构的基础。它宣称："在权利方面，人生来是而且始终是自由平等的。社会差别只能建立在最大多数人的最大幸福之上。""任何政治结合的目的都在于维护人的不可剥夺的自然权利；这些权利是自由、财产、安全以及对压迫的反抗。"[2]

如前所述，自然权利学说在休谟那里受到毁灭性批评。休谟的

---

① 霍布豪斯：《自由主义》，商务印书馆，1996 年，第 26 页。
② 引自 J. Salwyn Schapiro, *Liberalism: Its Meaning and History*, p. 129。

怀疑主义、他关于正义的概念从根本上摧毁了自然权利理论赖以建立的基础。但是，休谟并没有提出一套具有普遍主义意义的道德哲学。实际上，就休谟的哲学体系而言，他也不需要一套普遍主义的道德哲学。休谟在相当大程度上不是一个普遍主义者。

但是，自由主义作为一套政治社会理念，具有强烈的普遍主义色彩。自由主义，尤其是 18 世纪的自由主义需要一套具有普遍主义特征的道德哲学，以便评估现存的制度，构建理想的秩序。

自由主义的这种理论需求由于功利主义的兴起而得到满足。如同自然法理论一样，功利主义是相当普遍主义的，而且是相当"激进"的。英国学者麦克兰德对边沁功利主义学说的评价十分中肯："边沁是彻头彻尾、货真价实的激进主义者。"

边沁功利主义的激进特征在于他把功利主义原则作为衡量个人行为与集体行为的惟一原则，作为衡量现存法律、政治、经济与社会制度的惟一标准。功利原则说起来并不复杂。其基本出发点是，道德的原则必须建立在人的感知的基础上。人的基本感觉有两大类，这就是快乐与痛苦。人性的基本特征是追求快乐、避免痛苦，这一基本特征决定着人类道德的基本特征。所谓道德的行为，无非是能够给相关的人们带来快乐或避免痛苦的行为；所谓不道德的行为无非是给相关的人们造成痛苦的行为。这种评价方式既适用于评价个人行为的道德性，也适用于评价集体性行为的道德性。[1]

根据今天的概念，边沁的功利主义包含几方面的要素，最主要者是效果主义（consequentialism）、功利原则与最大化原则。

---

[1] Bentham, *An Introduction to the Principles of Morals and Legislation*, Wilfrid Harrison ed., Oxford: Basil Blackwell, 1960, p.125.

效果原则主张以效果而非动机作为判断行为道德性的标准。效果不是抽象的，而是具体的。每一个行为的正确性都必须由该行为的效果来证明。

功利原则（the principle of utility）是功利主义学说的核心。应该说，除功利主义之外，其他一些哲学派别也接受效果主义，但只有功利主义主张功利原则。如何定义功利？自边沁以来，有诸多不同意见。边沁功利主义的特征是以快乐（hedonism）定义功利，即强调感官的快乐。对边沁而言，苦乐是善恶的基础。"功利的原则是这样的原则，它对任何行为的认可或非难均根据该行为倾向于提升或降低行为所涉及者的幸福。"[①] 为了衡量苦乐的程度，边沁提出一套计算苦乐总值、强度、持久性、确定性、近似性的方法。在边沁看来，所有的快乐具有相同的价值，快乐没有高低之分。他有一句被后人讥讽的名言："如果针戏（pushpin）能够给人带来与诗歌同等强度与持久的快乐的话，它就是与诗歌同样善的东西。"除了以快乐定义功利的主张外，也有以非快乐主义方式界定功利的努力。譬如，当代不少哲学家以满足喜好（preference）作为衡量功利的标准，理性选择的理论在很大程度上持这种观点。

最大化原则是功利主义社会政治理论中十分重要的原则。它的基本内涵是追求功利的最大化。其最初的表述是边沁关于集体行为原则的观点。在边沁看来，衡量集体行为是否正当的基本原则应该是"该行为所涉及的最大多数人的最大幸福"。最大幸福的计算方式是在行为所产生的幸福总量中减去行为所产生的痛苦总量。

---

① Bentham, *An Introduction to the Principles of Morals and Legislation*, Wilfrid Harrison ed., Oxford: Basil Blackwell, 1960, p.126.

从表面上看，功利主义似乎只是把人们在生活中的通常行为方式作出一番哲学表述而已，但这一原则的含义却是相当激进的，特别是将这一原则应用于政治与法律领域更是如此。这一原则不承认任何传统的或宗教的权威，对任何现存的制度持一种批评性态度。所有存在的制度都必须展示其功利的价值。凡是不能在功利主义原则面前证明其存在价值的都应该被废除，代之以全新的、以功利原则为基础的制度。边沁本人的政治与法律理念清楚地展示了这一特点。

　　在政治上，边沁强调政府必须为最大多数人的最大幸福服务。边沁虽然个性温和，但在政治上相当激进，对他视为腐败的政府毫不宽容。他对当时的英国政府持激烈的批评态度。而且，实事求是地说，由于强调政府必须追求最大多数人的利益，边沁对几乎所有的政府都持批评态度。他对英国政府最惯常的批评是，英国政府充其量只是为少数人的"罪恶利益"服务的工具。鉴于这种对政府的批评，边沁赞同建立民主制度。以前边沁的研究者怀疑边沁对民主制的信念，认为边沁是在詹姆士·密尔的影响下才变成民主主义者的。晚近以来，由于大量边沁手稿的出版，加之新的研究成果的问世，边沁的民主主义形象逐步被人们认可。[①]

　　在法律上，边沁持一种相当激进主义的态度。他十分痛恨英国的惯例法、判例法，毕生致力于法律的改革。在边沁看来，英国的诸多法律条文及其实践都是长期演进的结果，其中许多条文与判例和现代社会情形格格不入。更为糟糕的是，许多条文与判例最初就

---

① 参见 F. Rosen, *Jeremy Bentham and Representative Democracy*, Oxford: Clarendon Press, 1983。

不是合理思维的结果，不是大众利益的反映，而是受传统、宗教乃至少数人"罪恶利益"左右的结果。因此，边沁主张，必须用功利主义的标准，即最大多数人的最大幸福的标准重新评估所有法律条文与判例，在此基础上，编制成文的法典。

在经济上，边沁主张放任经济，反对政府对经济生活的干预。他曾写过一篇著名的论文《为高利贷辩护》，用亚当·斯密的自由放任经济原则批评斯密有关政府干预高利贷活动的观点，主张排除政府对经济的一切干预，实行自由放任的经济政策。据载，斯密对边沁的批评心悦诚服："《为高利贷辩护》一书的作者很了不起，虽然他给了我很沉重的打击，但他打得堂堂正正，我没有什么好抱怨的。"[1] 不过，总体而言，边沁对经济自由主义贡献不大。

边沁在性格与为人上似乎与他自己宣传的功利主义迥然不同。正如一位评论家所描述的那样："边沁易动恻隐之心，乐于扶危济困。任何事物只要边沁认为有利于造福人类，他就非常关注；从事改革事业，既未给他带来金钱，也未给他带来高位，反而使他屡受讥讽，甚至辱骂，但他仍然为改革事业长期辛苦劳累；由此可见他对人类存心之仁厚。"[2]

或许是由于这种性格，也许与他的理论有某种联系，边沁在许多方面表现出一种不多见的理想主义式自由主义行为方式。边沁是典型的人道主义者，反对任何形式的酷刑。他甚至把这种人道主义

---

[1] 转引自周敏凯：《十九世纪英国功利主义思想比较研究》，华东师范大学出版社，1991年，第14页。
[2] 引自边沁：《政府片论》，"编者导言"，沈叔平等译，商务印书馆，1995年，第17—18页。

扩展到动物身上，反对虐待动物，以免给动物带来痛苦。边沁是自由主义历史上最坚定的国际主义者之一。在他身上很少有后来密尔、托克维尔等人所表现出的民族或种族优越感。边沁是英国最早的平民教育家之一，他创办了伦敦大学，作为平民接受世俗教育的机构，以区别于牛津、剑桥的贵族式、宗教式教育。

但是，不幸的是，边沁的名声与他创立的功利主义原则联系太密切了，而功利主义从一开始就是许多道德哲学家批评的对象。这就使得边沁的名字或多或少与某种粗俗的、不道德的行为联系在一起。康德以降的德国哲学家们，无不以一种在道德上居高临下的态度嘲讽边沁的粗俗与缺乏良知。就连受英国古典经济学影响的马克思，也曾对边沁作出这样的评价，边沁把"现代的市侩特别是英国的市侩说成标准的人。凡是对这种标准人和他的世界有用的东西，本身就是有用的"。① 这种批评一直延续到今天。当代哲学家诺齐克也不无刻薄地指出，如果说快乐是衡量善的标准的话，那么，吸毒也可以带来快乐，难道说吸毒是一种道德的生活方式吗？

在边沁周围，形成一个被称为"哲学激进主义"的派别，这一派别阐述了自由主义在政治、经济、法律方面的基本原则。该派别在维多利亚改革中发挥了重大的作用。

在政治上，最突出的是密尔父子。詹姆士·密尔（James Mill）倡导议会改革，要求扩大选举权，建立代议制政府，是将边沁的道德哲学忠实地应用于政治领域的主要人物。詹姆士·密尔的儿子约翰·斯图亚特·密尔（John Stuart Mill）青出于蓝，在自由主义哲

---

① 《马恩全集》，第二十三卷（《资本论》），第69页。

学、政治学、经济学、教育理论方面作出巨大贡献。我们将在下面较为详细地介绍约翰·密尔的著作与贡献。

在经济上，曼彻斯特学派的经济学说与边沁的哲学原则有密切关系。该学派倡导放任经济，主张贸易自由化，强烈要求废除食品贸易关税（谷物法）与航海法对自由贸易的限制。

在法律方面，奥斯丁（John Austin，1790—1859）以功利主义哲学为基础，发展出在近代法律中有重大影响的分析法学体系。不过，依萨拜因之见，奥斯丁的贡献绝对无法与边沁的成就相提并论：分析法学"通常都同约翰·奥斯丁的名字联系在一起，但事实上奥斯丁只不过是把边沁多卷的而并不总是非常易读懂的作品中散见的系统思想归纳起来"。①

功利主义时期自由主义最耀眼的明星是约翰·密尔。密尔对功利主义的贡献在于，他把功利的原则与自由主义的原则成功地融为一体，从而使功利主义与自由主义有了相当牢固的亲缘关系。在密尔之后，任何站在自由主义立场上批评功利主义的人都不得不考虑到密尔的特殊贡献。实在说，在自由主义发展史上，没有几个人像密尔那样持有坚定的自由主义立场，没有几个人像密尔那样对自由主义的重大原则，如自由原则、民主原则作出过如此全面而深刻的阐述。莫奎尔（J. G. Merquior）在叙述自由主义发展历史时，称密尔为"自由主义之圣"（the Libertarian Saint），称他的《论自由》是个人主义的"宣言"，实在不为过分。麦克兰德在分析自由主义的兴起时甚至提到这样的观点：不少研究自由主义的人认为，自由主

---

① 萨拜因：《政治学说史》（下），第 755 页。

义作为一种现代意识形态的出现应该有一个时间标志。譬如，1789年的法国革命、1848 年革命或 1859 年密尔出版《论自由》可以被视为自由主义完成的标志。[1]

密尔的一生颇为独特。他的父亲詹姆士·密尔是一位颇有影响的历史学家、哲学家、政治家，激进主义阵营中的一员猛将。詹姆士·密尔一生致力于激进主义的改革事业，特别是民主改革事业。他这种对改革事业的热情与奉献精神在相当程度上也体现在对约翰·密尔的培养中。据记载，当詹姆士·密尔有幸生了儿子后，他和边沁都希望将这个幼童培养为功利主义和激进主义的继承人，以完成他们在有生之年难以完成的改革事业。在这种思想指导下，约翰·密尔的幼年教育是以一种特殊的方式进行的。他从未进过正规的学校，三岁起跟父亲学习希腊文，八岁学习拉丁文，十多岁开始阅读亚里士多德等希腊哲人的著作，十五岁时开始从法文阅读边沁的著作。麦克兰德如此描述密尔所受的教育：

> 密尔从来不玩板球；相反，他不得不过早地将青少年时期用于掌握功利主义伦理学、古典经济学以及无休无止的历史学。到了二十岁的时候，密尔大概具有比大多数人一生所能获得的更多的书本知识。[2]

功夫不负有心人。詹姆士·密尔的努力最初似乎得到卓有成效

---

[1] J.S. McClelland, *A History of Western Political Thought*, London: Routledge, 1996, p.428.

[2] 同上，第 451 页。

的回报。约翰·密尔从十七岁起开始发表论文，并很快成为哲学激进主义营垒的后起之秀，成为功利主义哲学的新的传人。

但是，时隔不久，即在 20 多岁的时候，密尔经历了一生中最为痛苦的感情危机。他开始对他父亲的教育方式特别是对功利主义哲学本身产生怀疑。他迷惘、困惑，在迷惘中从欧洲大陆哲学寻求精神食粮。他从英国诗人与哲学家沃兹沃斯（William Wordsworth）、柯利律治（S. T. Coleridge）接触到德国的哲学，并用康德以及康德以后的哲学对英国的经验主义作出修正；他被法国社会学家孔德（Auguste Comte）的实证主义所吸引，并试图将实证主义纳入自己的哲学体系。

今天密尔的研究者们常常会无休止地争论，密尔对欧洲大陆哲学的赞誉以及对功利主义的批评究竟反映了密尔思想的真实转变，还是代表了密尔一时的激愤情感？尽管大家的意见很难一致，但有一点似乎争议不大：密尔对功利主义的背离程度、对大陆哲学的接受程度远比他自己想象的要小。就其哲学的基本特征而言，密尔仍然是一个功利主义者。

密尔的著述颇丰，而且涉猎面极广，对他那个时代面临的几乎所有哲学、经济、政治、社会问题，他都有所论及。他讨论的范围涉猎功利主义哲学、浪漫主义文学、实证主义社会学、政治经济学、民主问题、妇女问题、教育问题、人口控制问题。他对自由主义的最大贡献体现在《论自由》（1859）与《代议制政府》（1861）。前者阐述了个人自由的基本原则，后者为自由主义民主理论奠定了基础。

恩格斯曾写过《费尔巴哈与德国古典哲学的终结》。如果我们借用恩格斯对费尔巴哈的评价的话，那么，可以说，密尔的学说代表了英国古典自由主义的终结。英国的自由主义经过近二百年的发展，到了密尔达到近乎完善的地步。自由主义的几乎所有基本原则在密尔那里都得到阐述，自由主义的所有内在矛盾、弱点在密尔那里都有清楚的暴露。密尔是近代自由主义发展史上最后一个全面阐述自由主义原则的思想家。此后，自由主义在一个多世纪的发展中更多的是维护自己的原则、应付来自各个方面的挑战：极权主义的挑战，后现代主义的挑战；或者以更为专门化的方式深化自由主义的某些原则。

在描述了从边沁到密尔自由主义的发展之后，我们有必要稍事停顿，对功利主义与自由主义的联姻、对功利主义与自由主义的内在联系作一些剖析。这一问题是西方政治哲学界颇有争议的话题，是我们在论及功利主义者在自由主义发展史中的地位时不可不涉及的问题。

当代英国哲学家、法学家哈特（H. L. A. Hart）在谈到功利主义的历史命运时曾指出，功利主义曾经"是被广泛接受的信念"，构成英美自由主义的哲学基础。在近代相当长时期，至少在英美传统中，政治哲学界的基本信念是，"某种形式的功利主义——如果我们能够发现功利主义的恰当形式的话——必然会揭示政治道德的实质。"① 哈特这里讲的"相当长时期"指的是从19世纪到20世纪60年代。1959年，英国政治哲学家本恩与比特斯（Stanley Benn 与 Richard Peters）在其颇有影响的著作《社会原则与民主国家》中毫不犹豫地断言，西方民主国家政治实践的几乎所有原则都反映了功

---

① H. L. A. Hart, "Between Utility and Right," Alan Ryan ed., *The Idea of Freedom*, Oxford: Oxford University Press, 1979, p.77.

利主义的立场。另一位著名英国政治学家巴利（Brian Barry）在1965 年发表的《政治争论》中尽管对功利主义持批评态度，但对功利主义占主导地位的状况并无任何争议。①

不过，不少自由主义理论家对功利主义与自由主义的内在联系一直持怀疑态度。这种怀疑在二战之后达到高峰。最初是哈耶克的批评。哈耶克在批评所谓构建理性时，曾将攻击的矛头指向功利主义，尤其是它的代表人物边沁。在哈耶克看来，苏格兰启蒙运动的功利主义主要是解释性的，而边沁的功利主义则主要是评估社会制度的标准。边沁企图以功利主义的原则为标准评估现存的制度并制定改革现存制度的方案，是犯了典型的构建理性主义错误，而构建理性主义必然会导致非自由主义的结论。

20 世纪 60 年代以来，尤其是罗尔斯的《正义论》出版以来，对功利主义的批评达到了前所未有的激烈程度。罗尔斯在《正义论》中系统揭示了功利主义与自由主义联姻的脆弱性。他认为，功利主义的正义观有三方面的缺陷：（1）忽视了个人的道德价值与自然权利，忽视社会每一成员自然权利的不可侵犯性。（2）功利主义者把个人的选择原则扩展到社会，否认社会选择原则本身是一种原初契约的目标。（3）"功利主义是一种目的论的理论，而作为公正的正义却应该是一种义务的理论"。

自罗尔斯以来，功利主义受到普遍的怀疑与批评。当代许多著名的自由主义者（如诺齐克、德沃金等）尽管政治社会立场迥然不

---

① 参见, Stanley Benn & Richard Peters, *Social Principles and the Democratic State*, London: Allen & Unwin, 1959; Brian Barry, Political Argument, London: Routledge, 1965。

同，却都赞同罗尔斯对功利主义的批评，认定功利主义无法论证个人权利，可能会为了整体利益而牺牲个人利益。在这个意义上，他们断言功利主义可能导致非自由的结论。

如果我们将哈耶克对功利主义的批评与罗尔斯等人的批评加以对比的话，就会发现一个有趣的现象：哈耶克对功利主义的不满之处恰恰是罗尔斯等人认为的功利主义的不足之处。哈耶克认为，功利主义企图以个人的快乐、个人的利益构建社会政治制度，犯了构建理性的错误。而罗尔斯等人则指责功利主义强调后果原则，未能坚持将个人权利视为万古不变之原则，因而在维护个人利益方面不彻底。

法国著名功利主义研究专家哈列维（Elie Halevy）曾通过比较英法两个民族自由主义的发展来描述功利主义对英国哲学的主要意义：

> 英国和法国一样，也有过一个自由主义世纪：与法国革命的世纪相对应，在海峡彼岸则是工业革命的世纪；与正义以及人权的精神哲学相对应的是功利主义有关利益同一的哲学。……人权哲学最终在欧洲大陆导致 1848 年革命；而与此同时，利益同一的哲学则导致曼彻斯特学派自由贸易学说的胜利。①

依笔者之见，哈列维的观点似乎更为公允。

---

① Elie Halevy, *The Growth of Philosophic Radicalism*, translated by Mary Morris, Boston: The Beacon Press, 1960, p. xviii.

六、新自由主义

哲学激进主义取得最大立法成就之时，也就是它衰落之始。自由主义者所倡导的放任经济的弊端很快就十分明显。19世纪中叶，英国知识界开始注意到自由资本主义所带来的社会问题，特别是工人阶级劳动与生活状况方面的问题：劳动工时、卫生条件、安全条件等等。就在马克思、恩格斯揭露英国工人阶级状况的同时或更早时，英国知识界已从道德与美学的观点出发，对工业资本主义进行了持续的批评。

在这样的背景下，早在19世纪30年代，在自由主义的故乡英国，议会便开始断断续续通过工厂法，规定劳动时间与条件。整个19世纪的英国都是国家的责任与职能逐步扩展的时代。经济与社会生活中愈来愈多的方面开始受到法律的调节与制约。有趣的是，几乎所有这些政府扩张的行为恰恰是在自由主义政府执政时期完成的。

与自由主义政府在实际立法中扩张政府职能的行为形成鲜明对比的是，自由主义理论家仍然在口头上坚持放任经济、最小政府的理念。这种理论与实际的巨大反差迫使自由主义理论家作出反应。事实上，就在自由主义极盛时期，它的一些代表人物便开始反思经济自由主义的合理性。约翰·密尔在其政治经济学著作中，已放弃了"放任经济"的一些基本原则，开始思考立法同经济的关系，包括立法同市场的关系。密尔甚至认为，产品的分配严格说不属于经济范畴，而属于公共政策范畴，因而属于立法控制的范围。而且，密尔的个人主义哲学也与正统功利主义者的个人主义有很大区别。正统功利主义者之个人主义的出发点是以现存的人为出发点（take man as he is），而密尔则对个人的精神追求、个人道德与才能的升华十分关注，以至于当代著名密尔研究专家罗伯森（John Robson）将他描述密尔生平与思想的著作定名为"人类的改善"。①

由密尔开始的这种古典自由主义向新型自由主义②的转变，在所谓"牛津唯心主义"或曰"唯心主义的自由主义"那里得到进一步发展。牛津唯心主义的主要代表人物是格林（T. H. Green，1836—1882）。格林英年早逝，著作不多，主要著作包括《伦理学导论》（Prolegomena to Ethics，1883）与《政治义务的原则》（Lectures on the Principles of Political Obligation，1879—1880）。另一个在政治哲学发展中有影响的唯心主义者是鲍桑葵（Bernard Bosanquet，1848—1923）。鲍桑葵在牛津大学读书期间，受到格林理论的影响，他的《关于国家的哲学理论》（The Philosophical Theory of the State）在自由主义的发展史上有一定地位。此外，布拉德莱（F. H. Bradley）的伦理学理论也是牛津唯心主义哲学的重要组成部分。霍布豪斯的社会与政治理论也在很大程度上受到唯心主

① John Robson, *The Improvement of Mankind*, London: Routledge & Kegan Paul, 1968.
② 在自由主义发展史上，曾出现过两种中文通常译为"新自由主义"的理论形态。第一，从密尔开始并在牛津唯心主义那里得到进一步发展的 New Liberalism，其主要理论特征是修正古典自由主义放任经济的倾向，强调国家在干预经济和实现社会正义方面的职能。第二，从20世纪中叶兴起并在20世纪七八十年代达到高峰的 Neo-liberalism，其理论特征是扬弃 New liberalism 的国家理论，创造性地复兴古典自由主义关于经济自由的理论。国内学术界为了避免这两种"新自由主义"的混淆，曾尝试过不同的翻译。一些学者建议将 New liberalism 译为"新兴自由主义"或"新政自由主义"。笔者综合考虑两种自由主义形态的理论特征，特别是考虑到国内学术界和理论界的主流用法，尝试将 New liberalism 译为"新型自由主义"，将 Neo-liberalism 译为"新自由主义"。

的影响。

牛津唯心主义在自由主义发展史中的突出地位在于，它标志着对传统英国自由主义的全面批评以及对自由主义理论的彻底重新解释。唯心主义的自由主义对传统英国的联想主义心理学、经验主义认识论、功利主义伦理观、个人主义社会哲学以及国家学说进行了系统批评。正如萨拜因在评论牛津唯心主义在英国哲学发展中的地位时所指出的那样，"它一举彻底将英国的思想从负担沉重的传统——联想主义心理学及其对逻辑的影响，伦理学上的快乐和痛苦的动机与价值的理论，以及个人主义对社会哲学的影响——中解放出来。"[①] 在扬弃传统英国自由主义哲学诸多因素的同时，牛津唯心主义哲学家们从德国哲学，特别是黑格尔哲学中汲取了许多重要概念，并用黑格尔哲学改造传统自由主义。霍布豪斯曾生动地描述过唯心主义者所代表的那种德国哲学对英国哲学的影响。他在《民主与反动》（Democracy and Reaction，1904）中感慨"三十多年间英国思想受到国外的强烈影响"，并将这种状况称为"莱茵河水流入了泰晤士河"。[②]

就社会与政治哲学而言，新型自由主义主要关注两方面的问题：自由的性质与国家的作用和功能。在这两方面，新型自由主义者提出一套背离传统英国哲学而更接近德国唯心主义哲学的理论。

首先，新型自由主义者接受了德国哲学中社会有机体论的社会哲学，对英国自霍布斯以来的机械主义社会观提出批评。传统英国

---

① 萨拜因：《政治学说史》（下），第 797 页。
② 转引自金岳霖：《T. H. 格林的政治学说》，载于《金岳霖学术论文选》，中国社会科学出版社，1990 年，第 26 页。

自由主义社会哲学的基础是所谓的机械主义（mechanism），其基本内涵在霍布斯的理论中有明确阐释。机械主义社会观至少包含几方面的内容：社会是由抽象的个人组成的，个人是本源，社会是派生的，个人的性质决定社会的性质，社会的性质是组成社会的个人性质之总和，社会的利益是组成社会的个人的利益之总和。除了个人利益之外，社会并没有任何独特的利益。

与机械主义相反的是一种将社会与国家视为有机体的学说。这种学说在黑格尔那里得到很好的表达，在英国唯心主义哲学家那里亦有较明确的表述。这种有机体论一般至少包含几方面的内涵：第一，社会是一个整体，是一个有机的存在，而不是个人的某种简单的联合体；第二，整体大于部分之和，除了组成社会的个人利益之外，社会有某种共同的利益；第三，整体决定部分的性质，从来没有抽象的个人、绝对的个人，个人的性质是由他所在社会的性质决定的；第四，离开整体不可能理解部分，只有将个人置于整体之中才可能理解其社会特征；第五，组成整体的各部分之间互相联系、互相依存。[1] 格林称，"自我乃是社会的自我"。[2] 社会并不是个人的简单组合，将个人联系在一起的是各成员对群体及其宗旨的依附与忠诚。个人作为社会的成员而扮演某种社会职能，履行这些职能是个人获得完善人格并获得内心最高满足的条件。这样，格林哲学的基点就从个人主义转向集体主义。鲍桑葵认为，个人组成集体，

---

[1] 关于社会有机体论的基本理论内涵，参见 D. C. Phillips, "Organism in the Late Nineteenth and Early Twentieth Centuries," *Journal of the History of Ideas*, vol. xxxi, No. 3, 1970。

[2] 萨拜因：《政治学说史》（下），第 800 页。

但集体大于个人之和。一种更高的东西将个人凝聚在一起，整体的利益高于部分的利益。为了保证有机体的存在，其组成部分可以作出某种牺牲。鲍桑葵是最具黑格尔主义倾向的英国自由主义哲学家。

第二，新型自由主义者对古典自由主义关于自由的消极定义提出批评，并倡导一种具有积极意义的自由观念。最早提出"积极自由"概念的是格林。由于积极自由的概念在后来自由主义的发展中成为十分重要的概念，我们有必要在这里引证格林对这一概念的阐释：

> 我们也许都会同意，正确意义上的自由是上帝赐予人类的最大恩惠；实现自由是我们公民所有努力的真正目标。然而，当我们提及自由时，我们应该谨慎地考虑它的含义。我们所谓的自由并不仅仅是不受强制的自由。自由并不仅仅意味着我们可以做我们喜欢做的事，而不管我们喜欢做的事是什么。自由并不意味着一个人或一些人可以享受以其他人的损失为代价的自由。我们言及自由指的是一种积极的（positive）权力或能力，从而可以做或享受某种值得做或享受的事，而这些事也是我们和其他人共同做或享受的事。①

格林在这里提出积极自由的概念，用以和传统的霍布斯式的自由观念相对比。格林认为，传统自由主义倡导的是消极自由，即仅

---

① David Miller, Liberty, p. 21.

仅不受法律限制的自由；而积极自由则是"从事值得去做或享受值得享受的事物的一种积极的力量或能力"，而且，这种自由必须是我们与其他人共享的。① 格林这种自由观念与古典自由主义的自由观念至少存在三方面的区别：（1）格林将自由的概念与权力、能力的概念联系在一起。自由不仅仅是缺乏外在限制这样一个消极的概念，而是去实现某种目标、去做某种事情的实际权力或能力。（2）在格林的自由概念中存在某种道德的因素。自由并不意味着人们去做任何他们希望做的事情，而是意味着去做那些值得做的事情。（3）格林的自由概念中还包含着明显的平等主义因素。自由不应该是某些人的特权，而应该是大家共享的物品。用格林自己的话来说，"真正的自由就是使人类社会的所有成员都享有最大化的能力去实现自己的最大价值"。

第三，新型自由主义认为，国家应该在社会发展中扮演积极的角色。在格林的观点中，积极自由体现了道德与善，而国家是道德与善的载体，国家应该履行某种道德的职能，格林的哲学在相当程度上代表了英国哲学向德国哲学特别是黑格尔哲学的靠拢。

不过，应该指出的是，格林的自由主义尽管继承了黑格尔学说中的某些成分，但同黑格尔的理论仍然有根本的区别，黑格尔的哲学在本质上是国家主义的，格林以及其他英国新型自由主义者并没有得出国家主义的结论。格林的基本理论倾向是企图以黑格尔的哲学支持自由主义，修正传统的自由主义，从而赋予自由主义新的活力，是自由主义适应新的社会政治与经济环境。这就是为什么他们

① 萨拜因：《政治学说史》（下），第 799 页。

被称为新型自由主义者，而不是国家主义者。但是，正如萨拜因所指出的那样，唯心主义的自由主义使自由主义与黑格尔学说联姻的努力是不成功的。黑格尔的哲学在主要方面不是自由主义的，它强调个人必须为更大的集体、为更高的目标作出牺牲，这与格林以及英国唯心主义自由主义者们的目标大异其趣。[①]

与格林相似的美国新型自由主义哲学家是杜威（John Dewey，1859—1952）。杜威关于旧个人主义与新个人主义的区分、关于个性与民主的理论，与英国的唯心主义自由主义者遥相呼应。

七、自由主义的衰落

无论今天的自由主义者对新型自由主义向国家主义的让步持多么激烈的批评态度，但不可否认的事实是，新型自由主义仍然属于自由主义阵营。在个人与国家、自由与控制的天平上，新型自由主义者的总体倾向当然是偏向个人一边，偏向自由一边。他们在本质上属于英国传统的自由主义。如果说他们试图在自由主义中引入国家主义因素的话，他们的目的是以国家主义拯救自由主义，而不是以国家主义取代自由主义。

然则，这种修正的自由主义并不能阻挡自由主义衰落的颓势。随着 19 世纪接近尾声，自由主义似乎到处都处于退却的态势。霍布豪斯曾敏锐地观察到自由主义的这种命运：

---

① 萨拜因：《政治学说史》（下），第 816 页。

19 世纪可被称为自由主义时代，但到了这个世纪的末叶，这项伟大运动却大大地衰落了。无论在国内还是国外，那些代表自由主义思想的人都遭到了毁灭性的失败。……如果自由主义者是失败了，自由主义的命运似乎更惨。它正在对自己失去信心。它的使命似乎已经完成。这种信条好像正在僵化失效，变成化石，十分尴尬地夹在两块非常积极有力地活动着的磨石当中——上面一块是财阀帝国主义，下面一块是社会民主主义。这两派人好像在对自由主义说："我们对你了解得十分透彻，我们已经钻进你的身体，从另一头出来。你是可尊敬的陈词滥调，老是科布登和格莱斯顿啊、个人自由啊、民族自由啊、人民当家作主啊，唠叨个没完。你讲的那一套并不是完全不对，但它是不真实的，令人厌烦的。"两派人异口同声地这样说。"你们那一套过时了。"帝国主义和社会主义官僚最后说。①

第一次世界大战既是对西方文明的严重冲击，也是对自由主义的冲击。第一次世界大战代表了一个时代的结束，代表了许多自由主义理想的毁灭。英国自由主义者沃尔夫（Leonard Woolf）曾这样描述一战对人类进步之理想的打击："1914 年的战争摧毁了人类正在走向文明的信念，这种信念在 20 世纪初并不是毫无根据的。"②

一战之后，随着国家之间冲突的加剧，社会内部阶级矛盾的加剧，强化国家权力以解决国家内部和国家之间的矛盾成为西方思想

---

① 霍布豪斯：《自由主义》，商务印书馆，1996 年，第 108 页。
② 转引自，Anthony Arblaster，The Rise and Decline of Western Liberalism，p.301。

界的主流观念。十月革命后，苏联在经济建设与社会进步方面的成就吸引了西方许多进步理论家的关注。而欧洲与美国在 20 世纪 20 年代末出现的经济危机更大大削弱了人们对传统自由主义的信心。在德国、意大利，自由主义政体在法西斯挑战面前无能为力，法西斯主义成为一时相当具有号召力的政治意识形态。即使在传统上奉行自由主义经济与政治政策的英国与美国，为了应付经济危机与国际环境，也采取了国家大规模干预经济的政策。

最能代表两次世界大战之间自由主义特征的是英国经济学家凯恩斯的理论。凯恩斯的名字对中国读者并不陌生。他是国家干预经济理论的著名倡导者，是古典自由主义经济学的重要批评者。

不过，凯恩斯是一个自由主义者。他自己曾自问自答地提出过这样的问题："我是一个自由主义者吗?"他的答案是肯定的。而且，凯恩斯的经济理论尽管对古典自由主义经济学有诸多批评，但其宗旨却是在资本主义经济体系受到严重威胁的时刻拯救资本主义。与他那个时代的许多自由派人士不同，凯恩斯坚定地拒绝接受苏联的经济与政治模式。他宣称："我决不会接受一种不顾及自由与日常生活之安全的信条"。[①]

但是，凯恩斯用以拯救资本主义的手段却具有典型的时代特征。为了拯救资本主义，他诉诸国家特别是国家计划对市场经济的干预。他用一种嫉妒式的口吻讨论资本主义国家在经济混乱面前的无能与社会主义国家计划的成功，他希望国家在经济生活中扮演更加重要的角色。他比古典自由主义经济学家更相信人的自觉行为对经济活

---

① 转引自，Anthony Arblaster, The Rise and Decline of Western Liberalism, pp. 293 - 294。

动控制的能力。

　　凯恩斯的自由主义可以说是以格林为代表的新型自由主义的继续。这种以国家对经济生活与社会生活干预缓减资本主义经济负面效应的观点，在相当长时期构成自由主义经济理论的重要内涵。

第三章

自由主义的复兴

政府必然是智识设计（intellectual design）的产物。如果我们赋予政府这样的形式，使其为社会的自由成长提供有益的框架，而不至于使任何人享有控制这种成长的权力，我们也许可以期望文明的发展将会延续下去。

——哈耶克

二战之后，自由主义开始复兴。最初祭起自由主义旗帜，恢复古典自由主义理念的是哈耶克。哈耶克于 1944 年发表的《通往奴役之路》揭开了二战以后自由主义复兴的序幕。这本小册子的发表在西方世界引起极大的轰动，一时争相购买，洛阳纸贵。出版一周，销售告罄，不得不第二次印刷。几个月之内，发行量达百万册之多。如此畅销，在讨论社会政治问题的书籍中尚属罕见。[①] 之后，哈耶克又发表了《自由秩序原理》以及《法律、立法与自由》等著作，进一步阐释了他的自由主义思想。

哈耶克的著作影响巨大，但对哈耶克理论的理解与评价却充满了歧见。由于哈耶克曾对自由主义发展的历史有过十分独到的论述，而这些论述又是我们探讨自由主义发展的历史及其理论内涵不得不涉及的，我们将在叙述二战之后自由主义的演变之前首先考察一下哈耶克的理论。

一、哈耶克：古典自由主义的复归

为了更好地理解哈耶克的学说，我们必须首先考察哈耶克一生著述的基本意图或目标。从哈耶克的众多著述中看，这一目标十分清楚：他希望向人们展示，任何形式的社会主义都是灾难性的，良

---

① 参见，George H. Nash, *The Conservative Intellectual Movement in America since 1945*, New York: Basic Books, 1976, pp. 6 - 8。

好的社会必须是一个实行自由主义制度、市场经济与法治的社会。他在《法律、立法与自由》中曾十分明确地表达过这一理念。他写道，他创作的动机就是"重新表述自由主义关于正义与政治经济学的诸原则。"

然而，哈耶克既不是第一个批评社会主义的学者，也不是自由主义的惟一辩护士。如果我们希望理解哈耶克的独特贡献的话，我们就必须揭示哈耶克著述意图的几个独有特征。第一，哈耶克致力于展示，社会的性质以及人的行为的性质表明，社会主义制度既不可能维护经济的发展，也不可能维护自由。第二，他始终认为，人类理性能力的局限性表明，试图根据某种理性目标而构建制度的能力大抵是不可行的。第三，他在许多场合都力图向人们展示，除非对中央政府的权力有所限制，我们可能会"逐步将自由社会的自发秩序转变为一个服务于某种有组织的利益的集权制度"。第四，他一直坚持，他的理论实际上是对古典自由主义那些被人们遗忘的精辟见解的复归，特别是对孟德斯鸠、休谟、斯密、康德、托克维尔等思想家的自由主义理念的复归。[①]

最后一点颇为重要。它不仅显示了哈耶克的知识渊源，而且明确展示了他的创作意图。哈耶克毕生努力的目标是重申古典自由主义的基本理论，回答古典自由主义受到的挑战与批评，并为古典自由主义提供新的知识论基础。

哈耶克自由主义的理论渊源与三方面的知识传统有关联：其一是从洛克到托克维尔的古典自由主义的自由与个人主义概念，其二

---

① 参见，Chandran Kukathas, *Hayek and Modern Liberalism*, Oxford: Clarendon Press, 1989, pp. 3 - 5。

是从休谟到波普尔的"演进理性"的知识论，其三是康德哲学思辨传统与马赫（Ernst Mach）的影响。[①] 就哈耶克自由主义的基本理念而言，休谟与康德的影响是十分明显的。而且，恰恰是由于这两种影响的逻辑冲突，才造成哈耶克思想中致命的内在矛盾。

哈耶克在讨论自由主义时，有一个至关重要的概念，就是所谓"演进理性主义"（evolutionary rationalism）与"构建理性主义"（constructive rationalism）的对立，或者说是英国式自由主义与法国式自由主义的对立。前者是经验主义的、非系统化的，后者是思辨性的、理性主义的；前者相信渐进的改良，相信社会的自发秩序，注重法治下的自由；后者则以构建理性为基础，视所有社会与文化现象为人为设计之产物，强调人们可能而且应该根据某一被接受的原则或计划重新组织社会结构。列入演进理性主义殿堂的思想家包括休谟、斯密、佛格森、柏克以及法国自由主义者孟德斯鸠、贡斯当、托克维尔；而堕入构建理性主义泥坑的则是在笛卡儿传统孕育下的法国百科全书派、卢梭、重农主义者、孔多塞以及英国的霍布斯和功利主义者。[②]

明眼人不难看出，哈耶克对构建理性主义的批评沿袭了休谟对理性主义的批评。哈耶克对休谟的评价极高。他甚至声称，休谟"也许是系统阐述后来被称作自由主义的法哲学与政治哲学的惟一的人"。[③] 休谟哲学对哈耶克吸引力最大的就是休谟对理性主义的批评。

---

① 汪丁丁：《哈耶克"扩展秩序"思想初论》，载《市场社会与公共秩序》，生活·新知·读书三联书店，1996 年，第 48—49 页。
② 哈耶克：《自由秩序原理》（上），第 61—82 页。
③ 参见 Chandran Kukathas, *Hayek and Modern Liberalism*, Oxford: Clarendon Press, 1989, p.20。

休谟拒绝以一种抽象的、超历史的标准解释或评价社会政治秩序，拒绝接受社会契约理论、自然法理论或以神意为基础的政治理论，认为所有这些理论在本质上是理性主义的。正如我们在前面所看到的那样，休谟这种立场既与他的温和的怀疑主义相关，与他关于价值与事实的区分相关，也与他对政治中的激进主义的敌视相关。

哈耶克对理性主义的批评比休谟更进一步。哈耶克不仅指出理性主义在认识论上的虚妄，而且断言，构建理性主义最终必然会导向非自由主义乃至反自由主义的结论。正如波普尔指出的那样，哈耶克将自由主义与认识论上的悲观主义紧密联系在一起。在他看来，构建理性主义的本质是对理性指导人们评判社会制度、进而帮助人们掌握并控制社会进程的能力持乐观主义态度。哈耶克认为，这种态度必然要求对社会实行某种理性化的控制或导向，以实行某种目标。

但是，哈耶克对构建理性主义的批评在逻辑上有许多含混乃至自相矛盾之处。首先，哈耶克从未十分清晰地阐述他关于构建理性主义与演进理性主义区分的标准。他从未解释为什么有的社会契约论思想家，如洛克与康德，被归入自由主义的行列，而另一些社会契约理论家，如霍布斯与卢梭，却被指责犯了构建理性主义的错误。

其次，哈耶克关于构建理性主义与反自由主义之间的联系也十分牵强。一方面，许多被哈耶克列入构建理性主义行列的思想家或者本身属于自由主义营垒，或者为自由主义的发展作出过重要贡献。前者可以举出边沁与功利主义者为例。后者则可以举出霍布斯为例。哈耶克对功利主义的批评十分尖锐，指责其学说为社会主义铺平了道路。这种指责如果不是完全错误的话，至少也是相当简单化的。

诚然，功利主义在当代受到罗尔斯等自由主义者相当严厉的批评。但这种批评只能说是自由主义营垒内部为寻求自由主义的哲学基础所作出的努力。如果把英国功利主义者革出自由主义的教门，自由主义的历史就会黯然得多。至于霍布斯对自由主义的贡献，我们在前文已有详细讨论。可以说，没有霍布斯的理论，今天理论家所批评或赞扬的那种自由主义就不会存在，或以全然不同的形式存在。另一方面，许多自由主义的坚定的批评者往往并不是从构建理性主义出发，而是从某种类似演进理性主义的进化理论或历史主义出发。我们可以举出黑格尔、马克思对自由主义的批评为例。

最后，更为重要的是，哈耶克自己的自由主义理论本身也带有强烈的构建理性主义倾向。这种倾向与康德的影响分不开。哈耶克并不否认康德对自己思想的影响。事实上，休谟与康德是哈耶克心目中的自由主义传统的两个最重要的代表。在哈耶克的许多著作中，他都把休谟与康德的贡献视为现代自由主义的基础，尤其是自由主义法哲学的基础。他甚至声称，就自由主义法哲学而言，"自休谟与康德以来，几乎没有多少思想发展"。①

然而，康德不同于休谟。康德所主张的恰恰是休谟试图否定的，这就是理性的自主性。这一方面意味着，康德决不苟同休谟关于理性能力无法建立因果之间必然联系的观点，更重要的是，康德的道德义务与休谟的理论迥然不同。道德在康德那里是绝对的，是与超验价值相联系的。因此，当康德致力于维护自由主义的正义理论时，他论证的基础不是休谟那种带有历史主义色彩的理论，而是一种在

---

① Chandran Kukathas, *Hayek and Modern Liberalism*, Oxford: Clarendon Press, 1989, pp. 44 - 45.

休谟看来理性主义的理论：作为理性存在的人的意志是具有普遍约束力的法律的渊源。

康德对哈耶克的影响十分清楚地表现在哈耶克关于自由的理论上。哈耶克对自由的最根本论证是，在一个正义的社会，个人必须拥有一个受保障的活动空间，这就是个人的自由权利。哈耶克明确地指出，他之所以自认为是一个自由主义者而不是保守主义者，根本原因在于，保守主义就其本质而言无法为我们的前进提供一个方向。① 哈耶克希望以重申自由主义的方式为社会提供一个前进的方向。在《法律、立法与自由》的结论部分，他写道，他以三卷篇幅讨论法律与自由问题，目的在于为西方文明日益衰落的困境指出振兴的方向，为人们构建（construct）一种智识的紧急通道，使人们在别无选择，不得不改变现存结果时有所依循。他明确写道："政府必然是智识设计（intellectual design）的产物。如果我们赋予政府这样的形式，使其为社会的自由成长提供有益的框架，而不至于使任何人享有控制这种成长的权力，我们也许可以期望文明的发展将会延续下去。"②

尽管哈耶克的某些观点充满争议，但他在当代自由主义复兴中的地位却是不容置疑的。哈耶克是约翰·密尔以来第一位全面阐述、捍卫自由主义的理论家。他对自由主义经济学、自由理念、宪政主义都不无贡献。当然，更为重要的是，哈耶克代表了一个新的时代，代表了自由主义在战后的复兴。

---

① 哈耶克：《自由秩序原理》（下），第 178—206 页。
② Chandran Kukathas, *Hayek and Modern Liberalism*, Oxford: Clarendon Press, 1989, p. 211.

自由主义在二战后的复兴大致可以划分为两个时期。第一时期是冷战时期，即 20 世纪五六十年代。这个时期自由主义理论家们关注的主要问题是冷战问题。自由主义的许多理论深深地打上冷战的烙印。第二时期开始于 20 世纪 70 年代。自那时起，自由主义在发展中兴起两个既互相独立、又有某种内在联系的思潮或曰理论导向。其一是古典自由主义经济学的大规模复兴。这一复兴不仅对经济学的发展至关重要，而且对自由主义理论的许多重要内涵，诸如政府与市场问题、宪政主义问题、民主问题提出新的观点与考察视角。其二是自由主义政治哲学的复兴。特别是自从罗尔斯发表《正义论》以来，西方政治哲学界开始重新思考自由主义社会的哲学基础，思考社会正义问题，探讨个人、团体、社会的关系问题，并由此发展出纷繁复杂的哲学思考。

我们将在下面三节讨论冷战时期的自由主义、罗尔斯与自由主义政治哲学的复兴以及古典经济自由主义的复兴。

二、冷战时期的自由主义

在冷战时期，自由主义理论出现过几次较大的理论运动，或曰提出过一些具有鲜明时代特征的口号或理论。它们包括：

1. 极权主义理论

冷战时期自由主义对西方阵营的最大贡献恐怕是发明了"极权主义"（totalitarianism）这一概念，并将这一概念普及化、国际化。实践证明，这一概念在冷战中发挥了巨大的作用。"极权主义"这一术语的最早渊源似乎可以追溯到 20 世纪 20 年代。墨索里尼最早用这一术语描述意大利法西斯主义的目标与性质。在意大利法西斯主义的意识形态中，这一概念意味着对整个社会的全面（total）改造与全面（total）控制，创造一种全面的生活观念以及一个有机统一的国家与社会。

法西斯主义的批评者很早就认识到法西斯主义实质上是在追求一种极权的统治，企图实现一个极权的社会，这种社会与自由主义者所鼓吹的多元主义社会是完全对立的。随着第二次世界大战的爆发，许多自由主义者开始将极权主义政治看作是一种全新的政治。这种政治不同于传统的权威主义政治。它以某种全面的意识形态为基础，以动员并组织大众为手段，完全否定个人的自由、独立与创造性。对这种全新政治的分析与描述构成二战之后若干年内自由主义著述的重要内容。许多自由主义者从历史的、分析的、比较的角度集中讨论所谓极权主义问题，其中最有代表性的当属以下著作。

卡尔·波普的《开放社会及其敌人》（1945）是一部自由主义的力作。波普将极权主义政治的历史与理论渊源追溯到柏拉图与黑格尔。这种政治的特征是封闭性、一元性与整体性。它与方法论的个人主义完全对立，与多元主义势不两立，与自由观念水火不容。波普尽管并未强调极权主义这一概念，但他所谓开放社会与封闭社会的对立却变成了自由主义批评极权主义过程中的重要口号。

另一位对极权主义理论有重要贡献的是美国德裔政治学家汉娜·阿伦特（1906—1975）。在严格意义上，阿伦特不是一个自由主义者。她的理想是古希腊的共和制度，她对自由主义的批评可以与今天社群主义对自由主义的批评相媲美。但是，阿伦特的《论极权主义的起源》（1951）为自由主义批评极权主义提供了重要的理论武器。在这部著作中，她明确提出，纳粹主义与斯大林主义代表了一种全新的政府形式。这种政府与传统的压迫性政府迥然不同。极权主义的目的是对内全面控制与对外征服。极权主义的真正特征是意识形态与恐怖。恐怖的目的不仅仅是为了消灭反对派，也是为了实现极权主义的意识形态，实现历史规律所指明的目标。

阿伦特的著作引起相当大的争议。除了其他争议外，她把纳粹主义与斯大林主义混为一谈激起诸多左派人士的不满。不过，阿伦特只不过是较早地将纳粹与斯大林主义等同的理论家。在随后关于极权主义的讨论中，这种等同几乎成为普遍的现象，而且在不少人那里，对极权主义的分析具有比阿伦特更强烈的意识形态色彩，更少的理论学术意义。卡尔·弗里德里希关于极权主义的分析便是如此。

像阿伦特一样，弗里德里希也是一位移居美国的德裔政治学家。他曾出版过许多颇有见地的关于宪政主义、民主以及国家的著作。但不幸的是，这些著作的影响只限于狭小的学术圈内。而确立了弗里德里希在二战之后政治意识形态领域地位的则是他在阐述、普及极权主义这一概念中的贡献。1953 年，他组织了美国人文与科学学院关于极权主义的学术会议，试图界定极权主义的概念。1956 年，他与后来曾担任美国国家安全顾问的布热津斯基合作，出版了在极权主义理论发展史中至关重要的著作《极权主义专制与独裁》。在这部充满冷战意识形态色彩的著作中，作者将极权主义的特征概括为五个方面。它们是：官方意识形态，惟一的群众性政党，近乎彻底的对强制权力的垄断，对大众传播媒介的垄断，以恐怖手段对身体与心理的系统控制。这部饱含智慧与偏见的著作构塑了西方冷战时期几代人的思维。作者对极权主义的分析过多地着眼于这类政治的行为模式，着眼于批评极权主义制度，着眼于冷战的现实需要，对极权主义作为一种独特的制度模式缺乏学理的分析。在这一点上，弗里德里希甚至比不上他在德国的理论前辈。譬如，他对极权主义国家制度的分析比魏玛共和国时期的保守主义者卡尔·施密特显然逊色得多。关于施密特，我们将在后面讨论自由主义的批评者时有所涉及。当然，我们将主要讨论他对自由主义的批评。至于他的学说中某些可能引申出自由主义结论的观点，如全能国家的概念，恐怕有待于专文论述了。

2. 对乌托邦主义的批评

为了探讨极权主义的思想渊源，自由主义者在 20 世纪五六十年代对所谓乌托邦主义展开了批评。本来，批评乌托邦，强调人类社会的历史性与传统性是保守主义的基本特征。著名的保守主义者柏克在批评法国大革命时，攻击的主要目标就是法国大革命的乌托邦色彩。在柏克眼里，法国的革命家忘记了一个最基本的事实：社会制度、政治制度、经济制度、法律制度并不是人们可以根据某种乌托邦式的理念随意改变的，恰恰相反，它们是历史的产物，是传统积淀的结果，是一个包含着现代人及其祖先与后代的共同体的公共财富。柏克批评的对象不仅包括二战后被视为激进主义鼻祖的卢梭，而且也包括卢梭之前的自由主义者。

值得指出的是，二战之后，由于对极权主义的恐惧，自由主义开始重新审视历史上的保守主义思想家。哈耶克赫然将柏克列入自由主义先祖的殿堂，这与其说明柏克的思想中包含有自由主义色彩，倒不如说二战之后自由主义理论中包含着以前被视为保守主义的因素。最能说明这一保守主义因素的是对乌托邦主义的批评。

在批评乌托邦主义的作者中，塔尔蒙（J. L. Talmon）的名字值得一提。这位以色列的犹太政治学家严格说来是一个保守主义者，而不是一个自由主义者。但是，正如我们在二战之后自由主义发展的历史中常常发现的那样，保守主义与自由主义的融合并不是绝无仅有的。从波普、哈耶克到伯林、塔尔蒙，哪一位理论家不是二战后自由主义的主要理论家，而哪一位理论家的学说中又不包含从前被认为属于保守主义的因素？

塔尔蒙在其著作《极权主义民主的起源》中，描绘了自18世纪以来同时并存的两种民主传统：自由主义民主与极权主义民主。这种区分大致沿袭了自贡斯当以来的自由主义传统。塔尔蒙的独特贡献在于，他将极权主义民主与一种乌托邦主义的思维方式联系起来。他用"政治救世主义"（political Messianism）的概念来称谓这种乌托邦主义。其主要特点包括：第一，它认为有一种先定的、和谐的、自然的、完美的社会秩序，人类必然向这种社会演进并将最终达到这一社会。第二，它赋予"政治"相当重要的意义，把实现千年理想王国的希望寄托在政治身上。这既意味着依靠政治动员、政治运动、政治革命摧毁旧的制度，也意味着依靠政治的号召力与组织力量建设新的乌托邦制度。第三，它对政治的理解不是实用主义的、就事论事的，而是全面的、宏观的，它认定所有事物之间都是互相联系的，任何政治问题的解决都与某些根本问题的解决密切联系。①

----

① J. L. Talmon, *The Origins of Totalitarian Democracy*. London: Sphere Books Limited, 1952. 同时参见，毛寿龙：《卢梭、雅各宾派与民主的歧变》，《公共论丛》，第一期（1995）。

3. 意识形态的终结

鉴于自由主义者将极权主义的主要特征之一归结为意识形态，冷战时期自由主义者便致力于将自由主义本身描述为非意识形态化的，甚至是反意识形态化的。在 20 世纪五六十年代，不少自由主义者甚至主张结束意识形态化的政治，使政治成为理性的、现实的与经验主义的。一些著名的社会学家和政治学家，如丹尼尔·贝尔（Daniel Bell）、爱德华·希尔斯（Edward Shils）、汉娜·阿伦特（Hannah Arendt）、雷蒙·阿隆（Raymond Aron）等在这方面扮演了重要角色。

这些学者的重要贡献之一是将"意识形态"作了较为狭窄的界定。他们将意识形态与价值观、世界观、宗教信条等加以区别，强调意识形态是一套系统化的、具有内在统一性的思想体系。用席尔斯的话来说，"与其他信仰模式相比较，意识形态是高度系统化与内在统一化的"。这种意识形态是全面的、系统化的、无所不包的。它既包含关于人类社会与自然界的解释，又包含对个人、社会、国家行为的规范性规定，具有强烈的政策与实际导向。这种意识形态具有强烈的封闭性，那些接受了某种意识形态的人会拒绝接受意识形态模式以外的任何证据、任何经验。这种意识形态是相当严格而僵化的，它比一般价值观、世界观与信条更倾向于抗拒创新。[1]

在很大程度上，这些学者对自由主义的贡献与乌托邦的批评者们有异曲同工之妙。二者的批评对象都是马克思主义与形形色色的激进主义。在批评激进主义的过程中，他们强调经验主义与怀疑主

---

[1] Edward Shils, "Ideology," in his *The Constitution of Society*, The University of Chicago Press, 1972, p. 202.

义的重要性。在这一点上，二战以后的自由主义与传统的保守主义似乎更为接近。

三、罗尔斯与自由主义政治哲学的新趋势

如果我们对二战之后二十多年中自由主义的基本特征进行简单归纳的话，不难发现，这一时期的自由主义具有若干明显的特征。第一，这一时期的自由主义有强烈的保守主义色彩；第二，自由主义在本质上是经验主义的、反意识形态的；第三，自由主义与冷战的联系相当密切。这种情形到了 20 世纪 70 年代有很大变化。这一时期自由主义发展中最重大的事件是罗尔斯《正义论》的发表，以及围绕《正义论》展开的关于正义问题的论战。罗尔斯的《正义论》不仅激发了政治哲学研究在 20 世纪七八十年代的复兴，而且还在很大程度上确定了近二十年来政治哲学的论题。任何对晚近时期政治哲学的考察都不得不以罗尔斯作为起点。

罗尔斯《正义论》代表了古典自由主义在当代的复兴，至少从方法论上是如此。罗尔斯用理性选择的新方法赋予传统的社会契约论以新的活力与含义。罗尔斯以宏大的理论框架将自由主义置于洛克、康德的社会契约理论基础上，对自边沁以来构成自由主义基石的功利主义提出强烈批评。

构建罗尔斯理论大厦的是两个概念：原始状态与无知之幕。理性的人在一种假定的原始状态之下，由于对自己在现实社会中的实际状况与环境缺乏知识，故而会作出最正义、也就是最公正的选择。

这个选择的核心是，社会组织应遵循下述两条原则：第一是平等的自由原则，即"每个人对与所有人所拥有的最广泛平等的基本自由体系相容的类似自由体系都应有一种平等的权利"；第二是差别原则，即"社会的和经济的不平等应这样安排，使它们：（1）在与正义的原则一致的情况下，适合于最少受惠者的最大利益；（2）依系于在机会公平平等的条件下职务和地位向所有人开放。"

罗尔斯的《正义论》问世之后，立即受到广泛的关注，受到来自不同角度的批评。最初的批评主要集中在罗尔斯关于正义的两条原则上，以诺齐克为代表的自由主义者强烈批评罗尔斯学说中的平等主义倾向，他们坚决不能接受罗尔斯的分配正义原则，不能接受国家对社会财富的再分配。以德沃金为代表的平等主义者则抱怨罗尔斯对平等的原则强调不够。

然则，从 20 世纪 80 年代初开始，对罗尔斯的批评主要来自社群主义者。1982 年，桑代尔出版了他所编辑的《自由主义及其局限》，第一次使用"社群主义"的概念，并声称，诺齐克、德沃金等人对罗尔斯的批评充其量只不过是自由主义内部的争争吵吵而已，罗尔斯面临的真正挑战不是来自自由主义，而是来自黑格尔传统的当代传人——社群主义者。社群主义介入讨论之后，罗尔斯的学说本身也在很大程度上被重新界定了。人们所关注的主要不再是正义的两条原则了，而是这两条原则赖以确立的理论基础，即原始状态与无知之幕。在社群主义者看来，罗尔斯关于原始状态的描述以及关于在无知之幕下构建正义社会的理论反映了自由主义学说的一些基本特征，暴露了自由主义理论的根本缺陷。社群主义者们一般认为，罗尔斯的理论至少包含着五方面的理论含义：

第一，关于人的概念。罗尔斯的理论以一种全新的方式重新表述了自由主义政治理论关于人的基本概念，即抽象的、不带任何价值观与善恶观的个人。个人先于社会，先于道德，是自由选择的主体。

第二，非社会的个人。罗尔斯关于个人与社会关系的讨论忽略了人是社会的动物，忽略了社会对个人价值观的影响，而以非社会的个人作为构建理论的出发点，在很大程度上承继了社会契约论的传统。

第三，普遍主义。罗尔斯的理论反映了自由主义一贯的普遍主义传统，即认为自由主义的结论具有普世意义，可以适用于不同文化与地域。而在社群主义看来，自由主义这种普遍主义立场忽略了文化的特殊性，忽略了不同的文化代表不同的价值观、不同的社会形式与制度，这些不同文化与制度都有其自身的价值。

第四，主观主义。罗尔斯的理论继承了自由主义的一贯传统，强调个人追求自己所选择的善。在这种信念背后是一种道德主观主义与怀疑主义的哲学立场。这种立场否认客观的善恶标准，将善恶的评价变成完全主观的事情。

第五，反完美主义与国家中立的观念。它不寻求以某种理想引导人们的个人生活，引导人们追求善的目标，而主张国家有意识地忽略这些理想。在最极端的意义上说，国家在公民所持的各种不同的善的观念中持一种中立的态度。国家不对公民应该过何种生活作出判断，相反，它仅仅试图提供一个中立的框架，个人可以在其中作出自己的选择。①

---

① 参见 Stephen Mulhall & Adam Swift, *Liberals and Communitarians*, second ed., 1996, pp. 1 - 33。

社群主义者对自由主义理论的批评尽管并非都以罗尔斯为对象，但他们都在很大程度上把罗尔斯作为起点。关于社群主义的主要观点，已有专著讨论，故不详述。

对社群主义的批评，罗尔斯在《政治自由主义》中作了回应。《政治自由主义》在很大程度上从《正义论》的立场后退了。在《正义论》中，罗尔斯的正义概念是全面的、涉及道德哲学与政治哲学的概念。在《政治自由主义》中，罗尔斯则强调，他所提出的作为公正的正义概念仅仅是一个政治概念，而不是全面的道德或宗教概念。罗尔斯自己的表述最清楚地表达了他的新观点：

> 作为政治概念的正义仅仅适用于社会的基本结构，适用于作为一个统一的社会合作框架的政治、社会与经济制度；这一概念的提出并不依赖于任何宽泛的、全面的宗教与哲学教义；它可以被解释为在一个民主社会的公共政治文化根本中隐含的若干基本观念。[1]

罗尔斯这里的基本观点是，他的正义观念并不是一个涵盖所有领域的观念，它并不试图告诉人们正义原则在所有的情势下要求什么，也不意味着所有的制度都应该如此组织方可称为正义。正义的原则仅仅适用于基本的政治、社会、经济制度。

为什么罗尔斯对正义观念作出如此限定呢？这与罗尔斯心目中所谓自由主义与多元主义的矛盾有关。在罗尔斯看来，民主社会的

---

[1] John Rawls, *Political Liberalism*, p. 223.

成员必然会接受形形色色的关于善的概念。如果一种自由主义坚持它是一个涵盖所有道德、哲学、宗教问题的教义，它就必然无法为一个真正正义而良好组织的社会提供稳定的保障。在罗尔斯看来，理想的社会应该是"合理的多元主义"的社会。自由主义只应该是政治层面的，而不应该是全面的。

罗尔斯的立场显然从康德、密尔等自由主义者对个人自主、个性等理念的信仰倒退了。罗尔斯的理论意味着自由主义从方法论上的撤退。自由主义不再纠缠那些有争议的形而上学问题、价值观问题或关于善的一般观念，它将集中关注那些可以满足大众理性需求的共同政治问题。用罗尔斯的话来说，如果说洛克倡导宗教宽容的话，罗尔斯自己则把宽容的原则运用到哲学上。

四、政治经济学与古典经济自由主义的复兴

在最近几十年自由主义复兴运动中占据特殊地位的，还有经济学中形形色色的自由主义理论。这些理论的出现是对 20 世纪 40 年代以来经济学的反动。二战以后最初几十年，在西方民主国家内部出现了一种意识形态的共识。这种共识的基础可以说是社会民主党的意识形态。这种共识的主要方面可以作出如下概括：（1）由于大萧条的影响，一代经济学家失去了对市场"自发能力"的信念，认为国家应该在市场运作中扮演更重要的角色；（2）国家的作用除了纠正市场的失灵之外，还应致力于实行"社会正义"、社会平等，提供必

要的社会福利；(3) 承认劳工组织的作用。①

从 70 年代起，一场挑战这种意识形态共识的"反革命"运动波及西方学术界、舆论界、政治界。这场运动通常被称为保守主义革命或"新右派革命"（New Right revolution）。就其理论实质而言，这一运动是对古典经济自由主义理论的继承与复兴。因此，有的学者干脆将这一潮流称作"古典自由主义"或曰"新自由主义"（Neo-liberalism），以区别于自格林以来的新型自由主义（New liberalism）。

新自由主义的经济学不仅是经济学发展的重大事件，而且在很大程度上可以被视为思想领域的一场革命。新自由主义不仅提出一套实质性的经济理论，恢复了古典自由主义的许多重要原则，它对社会科学的研究方法与视角也作出令人激动的贡献，使社会科学的研究更加精确化、清晰化。当然，那种试图以经济科学取代所有社会科学乃至道德哲学的努力迄今仍然是梦想，而且，以笔者之见，这种梦想永远不会变成现实。人类社会的许多道德问题与政治问题最终是个人的选择问题，它取决于特定时代、特定社会人们的特殊偏好。科学的理论、精细的逻辑无疑可以使人们在选择时有更多的理性，有更完善的考虑，但无法替代不同人的不同偏好。

根据法国学者亨利·勒帕日的概括，这种新自由主义经济学主要包括几个流派，货币主义、产权理论以及基于产权理论上的新制度主义研究、人力资本理论以及公共选择学派。② 对新自由主义的主

---

① Norman P. Barry, *The New Right*, London:Croom, Helm, 1987, pp.1-3.
② 亨利·勒帕日：《美国新自由主义经济学》，李燕生译，北京大学出版社，1985 年，第 2 页。

要经济理论，国内经济学界已有相当深入的讨论。笔者将简要概括那些对自由主义政治哲学有重大意义的学派，尤其是公共选择理论与新制度主义经济学。

1. 公共选择学派（the Public Choice School）

在广义上，公共选择就是用经济学的方法研究非市场决策，或简言之，将经济学应用于政治科学。公共选择的主题与政治科学是相同的：国家理论、投票规则、投票行为、政党政治、科层制等等。但公共选择的方法论是经济学的。如同经济学一样，公共选择的基本行为假定是：人是一个自私的、理性的功利最大化者。[①]

根据英国政治学者邓列维（Patrick Dunleavey）的分析，在最近二十多年中，公共选择阵营包含两类不同的分析方法。

其一是"第一原则分析方法"（first principle analysis）。其特点是运用博弈论（game theory）以及计量经济学的方法分析个人行为的多重困境，或对大型团体中人们的行为作出某种宏观的预设，以便分析整个社会的发展。就总体而言，这种方法所产生的文献尚未与政治科学传统关注的问题很好地联系起来。它对政治科学的贡献在于，它为某些决策提供了有趣的想象与重要的洞察。但它并未改变政治学家对政治机构运作的整体看法，也没有对整个政治体制提出独特的宏观见解。

其二是"制度公共选择"方法（institutional public choice）。这种方法对政治理论与实际政治决策都已产生了广泛的影响。这种方法已经产生了相当数量的文献，这些文献提供了关于政治过程与政

---

① Dennis C. Mueller, *Public Choice II*, University of Cambridge Press, 1989, pp. 1 - 2.

府机构几乎所有方面的具有高度一致性的整体描述。诸如布坎南（James M. Buchanan）、奥尔森（Mancur Olson）、唐斯（Anthny Downs）、尼斯坎南（William Niskanen）等学者，其研究重点并不在于根据"第一原则"推理。相反，他们提供了关于西方政治运作核心过程的有说服力、有应用价值、而且相当详细的描述。① 目前在国内学术界讨论较多的主要是这种"制度公共选择"的理论。

就总体倾向而言，制度公共选择理论倾向于支持古典自由主义原则。在政治上，制度公共选择理论在最近二十年来西方关于国家问题的争论中扮演了重要的角色。它被"新右派"知识界与政治界热情接受。它对自由主义理论与实践的最大贡献在于它揭穿了环绕在国家头上的种种神话。在传统上，自由主义的批评者以及自格林以来的新型自由主义者都较多地看到市场的无序性，而将纠正市场弊端的希望寄托在国家身上。他们在强调国家作用时往往有一个基本的理论预设：国家是某种共同利益或公共意志的代表，其行为具有超越社会阶级、派别利益的特征。

公共选择理论根据"经济人"的预设，指出国家既然是一种人类的组织，它不可避免地具有人类的弱点。其一，国家干预可能像人一样犯错误；其二，国家机器的执行者可能追求自身的利益而不是公共利益。

与这种国家理论相联系，公共选择学派的理论家对一系列政治问题作出分析，而且得出颇有意义的结论。其中唐斯关于民主制运作的分析、奥尔森关于集体行动的理论、布坎南的寻租理论以及宪

---

① Patrick Dunleavey, Democracy, Bureaucracy and Public Choice: Economic Explanations in Political Science, London: Harvester Wheatsheaf, 1991, pp. 1 - 2.

政主义理论都对自由主义理论有独特的贡献。

2. 新制度主义经济学

与公共选择理论相联系、但又有所区别的新制度主义经济学对自由主义发展的贡献也是不可低估的。新制度主义经济学的主要特征是，它关心组织形式与制度设定对经济结果的影响。传统微观经济学以及价格理论将这些组织与制度的存在作为一种预设。这些组织与制度因素在它们的学说中既不是自变量，也不是因变量。

新制度主义经济学不仅看到制度对于经济发展之重要性，而且创造了一套系统的概念框架来探讨制度问题。在这个理论框架中居于核心地位的是交易成本的理论。交易成本的概念起源于科斯的两篇文章——《企业的性质》（1937）和《社会成本问题》。科斯曾经这样总结过他自己的贡献："一方面，交易成本理论用来说明，如果它没有被包括在分析中，企业便会没有目标；另一方面在于表明，如果不把交易成本引入分析，那么，对于我们所考虑的一系列问题而言，法律便没有任何目的。"[1]

科斯理论的含义是深远的。如果不存在交易成本的话，一个社会的成员便总会在自我利益的引导下达成契约，建立能够最大化地实现国家财富的政治结构与财产制度。在这种情况下，对于经济学者而言，研究政治过程没有任何意义。但是，如果引入交易成本的概念，人们就会发现，特定的产权结构也许不能实现最大化的国家财富，甚至可能会导致经济衰退。新制度主义经济学将这些情形解释为由于交易成本而产生的组织失灵（organizational failure）。

---

[1] Thrainn Eggertsson, *Economic Behavior and Institutions*, Cambridge University Press, 1990, p. xi.

正是在这种理论前提的支配下，新制度主义经济学家将他们研究的视角投向规范经济活动的社会政治规则，并开始考察这样一些问题：（1）不同的社会规则（产权）与经济组织如何影响经济行为、资源配置与均衡结果。（2）为什么不同类型的经济活动采取不同的经济组织的形式，甚至在同样的法律框架之内也是如此？（3）支配生产与交换的那些基本社会与政治规则后面的经济逻辑是什么？这些规则如何变化？[①]

新制度主义经济学在这些方面的许多研究成果已经为传统自由主义理论的一些核心问题提供了新的理论视角。其中特别重要的是对自由主义国家的概念提出许多有价值的见解。传统自由主义理论中有一个盲点，即所谓最小国家的概念。诚然，正如我们在前面所分析的那样，亚当·斯密并不是所谓放任经济的鼓吹者。斯密看到了国家与法律在保障现代经济发展中的作用。但是，许多自由主义者确实对国家抱有强烈的恐惧，过多地谈论国家对个人自由的侵害，较少关心现代国家对自由主义经济的贡献。新制度主义经济学的最大贡献之一是它对不同国家形式下不同的产权组织形式对经济增长影响的分析。诺斯与他人合著的《西方世界的兴起》（The Rise of the Western World：A New Economic History）是一部试图用产权结构来解释经济增长的重要著作。它旨在说明，"只有当产权使得从事社会生产性活动有利可图时，经济增长才会发生"。因此，特定形式的国家对于经济增长是至关重要的。

诺斯以及其他新制度主义经济学家认为，能够促进经济增长的

<hr>

① Thrainn Eggertsson, *Economic Behavior and Institutions*, Cambridge University Press, 1990, pp. 4 – 5.

国家在本质上是自由主义国家。这种国家的主要职能是保护产权，为市场经济提供制度的保障。从权限范围而言，这种国家的职能是有限的。但在另一方面，它在履行这些有限职能时却是相当有效的。譬如，它可以提供一套有效的法律制度，使产权的所有者之间能够订立契约，监督契约双方遵守契约的条款，当契约一方未能履行契约义务时，强制实施契约并使受损失者获得赔偿。

诺斯的结论与亚当·斯密关于国家职能的结论十分近似，与20世纪初德国许多自由主义社会学家的观点也颇为一致。诺斯与新制度主义经济学家把几百年来自由主义者试图表述的国家观念用更为清晰、准确的术语表述出来：如果国家能够保护产权，为不同产权所有者之间的自由交易提供一种系统的、可预期的保障，那么经济活动中的交易成本就会降低，经济就会较快地增长。[1]

值得注意的是，新制度主义经济学的方法已经对社会学与政治学产生了明显的影响。现在，以新制度主义命名的政治学与社会学理论正方兴未艾。[2] 当然，相当一部分以制度主义命名的学派还仅仅停留在概念的讨论以及方法论的探讨上，尚未产生明显的理论影响。不过，制度主义政治分析的某些成果已经对自由主义的国家理论产生了有意义的影响。而且，在笔者看来，这一趋势的进一步发展也许会为自由主义对抗形形色色的国家主义理论提供有力的武器。

制度主义研究影响自由主义与国家主义争论的一个重要方面，

---

[1] Thrainn Eggertsson, *Economic Behavior and Institutions*, Cambridge University Press, 1990, pp. 46 – 47.

[2] 参见，何增科：《新制度主义：从经济学到政治学》，《公共论丛》，第二辑，1996年，第345—359页。

是制度主义关于福利国家与极权主义国家制度（institution）的分析。最近十几年来，在西方学术界，尤其是在欧洲学术界，出现了不少以制度主义方法分析福利国家与极权主义国家的文献。这些文献的一个重要发现是，欧洲的福利国家由于强调国家在实现社会正义中的作用，大大扩展了国家机构的规模，扩大了国家对社会的渗透与干预。结果是，国家机构的庞大造成国家自身尾大不掉，无法高效运作，甚至出现所谓"无法统治"（ungovernability）的现象。[①]显然，这种国家职能扩大可能导致国家无法统治的分析会大大削弱任何形式的国家主义主张。

---

① 关于"无法统治"的讨论文献颇多，笔者以为，从理论的角度阐述较好的是 Clause
  Offe 的一些著作，如 *Disorganized Capitalism*（1985）, *Modernity and the State*（1996）。

第四章

自由主义的原则

我希望成为一个能自我决定的行动者，而不是由别人决定。我希望能拥有自我导向，而不是受外在自然力的影响，或者被别人当作一件物品，一只动物，一个无法扮演人的角色的奴隶，也就是说，一个无法设定自己的目标和决策并且无法去实现它们的奴隶……我希望最重要的是意识到自己是一个有思想的、有意志的积极的人，为我自己的选择承担责任，并能用我自己的理想和目标来解释这种选择和责任。只要我相信这一切是真实的，我就会感到自由，而如果我认识到这一切并不是真实的，那么我就会感到受到了奴役。

——伯林

本书用相当多的篇幅描述自由主义发展的历史。如果说从这种描述中可以得出某些结论的话，那么最显而易见的结论应该是，自由主义不是一套固定的、一成不变的学理，而是多样化的、不断发展的许多学说之总汇。在我们所展示的诸多自由主义思想家中，各自的出发点不同，试图解决的问题不同，解决的方法不同，强调的重点也不同。没有两个自由主义思想家有完全同一的思想。

然则，自由主义学说的多样性并不完全抹杀自由主义理论的内在一致性。有一些基本原则是所有自由主义者共享的，或者至少说是典型的自由主义者一般会主张的。这些原则构成自由主义的基本内涵，构成自由主义内在统一性的基础，构成自由主义区别于其他形形色色政治意识形态的根本特征。正是由于这些特征的存在，当人们使用"自由主义"这一概念时，往往有某种确定的含义。

为了使我们在兼顾自由主义理论多样性、复杂性的同时，能够以抽象的方式概括自由主义区别于其他意识形态的独特性，韦伯关于理想类型的讨论或许对我们有所启迪。至少，韦伯的理论有助于我们理解这种抽象式讨论的意义与局限性。当然，韦伯理想类型的概念是为其构建理解社会学服务的。韦伯深知，社会现象纷繁多变，因果关系错综复杂。为了理解社会现象而不导致决定论，有必要构建某些概念框架，这就是理想类型。就本质而言，理想类型不是对实际社会存在的概括，它只是理论家为了分析现实、理解现实而构想的理论模型。譬如，卡理斯玛式权威、法理型权威、传统型权威都不是对现实权威的描述。在现实中，没有一种权威完全符合理想类型的模式，现实的权威往往是多种权威类型的混合体。然而，为了分析的便利，为了逻辑推演的需要，一句话，为了认识世界的需要，必须构想出一些理想类型，并根据理想类型建立起若干逻辑推理，从而在理论上把握一种纯粹的现象。这种理论框架为人们提供了理解社会现象的路径，人们可以借助于这些框架，分析现实社会，并在分析现实社会的过程中修正、补充甚至推翻原有的理论框架，发展或构建新的理论框架。

韦伯是一个社会学家，他并没有将理想类型的方法运用于规范性问题的讨论。不过，当代西方一些学者在分析政治意识形态问题时，往往会自觉不自觉运用韦伯的方法。譬如，美国自由主义者霍尔姆斯在其新著《激情与约束：论自由主义民主理论》中，就明确提出所谓"理想类型"的自由主义的概念，试图对纷繁复杂的自由主义理念有一个基本概括。① 就我们对自由主义原则的分析而言，这种方法有一定价值。为了对自由主义的基本理论内涵有一个大体把握，我们必须归纳出自由主义的基本理论原则。这是自由主义区别于其他意识形态的根本属性。我们深知，没有任何一个自由主义者会完全接受所有这些原则，甚至没有一个自由主义者会论及所有这些问题。但是，一种理想类型、纯粹类型的自由主义应该包含这些原则，或至少会涉及这些问题。

---

① Stephen Holmes, *Passions and Restraint: on the Theory of Liberal Democracy,* the University of Chicago Press, 1995, pp. 13 - 15.

一、个人主义原则

自由主义的基础是个人主义。自由主义的许多重要概念，诸如自由、民主、分权、市场经济等，在其他学说中也可能发现，但各种学说的基础与出发点也许全然不同。自由主义的基础与出发点是个人主义。当自由主义论及自由、民主或市场经济等观念时，其重点是强调个人的自由、个人的参与或个人的经济活动。个人主义既是自由主义者经常自我标榜、自我陶醉的教义，也是自由主义受到批评与责难的核心。

1. 个人主义的概念

"个人主义"的概念在西文与中文中含义不尽相同。在现代中文，特别是在最近几十年的语境中，"个人主义"全然是一个贬义的概念。它意味着以自我为中心，自私自利，只顾自己利益，罔顾他人与社会利益，甚至以邻为壑，损人利己。西文中的"个人主义"（individualism）就基本含义而言，也有这方面的意义，但又不止这方面的含义。《牛津英语辞典》对"个人主义"有这样的解释："（1）自我为中心的感觉或行为，自我主义；（2）倡导个人自由行为的社会理论。"很显然，这两方面的含义并不完全等同。

卡尔·波普尔在《开放社会及其敌人》中专门对"个人主义"概念加以剖析。波普尔认为，个人主义就其基本词义而言包括两个方面：（1）与集体主义相对立；（2）与利他主义相对立。后一个意义上的个人主义与"唯我主义"、"自私自利"的含义基本相同。在波普尔看来，将个人主义等同于唯我主义或自私自利是一种概念的误用。以我为中心，只考虑自身的利益，罔顾他人或其他团体的利益，这既可能是个人的行为，也可能是某一集体的行为。譬如，某一家庭、团体、民族如果在与其他家庭、团体、民族交往中采取损人利己、以邻为壑的态度，人们完全有理由将他们称为自私的家庭、自私的团体或自私的民族。个人主义的真正对立面只能是集体主义。个人主义与集体主义代表了截然不同的两种方法论与价值观。在集体主义看来，集体的存在先于个体的存在，集体的属性决定个体的属性，集体利益高于个体利益，个人应该为集体服务。用柏拉图的话来说，"部分为整体而存在，但整体不是为部分而存在……你们为整体而被创造出来，而不是整体为你们而被创造出来"。个人主义则相反，它认为个体的存在先于集体的存在，个体的性质决定集体的性质。个人的利益高于集体利益，任何集体最终都是为了服务于个人利益而发展起来的。[①]

哈耶克对个人主义的理解与波普颇为相似。哈耶克写作《通往奴役之路》的目的之一是为他所倡导的个人主义正名。哈耶克区分了两种含义的个人主义，即真正的个人主义与虚假的个人主义。他抱怨道："个人主义在今天名声不佳，这个词与利己主义与自私自利联系在一起。但我们所说的与社会主义、与一切形式的集体主义相对立的个人主义，与这些东西没有必然的联系。"[②]

那么，什么是哈耶克所谓的个人主义的基本内容呢？哈耶克作过这样的回答：

---

① 卡尔·波普：《开放社会及其敌人》，杜汝楫、戴雅民译，山西高校联合出版社，1992年，第105—106页。
② 哈耶克：《通往奴役之路》，第21页。

真正个人主义的本质特征是什么呢？首先，它主要是一种旨在理解那些决定人类社会生活的力量的社会理论；其次，它是一套源于这种社会观的政治行为规范。[①]

哈耶克的意思很清楚：个人主义包含着互相区别但又互相联系的两个方面。其一，它是一种解释性的学说。"它认为，我们在理解社会现象时没有任何其他方法，只有通过对那些作用于其他人并且由其预期行为所引导的个人活动的理解来理解社会现象。"[②] 这种学说的实质在于把个人作为解释整体的出发点，从个人的特征推导出整体的特征。它的对立面是一种可以被称作整体主义（holism）的学说，其主要特征是根据整体的特性来解释个人的特性。其二，个人主义包括一整套价值观与行为规范，或者用哈耶克的话来表述，它设定了一套"个人主义的秩序"。这种秩序规定了个人与国家、自由与强制的关系，规定了公共权威强制力的适用范围，也包含了规范个人与权威关系所必需的法律结构。[③]

2. 个人主义概念的起源

当然，无论波普尔还是哈耶克所讲的个人主义，都是 20 世纪自由主义心目中的个人主义。实际上，个人主义概念的起源与发展经历了相当长的历史，个人主义的理论内涵也经历了不断的变化与发展。只是到了 20 世纪，特别是二战以后，作为一种解释性与规范性

① 哈耶克：《个人主义与经济秩序》，北京经济学院出版社，1991 年，第 6 页。
② 同上。
③ 同上，第 19—20 页。

学说的个人主义才显得成熟起来。

关于个人主义概念的渊源，英国学者斯蒂文·卢克思（Steven Lukes）在《个人主义》一书中作了较为详细的梳理。他指出，个人主义、社会主义、共产主义都是 19 世纪的词汇，当时在不同的国家表达不同的含义。个人主义一词最早出现于法文"individualisme"，它是欧洲对法国大革命及其精神渊源——启蒙思想反思的产物。法国大革命爆发后，其激进的特征、恐怖的手段、强烈的破坏性与大众性震撼了欧洲思想界。最初对法国大革命作出强烈反应的是保守主义。保守主义者几乎一致谴责法国启蒙运动对个人理性、利益与权利的诉求。在保守主义者看来，法国大革命表明，过分抬高个人会危及政治共同体的稳定与安全，将政治共同体瓦解为"一个反社会的、反文明的、互不联系的基本原则的混乱物"（柏克语）。法国与德国的保守主义思想家对柏克关于个人主义的批评颇有同感，他们赞同柏克的主张，即"社会需要经常性地挫败人们的倾向，控制他们的意志，制约他们的激情"。

这种保守主义情绪在法国天主教复辟派思想家中表现得最为极端。梅斯特尔（Joseph de Maistre）指出，在欧洲，由于自由过分膨胀而宗教影响被削弱，社会秩序的基础被动摇。权威到处被削弱，"个人意见"令人恐惧地到处增长。梅斯特尔认为，个人理性就其本质而言是所有联合体的致命敌人：这种理性的行使意味着精神的与社会的无政府状态。[①]

这些反对革命的思想家们指责 18 世纪的启蒙思想家仅仅强调个

---

① Steven Lukes, *Individualism*, New York: Harper & Row, 1973, pp. 3 - 4.

人，他们于是强调社会的重要性。在梅斯特尔看来，社会是上帝创造的，是自然的。而在波纳德（de Bonald）看来，"人只是为了社会而存在，社会则为了自身而教育人"。他们将攻击的矛头直接指向"个人主义"，认为"个人主义（individualism）摧毁服从与责任的观念，并因此摧毁权力与法律；这样，所剩下的便只有利益、激情以及形形色色的观念之间令人恐惧的迷惘"。

第一次系统使用"个人主义"这一术语的是 19 世纪 20 年代的圣西门主义者。同法国大革命的反对者们一样，圣西门主义也批评启蒙运动对个人的赞颂，也担心社会的单子化（atomization）与无政府化，也追求一个有机的、稳定的、以等级制方式组织的、和谐的社会秩序。然而，圣西门主义将这些观念纳入一种历史进化的方向：这种理想的社会秩序不可能在过去教会的或封建的秩序中发现，而只能出现于未来的工业秩序。圣西门视历史为"批判的"与"有机的"阶段循环往复的过程。近代的批判阶段从宗教改革开始，它是人类进步最后阶段之前的一个阶段，它将导向未来的"普遍联合"的有机阶段，这是社会组织发展的最后阶段，只有在这时，社会才是直接为了进步而组织的。个人主义在圣西门主义者那里，指谓导致近代批判时代诸多罪恶的那些有害的、消极的观念。在圣西门主义者那里，近代批判时代的"无序、无神论、个人主义与自我主义（egoism）"，与未来时代的"秩序、宗教、联合与献身"形成鲜明对照。在圣西门主义者看来，18 世纪的哲学家诸如爱尔维修、洛克、康德、霍尔巴哈、卢梭等都是个人主义的维护者。他们将个人视为中心，倡导自我主义，为无政府主义——特别是经济与政治领域的无政府主义——提供意识形态论证。

部分地由于圣西门主义的广泛影响，"个人主义"一词在法国有某种贬义的含义，以至于法国自由主义者在相当长时期也将个人主义视为对多元主义社会秩序的威胁。这突出地表现在托克维尔身上。在托克维尔看来，个人主义是民主的必然产物，它意味着个人从公共生活撤离到私人领域，互相孤立隔绝，其结果是削弱社会纽带。这种发展有可能导致国家政治权力毫无限制地增长。因此，个人主义在托克维尔那里意味着缺乏任何中介组织以保护个人免受国家的控制。

最形象地表达了 19 世纪法国主流思想关于个人主义看法的也许是涂尔干。涂尔干用两个概念表达了个人主义：　"反常状态"（anomie）与自我主义（egoism）——即个人在社会、政治、道德上孤立无助，与社会目标与社会规则疏离，社会凝聚力（solidarity）被削弱甚至崩溃。

德国的个人主义概念不同于法国，这主要表现在德国具有浪漫主义色彩的"个性"（individualistic）概念。浪漫主义者并没有使用"个性"这一术语，但他们强调个人的独特性、创造性与自我实现，以区别于启蒙运动思想家那种理性的、普遍的、统一的标准。从 19 世纪 40 年代起，德国自由主义者便以褒义的方式使用个人主义一词，其基本含义继承了浪漫主义的含义。这样，在德国自由主义者那里，个人主义几乎与"个性"是同义词。关于个性的讨论可见于洪堡（Wilhelm von Humboldt）等人的著作。这种德国的个人主义被齐美尔（Georg Simmel）称作"新个人主义"（New individualism），以别于 18 世纪的个人主义。根据齐美尔，18 世纪个人主义中的个人是"单子化的"（atomized），基本没有分殊（undifferentiated）的个人，而新个人主义则是分殊的、个性化的、强调个人独特性的个人主义。

与个人主义在法国与德国的命运相比，个人主义在英美文化传统中一直是一种人们广为称颂的美德。在美国，"它成了一种具有巨大意识形态意义的象征性口号，表达从天赋权利的哲学、自由企业的信念到美国之梦等不同时代的理想"。它凝聚了"平等的个人权利、立宪政府、自由企业、自然正义、机会平等、个人自由、道德发展与尊严"这样一些美国社会所炫耀的原则。个人主义甚至成为美国民族认同的一种象征：

> 个人主义为美国民族所特有的态度、行为方式以及抱负提供了合理的说明。它赋予过去、现在与未来一种统一和进步的视角。它解释了美国民族特有的既有多样化又有统一性的社会和政治组织，它指向一种与美国人经验相一致的关于社会组织的理想。特别是，个人主义表达了最能代表美国民族意识的普遍主义与理性主义。①

在英国，个人主义尽管有较为复杂的含义，但主要是指自由主义的经济原则。个人主义的赞成者与反对者都将个人主义与古典自由主义联系在一起，表达个人经济自由的理念，强调竞争原则以及政府对经济的较少干预。

3. 个人主义理论的内涵

抛开个人主义在历史上不同时期以及不同国家的不同特征，如

---

① Steven Lukes, *Individualism*, New York: Harper & Row, 1973, p.28.

果我们抽象地讨论个人主义理论的话，什么是个人主义的主要理论内涵呢？

如上所述，波普与哈耶克都强调个人主义既是一种解释性理论，又是一种规范性学说。比波普与哈耶克更为详细地论述个人主义的是卢克思。卢克思在"个人主义的基本思想"标题下，一口气举出个人主义的十一项原则，即人的尊严、自主权、隐私权、自我发展、抽象的个人、政治个人主义、经济个人主义、宗教个人主义、伦理个人主义、认识论个人主义、方法论个人主义。

仔细剖析卢克思的十一项原则，不难发现，这些原则实际上可以归纳为两大类：一类是解释性的，即以个人为出发点解释社会政治现象；一类是规范性的，即阐述一套个人优先的原则。

个人主义的核心是本体论的个人主义。正如我们在上文曾指出的那样，这种个人主义的最典型的阐释者是霍布斯。本体论的个人主义与本体论的集体主义的根本区别在于对社会起源与本质的解释不同。学者们往往用"机械主义"（mechanism）与有机体理论（organism）来概括二者的主要立场。前者认为，社会是个人的简单的集合体。个人先于社会而存在，个人是本源，社会是派生的，社会、国家是个人为了保障自己的某种权利或利益而组成的人为的机构，除了个人的目的之外，社会或国家没有任何其他目的。与这种机械主义相对立的是有机体理论。社会有机体理论通常包含几方面的内涵：（1）社会是一个整体；（2）整体大于部分之和；（3）整体决定部分的性质；（4）离开整体不可能理解部分；（5）各部分之间互相联系，互相依存。亚里士多德、黑格尔的学说就是社会有机体理论的典型代表。[①]

德国社会学家菲迪南·滕尼斯关于"联合体"（association）与"共同体"（community）的区分较好地区分了个人主义与集体主义两种不同的社会观。个人主义的社会观就其本质而言是把社会看作是某种形式的联合体。社会是人们聚集在一起的产物。人们聚集的目的是为了实现各自的利益。除了每个人自己的利益之外，社会没有自身独特的利益。在这个意义上，所谓个人利益服务于社会利益、集体利益，只能是毫无意义的昏话。边沁曾明确指出，所谓"共同体"完全是虚构的概念，而"共同体的利益"充其量也只是组成该共同体的成员的利益之总和。与此相反，集体主义者心目中的社会是一个共同体。它不仅仅是一群个人的简单集合体，而是由人们组成的某种形式的共同体。这意味着，人们之间有某种超越个人利益之上的纽带，即共同利益、共同信仰、共同道德。这个共同体的利益绝对大于所有个人利益的总和。

与本体论的个人主义相联系的是认识论的个人主义。认识论的个人主义是关于知识本体的学说，其核心在于强调认识的个人特征，否认客观真理。其实，任何文化中都有某种承认认识论个人主义成分的内容。譬如，人们熟知的寓言"盲人摸象"就形象地展示了认识事物的个人特征。同一头象，在甲的心目中像一条绳子，在乙的想象中像一面墙。其实，我们可以将这个寓言中的盲人换成完全正常的人，理性的人。我们可以设想，不同的人站在

---

① 参见，D. C. Phillips, "Organism in the Late Nineteenth and Early Twentieth Centuries," *Journal of the History of Ideas*, vol. 1, xxxi, No. 3（July-September, 1970）, p. 413。

庐山之巅，感官会受到全然不同的景象的刺激。热恋中的情男情女看到的是庐山秀美的风景，地质学家看到的是不同海拔所代表的不同生成时期的岩层特征，气象学家会看到庐山特殊的气象特征，等等。这一清单可以无限列举下去。毛泽东主席在《实践论》中曾对人们认识事物的特征作过这样的概括：理解了的东西才能够清楚地感觉它，而感觉了的东西不一定能深刻地理解它。讲的就是这种情形，人们由于不同的知识结构与理解力，对不同事物的感觉就会不同。

当然，不赞成认识论个人主义的人或许也会完全承认这种认识的个人特征，但强调事物的存在及其特征是客观的。不同的人从不同角度认识该事物，每个人认识所得出的相对真理最终汇集成关于该事物的绝对真理。认识论上的个人主义恰恰否定这种绝对真理。认识论的个人主义者大都是经验主义者，而且，最典型者往往又是怀疑主义者，休谟就是最典型的代表。他们不愿承认个人的感觉、知识具有绝对的确定性，而只承认其相对的确定性。

认识论的个人主义在自由主义发展中起过重大作用。不少自由主义者关于个人自由的论证就是从认识论的个人主义出发的。譬如，约翰·密尔在著名的《论自由》中，就是从认识论的个人主义出发，论证言论与讨论自由的必要性。密尔强调，任何人的认识都有局限性，不确定性。任何人都无法保证自己的知识是完全正确的。只有经过自由讨论，自由辩论，比较正确的知识才可能形成。

在个人主义中至关重要的还有伦理个人主义。伦理个人主义的核心是否认道德的绝对性，强调道德在本质上是个人的。这一观点对自由主义至关重要。原因很简单，如果万事万物都有一个正确与错误的区分，如果人的任何行为在本质上都具有善或恶的性质，那么，个人自由选择行为的余地就不存在了。个人主义的最根本原则在于，万事万物本无善恶之分，善与恶完全是个人的主观评价。霍布斯是这种伦理个人主义最早的倡导者。霍布斯明确指出：

> 任何人的欲望的对象就他本人说来，他都称为善，而憎恶或嫌恶的对象则称为恶；轻视的对象则称之为无价值和无足轻重。因为善、恶和可轻视状况等词语的用法从来就是和使用者相关的，任何事物都不可能单纯地、绝对地是这样。也不可能从对象本身的本质之中得出任何善恶的共同准则。①

这是相当彻底的伦理个人主义。善恶不是事物内在固有的属性，而纯粹是个人主观意向的产物，是个人的选择。世界上不存在绝对的善或恶，善恶仅仅是个人的判断而已。霍布斯曾明白指出，善、恶、正义等只是一些名词。它们本身"不能用为任何推理的真实的基础"，因为它们的"意义是不固定的"。比如，"一个人所谓的公正，另一个人会称之为残酷；一个人所谓的大方，另一个人会称之为糜费；一个人所谓的愚笨，另一个人会称之为庄重，等等。"②

在霍布斯之后，伦理个人主义在功利主义那里得到了最明确的表达。边沁的伦理观在本质上是相当个人主义的。边沁将道德完全看作个人的主观评价。他在《道德与立法原则导论》一书中，开宗

---

① 霍布斯：《利维坦》，第 37 页。
② 同上，第 27 页。

明义，提出道德的基础应该是功利。关于功利原则，边沁写道："功利原则意味着这样的原则，它根据每个行为提升或降低其利害相关的人们（the party whose interest is in question）的快乐来决定赞成或非难该行为……。我讲的是每个行为；不仅是个人私下的每个行为，而且是政府的所有举措。"①

边沁这段话中"利害相关的人们"十分重要。有时，边沁也用相关的人们（persons in question）或所涉及的人们（persons concerned）来表达同样的意思。我国近代思想界在介绍边沁功利主义时，似乎忽略了这一层意思。严复、梁启超等在介绍边沁的功利主义原则时，强调功利主义追求"最大多数人的最大幸福"，似乎西方功利主义与墨子的功利与兼爱思想无本质差别。事实并非如此。当边沁大谈功利原则，提出以最大多数的最大幸福作为评价行为的标准时，他的最大多数绝非意味着人类的大多数，甚至也不意味着一个社会的大多数，而是一个行为所涉及的人的大多数，或曰与一个行为利害相关的人的大多数。当然，"利害相关"是一个颇为含糊的字眼。边沁以后，密尔在讨论自由的界限时曾将利害相关界定为"直接的"、"不需推论"的利害相关。边沁尚无这种界定。不过，在边沁的理论中，有一点是十分明确的。这就是，一个行为若仅只关乎个人，那么，个人就是该行为道德与否的评判者。个人无须诉诸任何高尚的伦理原则，他只要判定该行为是否增加自己的快乐，就可评价该行为的道德性。如果一个行为涉及的对象超过一个人，那

---

① Jeremy Bentham, *An Introduction to the Principles of Morals and Legislation*, ed. by J. H. Burns and H. L. A. Hart, with a New Introduction by F. Rosen, Oxford: Clarendon Press, 1996, p.12.

么，最大多数人的最大快乐便成为评价标准。① 这种以个人或所涉及的人之多数作为评价行为道德与否之主体的观点在本质上是相当个人主义的。

边沁有一个颇为后人诟病的名言：如果针戏（一种粗俗的游戏）能够像高雅的诗歌一样给一个人带来快乐，那么，对这个人而言，针戏与诗歌具有同等的善。这句名言所表达的伦理个人主义是相当彻底的。万事万物本身并不具备某种善或恶的特征。善恶只是评价者自己的感受而已。任何人都有权对仅只涉及自己的事物作出评价，人们之间的评价绝无高低贵贱之分。

伦理个人主义在克尔凯郭尔和尼采那里采取了更加富有说服力与影响力的形式。他们认为，道德价值与道德原则的源泉以及道德评价标准的创造者是个人：个人是道德价值的至高无上的仲裁者。在最基本的意义上，个人也是最终的道德权威。② 20 世纪伦理个人主义最突出的代表是存在主义。在萨特存在主义的哲学中，"人除了他自己之外别无立法者。他本身在这样被弃的情况下，必须自我决定"。

伦理个人主义与宗教个人主义有密切联系。宗教个人主义意味着，个人对自己的宗教命运负责。个人有权以他自己的方式并通过自己的努力来直接建立与上帝的联系，而不需要通过某种中介机构。

宗教个人主义通常是与新教联系在一起的。韦伯在其宗教社会

---

① 关于边沁功利主义的伦理个人主义特征以及它与中国传统思想中功利主义的区别，参见拙作，"The Principle of Utility and the Principle of Righteousness," in Utilitas, 1996, No. 2.

② Steven Lukes, *Individualism*, New York: Harper & Row, 1973, pp. 107 – 108.

学理论中，对新教伦理中包含的经济伦理与政治伦理作过相当透彻的分析。韦伯敏锐地指出，新教与传统天主教的最大区别在于，传统天主教倾向于集体主义，而新教则倾向于个人主义。原因在于，在天主教中，教会是个人救赎的中介机构，个人与上帝的联系必须通过教会。与此相反，在加尔文的新教教义中，教会的中介作用不复存在了。个人有权利和义务直接与上帝对话，倾听上帝的意旨，并决定自己的行为。韦伯指出："加尔文教徒与其上帝的内在联系却是在深深隔绝中进行的。"我们可以将韦伯的这一概括想象为这样一种画面：在茫茫的宇宙，一面是高高在上的上帝，一面是内心具有"前所未有的孤独感"的个人。个人得救的惟一渠道是体验上帝的意旨，按照上帝的意旨去努力。在这方面，任何其他个人或机构都不能对自己有稍许帮助。而且，更为重要的是，上帝的意旨其实是相当主观主义的、虚幻的。任何人都可以将自己内心最真诚的理解解释为上帝的意旨。这样，个人的任何信仰、任何宗教追求都蒙上了上帝意旨的灵光，都具有了神圣性，其结果是，个人的意旨具有了神圣性。

正是在本体论、认识论、伦理、宗教个人主义的基础上，政治与经济个人主义才有了基础与前提。政治个人主义包含几项相互联系的原则。第一是个人权利至高无上的原则。这种个人权利被人们概括为人权或公民权。人权与公民权的概念在表面上似乎并无二致，但其内涵却有相当的不同。"公民权"（civil rights）的概念为几乎所有自由主义者所接受，其含义是个人在法律框架下享受一系列平等的、不受专断权力侵犯的权利。这些权利一般包括言论、出版、结社的自由以及追求自己经济利益的自由等。"人权"的概念比公民权更为宽泛、更为抽象。它在理论上不依赖于特定的法律，而且超越特定法律之上，是人之作为人必须享有的、不受特定时代、地点与环境制约的权利。在西方自由主义传统中，从权利观念出发的自由主义理论——如近代早期的自然法学派、康德的权利理论以及当代哲学家罗尔斯等人的理论——都包含着人权的观念。从功利主义原则出发的自由主义者则更倾向于主张"公民权"，而不愿使用"人权"的概念。政治个人主义的第二条原则是政府的目的在于保护个人的权利，实现个人的利益。从洛克开始，自由主义哲学中就包含了一个基本的信条：政府除了保护其成员的利益之外并无其他目的。政府存在的全部合理性以及评价政府的标准是政府为组成社会的个人提供服务。第三，政治个人主义的必然延伸就是要求政府的建立必须基于社会成员同意，政府权威的正当性来自公民的同意。这就是民主的原则。

经济个人主义的核心是强调个人追求自己经济利益的正当性，强调个人通过竞争与市场经济实现个人利益，强调政府较少干预经济。如果以一种较为简单化的方式归纳的话，经济个人主义至少包含两项基本内涵：其一是承认个人经济行为的理性特征。这既意味着个人经济行为的目的在于追求自身经济利益，也意味着个人能够最好地理解自己的利益。其二是假定个人的理性经济行为在很大程度上会导致集体的理性经济行为。追求自身经济利益的个人通过市场与其他个人自由交换，从而会实现经济的繁荣与均衡。

上述几方面个人主义的内涵就其本质而言都是规范性的，即都试图描绘一种值得追求的状态。在这种状态中，个人是首要的，第一位的；集体是次要的，第二位的。与这种规范意义上的个人主义相对的还有描述意义上的个人主义，其中最典型的是方法论的个人主义。

方法论的个人主义是一种解释性的学说，它与方法论的集体主义的本质区别在于，后者强调理解个体的前提必须是对集体性质的理解，方法论的个人主义则强调理解集体的前提与基础是理解个体。霍布斯是最早明确阐释方法论个人主义的哲学家。霍布斯指出，社会是一个复合体，是由个人组成的。只有理解个人的特征与性质，才可能理解社会的特征与性质。

除斯宾塞、韦伯等少数社会学家之外，现代社会学的主流都批评方法论的个人主义。其中尤以法国社会学家涂尔干的批评最为有力。涂尔干的基本出发点是，人是社会的动物，个人的特征、个人的行为在很大程度上是由他所处的社会环境决定的。涂尔干有一个著名的说法，即认为一个社会不仅是由一些追求个人利益的个人构成的，而且，在这些个人之上，有某种共同的信仰、道德、文化、宗教，这些构成一个社会的"集体意识"。二战以后的自由主义者并非全部主张方法论的个人主义，但是，一些相当有影响的自由主义者，如哈耶克、波普尔、布坎南等都认为，完整的个人主义必须包含方法论的个人主义。波普尔的《论历史主义的贫困》与《开放社会及其敌人》等著作的宗旨就是反击方法论的集体主义，倡导方法论的个人主义。最近十几年在西方社会科学中颇为时髦的理性选择理论，是一种典型的方法论的个人主义。它的基本方法是从分析个人理性行为的模式出发，理解集体的行为模式，理解制度的特征。

值得指出的是，方法论的个人主义与个人主义的诸项规范性原则并无必然的因果联系。历史上许多自由主义者并不接受方法论的个人主义，但接受个人主义的价值观，他们的基本倾向仍然是自由主义的。

4. 个性问题

在论及个人主义内涵时，不可不涉及所谓"个性"（individuality）问题。如上所述，个性的概念在德国讨论个人主义的著作中得到重视。严格说来，个性的概念与自由主义没有必然联系。而且，在某种程度上，个性的概念可能导致积极自由的观念。伯林在《两种自由的概念》中对此有过详尽分析，我们在后面将会涉及这些分析。因此，英美自由主义传统一般不强调所谓个性的问题。

但是，这种情形也有例外。英国自由主义的杰出代表约翰·密尔在《论自由》中专辟一章，讨论个性问题。密尔承认，这种对个性的强烈关注是德国哲学家洪堡影响的结果。但是，值得注意的是，个性的观念在密尔那里和个人自由的观念有机地结合在一起，成为密尔自由主义思想中颇具特色的部分。而且，可以毫不夸张地说，如果没有关于个性的论述，密尔的个人主义与自由主义将会大为逊色。

我们在后面将会较详细地分析密尔的自由理念。这里首先应该提到的是，个性问题不完全是一个自由问题，特别不是个人的消极自由问题，而是所谓个人内心自由问题。譬如，有的人虽然在行动中并未受到外部强制力量的限制，但由于某些内在的限制，其行为缺乏个性。譬如，由于对传统、习俗、周围环境、公众舆论的畏惧，个人可能作出全然违背自己愿望以及利益的事情。这不完全是一个自由问题，尽管与自由问题不无联系，它是比通常所谓的自由更深层次的问题。这样的例子很多。毛泽东主席曾引用过京剧《法门寺》中贾桂的奴才性格。当贾桂并未受到某种外在强制必须站立的时候，由于某种内在的强制，由于对于奴才身份的强烈自我意识，当他有机会坐下的时候，他拒绝了这一机会。

密尔讨论个性问题时，强调个性就是个人具有独立意志，根据自己的经验、知识、性格与利益对外界事物作出判断，而不是根据他人、社会、传统、习俗作出判断。那些"听凭世界或者他自己所属的一部分世界代替自己选择生活方案的人"在本质上无异于机器，或充其量与人猿相似。在密尔看来，人之所以为人，乃在于其自己选择生活方案的能力。为了选择自己的生活方案，"他必须使用观察力去看，使用推论力和判断力去预测，使用活动力去搜集为作出决定而用的各项材料，然后使用思辨力去作出决定，而在作出决定之后还必须使用毅力与自制力去坚持自己考虑周详的决定"。[①]

在密尔《论自由》的小册子中，充满了对个性的歌颂。个性代表了多样性、代表了美、代表了活力、代表了自由，而个性的对立面则是一致性、专制与停滞。多样化的个性是人类社会中最美丽的事物。每个人有自己的爱好、自己的追求、自己的性格、自己的生活方式。有些性格与生活方式在他人看来也许是相当乖僻与难以理喻的，但只要个人行为不伤害他人的利益，他人以及社会应当容忍、接受这些行为。密尔强烈反对以一致性的方式塑造人性。他写道：

> 人性不是一架机器，不能按照一个模型铸造出来，又开动

---

① 密尔：《论自由》，程崇华译，商务印书馆，1982年，第62—63页。

它毫厘不爽地去做替它规定好了的工作；它毋宁像一棵树，需要生长并且从个性方面发展起来，需要按照那使它成为活东西的内在力量的趋向生长和发展起来。①

每个人有自己的个性不仅意味着每人有不同的性格与特征，而且意味着每人有自己的欲望与冲动，有自己的追求，有不同于他人的生活目标。健全的个人是有活力的人，精力旺盛的人，而不是唯唯诺诺、畏葸不前的人。当然，密尔理解，个人的强烈冲动有时会具有危险性，精力可能被引向坏的方面，个人的精力需要良知的引导。然则，密尔强调："一个富有精力的人性永远比一个无精神感觉的人性可以做出较多的好事。凡是最富于自然情感的人永远是可以培养出最强烈的有教养的情感的人。"个人的欲望、精力、冲动是使个人成为有价值的人、成为英雄的原料。密尔在某种程度上将个人的欲望与程度作为衡量人与非人的标准：

> 一个人，其欲望和冲动是他自己的——这些是他自己的本性经过他自己的教养加以发展和校改的表现——就称为具有一个性格。一个人，其欲望和冲动不是他自己的，就没有性格，正如一架蒸汽机之没有性格。②

当然，如果一个社会中人们的欲望、冲动与生活目标完全不同，社会生活便很难成为可能，社会需要某种一致性来约束个人的欲望

---

① 密尔：《论自由》，程崇华译，商务印书馆，1982 年，第 63 页。
② 同上，第 64 页。

与冲动。但是，社会秩序与和谐之实现在于启迪个人的良知，而不在于扼杀个人的个性。"人类要成为思考中高贵而美丽的对象，不能靠着把自身中一切个性的东西磨成一律，而要靠在他人权利和利益所许的限度之内把它培养起来和发扬出来。"① 个人个性的发展不仅使个人自身的所有潜能有发展之机会，而且社会、群体也将受益。"相应于每人个性的发展，每人也变得对于自己更有价值，因而对于他人也能够更有价值。他在自己的存在上有了更大程度的生命的充实；而当单位中有了更多的生命时，由单位组成的群体中自然也有了更多的生命。"②

多样化是进步的佐料，充分的个性发展是社会发展的前提条件。这是密尔反复阐释的一个道理。有了个性，社会才有创造性，才会出现"天才"，才会不断发现真理，不断改进自身的生存条件。如果压制个性，社会就会充满庸人，"人类生活就会变成一池死水"，社会就会停滞。为了展示这一点，密尔曾多次以中国文化作为反面例子：

> 我们要以中国为前车之鉴。那个国族乃是一个富有才能并且在某些方面甚至也富有智慧的国族，因为他们遇有难得的好运，竟在早期就备有一套特别好的习俗，这在某种范围内也就是一些即使最开明的欧洲人在一定限制下也必须尊称为圣人和智者的人们所做出的事功。他们还有值得注视的一点，就是有一套极其精良的工具用以尽可能把他们所保有的最好智慧深印

---

① 密尔：《论自由》，程崇华译，商务印书馆，1982年，第67页。
② 同上。

于群体中的每一心灵，并且保证凡是最能称此智慧的人将得到有荣誉有权力的职位。毫无疑义，做到这个地步的人民已经发现了人类前进性的秘奥，必已保持自己稳稳站在世界运动的前列。可是相反，他们却已变成静止的了，他们几千年来原封未动；而他们如果还会有所改进，那必定要依靠外国人。他们在我们英国慈善家所正努力以赴的那个方面，即在使一族人民成为大家都一样，叫大家都用同一格言同一规则来管制自己的思想和行动方面，已经达到出乎英国慈善家们的希望之外了；而结果却是这样。①

多少年来，笔者每当阅读密尔的这些评论，总有一种难以抑制的冲动。我们也许绝不会接受密尔关于中国社会几千年原封不动的诊断，也许会对密尔言论中所表现的欧洲中心论倾向愤慨，但对密尔关于传统中国强调一致性而压制了创造性的分析却难以断然拒斥。近来国人对教育制度有诸多批评，其实质是个性问题。我们的教育从幼儿园到大学，让大家接受相同的教育，背诵同样的原理，"都用同一格言同一规则来管制自己的思想和行为"，这样的教育哪里会培养出个性、创造性？

5. 个人主义与道德

一些对个人主义持批评态度的人往往会认为，个人主义可能削弱社会道德感，导致以自我为中心、自私自利、毫无道德感的个人。

从表面上看，这种批评似乎有相当的道理。因为，不可否认，

---

① 密尔：《论自由》，程崇华译，商务印书馆，1982 年，第 77 页。

道德是社会生活的产物，它反映的是集体的意识，而非个体的意识。人类为了能够过一种集体的生活，在长期的发展过程中形成不同的社会群体，所有社会群体几乎都有一种共同的特征。那就是，这些群体都会发展出一些规范，以规约群体成员的行为。这些规范一方面表现为法律，即以强制的手段为背景的规则，另一方面则体现为道德。道德不以强制力量为基础，而诉诸人们的良知。

如果这样理解道德的话，个人主义不但不会削弱个人的道德感，恰恰相反，它可能会强化个人的道德感。个人主义与它的对立面整体主义的区别不在于个人是否应该以道德感制约自己的行为，而在于这种道德感的渊源从何而来。整体主义的最大特征在于，它强调整体的利益本身具有道德力量，要求个体的服从。这个整体也许是一个家庭，也许是一个国家。在这一过程中，个体实际上失去了参与道德选择的机会。整体的利益不论是否正确都必须服从。在这里，个人不再是道德行为的主体，其道德意识充其量只是对某种整体公认的道德标准的盲目服从而已。

个人主义的本质在于强调个体的权利、价值、尊严、利益。而这种强调的前提是所有个体在理论上都具有同等的权利、价值、尊严与利益。因此，个人主义不仅不支持自私自利、以我为中心的行为，恰恰相反，它承认所有个人具有同等道德价值，要求个人尊重他人的利益与权利。

更为重要的是，个人主义强调，所有这些道德意识最终都是个人的选择。从理论上，个人主义学说不支持以强制的力量推行某一种道德，抵制另一种道德。我们在后面讨论密尔的自由理论时会详细展开自由主义的一个基本原则：个人的行为只有在伤害他人时才应成为法律与社会干预的对象，个人行为道德与否，完全是个人的选择。自由主义者实际上划定了社会规范的高限与低限：个人不得伤害他人的权利与利益，这是社会规范的低限，是社会赖以生存的基础，是社会秩序的根本。但是，个人是否以某种高尚的道德规范作为自己行为的准则，这全然是个人的选择。法律是社会规范的低限，道德是社会规范的高限。两种不同的社会规范，具有两种不同的功能，法律制止人们作恶，保障社会的基本秩序；道德引导人们向善，追求社会的尽善尽美。由于个人主义理论从本质上否定善与美的客观性，否认社会强制力量将某些人——即使是大多数人——的善恶观作为强制性规则强加给社会的所有个人，因此，个人主义不会接受任何整体主义道德观。

充满悖论意味的是，恰恰由于强调道德是个人的选择，个人主义往往会更倾向于孕育社会的道德感。个人主义在强调个人选择道德的同时，实际上将道德责任感赋予个人。个人的行为道德与否不再是某种集体的抉择，不再是与个人无关的行为，而是个人自身的选择，是个体的责任。正是这种强烈的个人道德责任感可能促使个人将道德原则内化为自身的自觉行为，而不是外在力量强制的行为。这恐怕才是道德的本来意义。道德之所以区别于法律，在于后者以某种强制性制裁为基础，强迫个人按照某些特定规范行为。前者的基本特征是强调道德行为是个人的选择、个人的自觉行为。在这个意义上，整体主义道德观剥夺了个人道德选择的机会，将道德行为变为强制行为，这实际上是取消了道德。

历史上不乏这样的例子，在强调整体主义达到极端的社会，往往是个人道德感达到最低点的社会。西方不少研究日本社会的人常常对日本人道德行为的一个悖论感到迷惘：这就是，彬彬有礼的日本人为什么在二战期间以一种毫无人性的方式对待处于他们刺刀淫威之下的无辜的男女老少。实际上，这只是整体主义道德观下个人丧失了道德良知的例证之一。这样的例证俯拾即是。"文化大革命"中许多人丧失良知、丧失人性，以非人的方式迫害人、折磨人而毫无愧疚感，这也是整体主义道德观扼杀个人良知的例证。历史已经无数次向人们昭示，如果以某种整体的目标与利益作为道德的基础，其结果不仅是将某一整体内部的个体成员变为实现整体目标的工具，更为重要的是，将整体之外其他群体的个人也作为实现整体目标的工具。这样，人变为非人。个人的尊严、价值、权利、利益都变成可以牺牲的东西。一切非人的行为都可以在整体利益的口号下变得可以接受甚至值得赞许。一个长期在整体主义道德观笼罩下的民族必然是道德水平十分低下的民族。

其实，我国近代许多思想家在比较中西方道德时早就有这种观点。严复在倡导西方自由观念时，一个重要的理据是，个人自由可以提高个人的道德感。"人道所以必得自由者，盖不自由则善恶功罪，皆非己出，而仅有幸不幸可言，而民德亦无由演进。"[1]

二、自由及其限度

自由主义最核心的原则是自由。许多学者甚至直截了当地将自

---

[1] 严复：《严复集》，王栻编，中华书局，1986年，第一册，第133页。

由主义称为关于自由的学说，将社会主义称为关于平等的学说。可见"自由"在自由主义中的地位。

"自由"是近代最重要的政治概念之一，也是歧义最多、最容易引起人们强烈爱憎的观念。匈牙利诗人裴多菲关于自由的诗句早已为人们所熟知："生命诚可贵，爱情价更高。若为自由故，二者皆可抛。"而毕生为自由理想奋斗、为自由事业投身于法国大革命、最终又被以自由的名义送上断头台的罗兰夫人，在临刑前从心底迸发出对自由近乎绝望的感慨："自由，自由，多少罪恶在你的名义下进行。"我国近代著名自由主义者严复曾描述过自由观念最初引入中国思想界时，不同的人对自由理念或爱之至深或恨之至切的情感。严复写道，在 20 世纪初年，"自由之说，常闻于士大夫。顾旧者既惊怖其言，目为洪水猛兽之邪说。喜新者又恣肆泛滥，荡然不得其义之所归"。①

人们对自由事业或爱或憎的这种强烈情感既反映了人们对自由的价值取向不同，也反映了不同的人所理解的自由理念内涵不同。为了理解自由主义者的立场，首先必须从廓清自由概念入手。

1. 自由的概念

当代英国政治理论家戴维·米勒曾对西方思想史上的自由观念作过分类。他认为，西方曾出现过三种主要的自由传统，或者说出现过分属于三个不同"家族"（family）的自由观念。

第一种自由传统是最古老的，即共和主义的（republican）传统。根据这种自由观念，"自由人就是一个自由政治共同体的公民，

---

① 严复：《严复集》，王栻编，中华书局，1986 年，第一册，第 131—132 页。

自由政治共同体就是自主的共同体。这意味着，首先，不受外国人的统治；其次，公民在政府中扮演着积极的角色，法律在某种程度上反映人民的愿望。"古希腊的共和理念以及当代哲学家阿伦特（Hannah Arendt）的政治理念就代表了这一传统。

第二种传统是自由派的传统。在这里，自由是个人行为的某种状态，即不受其他人制约或干预的状态。如果一个人在做他希望做的事情时——譬如发表言论、表达信仰、决定婚姻等等——不受其他人行为的阻挠或禁止，那么，在这个程度上，这个人是自由的。在自由主义传统看来，政府一方面可以通过保护个人不受其他人干预而保障人们的自由，但另一方面，政府本身也构成对自由的威胁，因为它凭借武力强加给人们法律与法令。因此，如果说在共和主义者看来，自由必须通过某种政治方式实现的话，那么，在自由主义者看来，在政治终结的地方才可能有自由的存在。在这种意义上，无政府主义可以被视为自由主义的极端形式，它认为只有摧毁政府的强制权力，才可能实现完全的自由。

第三种自由的传统是唯心主义的（idealist）自由传统。在这一传统中，注意的重点从个人生存的社会制度转移到决定个人行为的内在力量上。一个人只有在自主的时候才是自由的，这就是说，当一个人遵循自己的真正欲望，亦即他自己的理性信仰时，他才是自由的。这样，争取自由的斗争就不再是针对外部环境的斗争，而是与一个人内心世界中某些阻挠实现自己真正本质的欲望斗争——如个人的某些弱点、冲动、非理性信仰等等。这种自由观在政治上可以表现为各种不同的主张，其中之一是"把政治看作是实现自由的手段，即运用政治的手段约束人们，使人们过一种理性的生活。"正是由于存在这种可能性，自由主义者对唯心主义自由观通常表现出强烈的批评。在自由主义者看来，如果接受了唯心主义的自由观的话，那么，通常所说的自由——如言论与行动的自由——就可能被以追求某种"更高"自由的名义牺牲掉。有的自由主义者甚至认为，在唯心主义的自由观与形形色色的极权主义政治之间存在密切的联系。自由主义对唯心主义自由观的批评，最典型者可见伯林的"两种自由概念"。共和主义自由传统也对唯心主义自由观有所批评。阿伦特曾指出，唯心主义自由观由于将注意力集中在个人内心世界，将自由视为某种自我的状态，它因此忽略了公共领域的制度设定，而正是这些制度设定保障人们在现实世界的自由免受极权主义式专制主义的威胁。①

明眼人不难看出，米勒关于自由概念的讨论大致沿袭了英国政治哲学的传统，这突出地表现在他关于自由的概念不涉及自由与必然的关系。我们在叙述自由主义发展史时曾经提及，自由与必然的关系是斯宾诺莎自由观的重要组成部分。以后，这种含义的自由构成康德、黑格尔自由理论的基本内容，并经由德国古典哲学的影响成为马克思主义自由理论的基本内涵。与欧洲大陆这种自由概念相反，英国在经验主义哲学影响下，对自由的理解一直是相当机械主义的。譬如，霍布斯在《利维坦》中关于自由的定义是："自由这一语词，按照其确切的意义说来，就是外界障碍不存在的状态。"② 约翰·密尔表达得更明确。他在《论自由》中开宗明义，界定了他将

① David Miller, "Introduction" to *Liberty*, ed., David Miller, Oxford U. Press, 1991, pp. 2-6.
② 霍布斯：《利维坦》，第 97 页。

要讨论的"自由"概念的内涵：

> 这篇论文的主题不是所谓意志自由，不是这个与那被误称为哲学必然性的教义不幸相反的东西。这里所要讨论的乃是公民自由或称社会自由，也就是要探讨社会所能合法施于个人的权力的性质和限度。[1]

米勒的自由观念在很大程度上继承了自贡斯当以降的自由主义传统。如前所述，对自由观念最早进行理论区分的是法国著名自由主义思想家贡斯当。贡斯当于 1819 年发表的关于古代自由与现代自由比较的著名演讲，被公认为阐述自由主义自由理念的经典之作。在这篇著名演讲中，贡斯当对古代自由与现代自由作了区分。他注意到，古代人所理解的自由主要是一种公民资格，即参与公共事务辩论与决策的权利。然而，与古代人有权参与共同体事务并存的是，在古代人那里，没有一个明确界定的私人领域，没有任何个人权利。社会的权威机构干预个人活动的几乎所有领域，阻碍个人的意志。所有私人行动都受到严厉监视。在这个意义上，"古代人没有个人自由的概念"。[2] 现代人追求的自由则是不受政府强制的私人活动空间。由于商业的发展、奴隶制度的取消、疆域的扩大，现代人的生活比古代人更丰富、更复杂。在古代，政治是人们生活的中心。而在现代，政治在人们生活中的地位下降了。人们愈来愈多地从私人生活

---

① 约翰·密尔：《论自由》，第 1 页。
② 贡斯当：《古代人的自由与现代人的自由之比较》，见《公共论丛》，1997 年，第四辑，第 308—309 页。

中追求个人价值的实现，人们在政治事务中的影响由于疆域的扩大而相对缩小。这样，在现代生活中，就出现了与古代人生活截然不同的两个现象。第一，现代人愈来愈注重个人生活的领域，或者说，强调维持一个不受政治权力干预的私人空间，强调个人权利的不可侵犯性。"个人独立是现代人的第一需求：因此，任何人决不能要求现代人作出任何牺牲，以实现政治自由。"第二，现代人愈来愈难以直接参与政治事务的讨论与决策，因而愈来愈多地诉诸代议制作为既保障个人对政治的影响力、又维持个人生活空间的手段。因此，现代人的自由首先表现为享有一系列受法律保障的、不受政府干预的个人权利。对现代人而言，自由首先意味着：

> 自由是只受法律制约、而不因某一个人或若干个人的专断意志而受到某种方式的逮捕、拘禁、处死或虐待的权利。它是每个人表达意见、选择并从事某一职业、支配甚至滥用财产的权利，是不必经过许可、不必说明动机或事由而迁徙的权利。它是每个人与其他个人结社的权利，结社的目的或许是讨论他们的利益，或许是信奉他们以及结社者偏爱的宗教，甚至或许仅仅是以一种最适合他们本性或幻想的方式消磨几天或几小时。最后，它是每个人通过选举全部或部分官员，或通过当权者或多或少不得不留意的代议制、申诉、要求等方式，对政府的行政行使某些影响的权利。①

---

① 贡斯当：《古代人的自由与现代人的自由之比较》，见《公共论丛》，1997年，第四辑，第308页。

贡斯当关于两种自由的区分对自由主义的自由理念有重大影响。二战之后，更成为自由主义关于自由理念的经典陈述。真正继承了贡斯当自由理论并将其升华、发扬光大的乃是伯林。伯林关于消极自由与积极自由的区分直接继承了贡斯当的自由概念，并赋予更深刻、更广泛的含义。

伯林所谓的消极自由大致相当于贡斯当的现代自由，它指的是自霍布斯以来英美自由主义思想家所强调的那种不受其他个人或人们制约的自由。伯林这样定义所谓的消极自由："政治自由是一个人能够在不受他人阻碍的情况下活动的空间。如果我被别人阻止去做我本来可以去做的事情，那么，在这个程度上，我是不自由的；如果这个空间被别人压缩到某种最低限度之下，那么，我就可以说，我受到强制或奴役。"

这种消极自由有几个特征：（1）自由具有内在的价值，而不是实现某种其他价值的手段；（2）这种自由是一个近代的概念，它关注的核心是个人的权利，个人的活动空间，而不是集体的权利；（3）这种自由仅仅和政府控制的范围相关，而与政府权力的渊源乃至政府的形式无关；（4）自由是人类追求的众多美好的价值之一，但并不是惟一的价值。自由是个人幸福的必要条件，但并不是充足条件。享有自由的人也许一贫如洗，也许对政治事务毫无发言权，但这并不否定他享有自由这一事实。

伯林的积极自由概念在很大程度上是针对所谓"极权主义"自由理论而发的。积极自由包括三方面的内涵：第一，自由不仅仅是缺乏外在干预的状态，而同时意味着以某种方式行为的权力或能力；第二，自由是一种理性的自主（rational self direction），在这种状态下，一个人的生活由某种理性的欲望所主导，而不是由非理性的欲望所左右；第三，自由还意味着集体自决，在这种状态下，每个人都通过民主参与的方式在控制自己的社会环境中扮演一定角色。

伯林关于积极自由第一种含义的论述显然是针对马克思主义以及各种社会主义理论的自由观而言的。马克思主义自由观的一个重要内涵是，自由不仅意味着个人享有某种抽象的权利，而且意味着个人有能力、有资源享受这种权利。马克思主义辛辣地嘲讽资产阶级自由的虚伪性与欺骗性，这种自由意味着百万富翁与一文不名的乞丐都有在大桥下面过夜的权利。对此，伯林的反击是，自由仅仅意味着一个人的行为不受外在力量的干预，而不意味着一个人有能力履行某种行为。譬如，我也许没有能力跳跃十英尺的高度，也许没有钱完成一次环球旅行。但如果我的这些行为并不是由于外在力量的阻碍而无法实行，我不能说我没有自由。"仅仅是没有能力达成某一目的，并不代表缺乏政治自由。"[①] 伯林的观点与哈耶克十分近似。哈耶克在《自由秩序原理》中批评了美国经济学家康芒斯与哲学家杜威等把自由与权力、能力、财富联系在一起的观点。哈耶克认为：

我们还必须认识到，我们可能是自由的，但同时也有可能是悲苦的。自由并不意味着一切善物，甚或亦不意味着一切弊端或恶行之不存在。的确，所谓自由，亦可以意指有饥饿的自由，有犯重大错误的自由，或有冒生命危险的自由。在我所采

---

① 伯林：《两种自由概念》，《公共论丛》，第一期，第 201 页。

纳的自由的原始意义上，一个身无分文的流浪汉，虽凑合地过着朝不保夕的生活，但的确要比享有各种保障且过着舒适生活的应征士兵更自由。①

伯林对积极自由的分析集中在第二种含义上。他认为，积极自由的核心就是个人自主的观念。伯林写道：

> 自由这个词的"积极"意义，来自一个人想成为他自己的主人的愿望。我希望我的生活和选择能够由我自己决定，而不是取决于别的什么外在力量。我希望成为我自己意志行动的工具，而不是别人意志的工具。我希望成为主体，而不是他人行为的对象；我希望由我自己的理性，有意识的目的所驱使，而不是出于外来的某种原因。……我希望成为一个能自我决定的行动者，而不是由别人决定。我希望能拥有自我导向，而不是受外在自然力的影响，或者被别人当作一件物品，一只动物，一个无法扮演人的角色的奴隶，也就是说，一个无法设定自己的目标和决策并且无法去实现它们的奴隶……我希望最重要的是意识到自己是一个有思想的、有意志的积极的人，为我自己的选择承担责任，并能用我自己的理想和目标来解释这种选择和责任。只要我相信这一切是真实的，我就会感到自由，而如果我认识到这一切并不是真实的，那么我就会感到受到了奴役。

---

① 哈耶克：《自由秩序原理》（上），邓正来译，生活·读书·新知三联书店，1997年，第13页。

伯林进一步分析道，从表面上看，做自己主人的自由和不被别人阻碍自我选择的自由似乎并没有多大的逻辑距离，只是同一件事从正面和反面作不同描述而已。然而，从历史上看，"积极的"和"消极的"自由观却沿着不同的方向发展，直到最终演变成彼此直接的冲突。

为什么会出现这种情形呢？关键在于"自主"这一概念的含义是"我是我自己的主人"，"我不是任何人的奴隶"。但在事实上，一个人很难完全做自己的主人。有时，他的行为可能受外部世界的束缚，做自然的奴隶；有时，他的行为会受某种传统、观念或流行观点的影响，这样，自己的行为表面上是由自己作出的，实际上自己作了传统的奴隶、流行观念的奴隶；有时，他的行为会受到自己"不受约束"的激情的左右，而这种激情并非自己的真实意图，只是一时的情感冲动。按照自主的观念视之，所有这些行为在实质上都是不自主的，因而是不自由的。

据伯林分析，积极自由的核心在于自主。而自主的概念又往往与"真实的"、"更高的"、"理想的"自我与"虚假的"、"低级的"、"非理性的"、"经验的"自我之区分相关。伯林指出，个人也许会在某时某刻欲求某种东西。若以消极自由观视之，假如他的欲求不受外界力量的干预，他就是自由的。但若以积极自由的观点视之，他的欲求可能是出自真实的自我，高级的自我，也可能来自某种"非理性的冲动，不受控制的欲望"，也就是说，来自虚假的自我，低级的自我。虚假的自我与低级的自我在本质上是非自我。满足这种欲求在本质上是对自主的否定，亦即对自由的否定。

伯林认为，追求积极自由可能导致两方面的后果。其一，由于真正的自主不可得而导致消极"遁世主义",古希腊的斯多葛哲学以及佛教便是这方面的例子。其二,真实的自由可以外化为某种国家意志、集体意志、某种规律。这样,个人就可能被强迫服从代表真实自我的国家意志、集体意志或规律。而且,根据积极自由的观点,个人虽然在表面上被别人强迫,但在实质上,这种强迫使他按照真实自我的意志去行为,因而他在本质上是自由的。这就是卢梭所谓"强迫人们自由"的真实含义。伯林进一步分析道,这种观念可能为极权主义以及形形色色的对人的奴役辩护:

> 一旦我采取这样的观点,我就有可能处于忽视人类或社会的实际愿望的位置,而以"真实"自我的名义,并代表这个自我去欺凌、压迫、折磨他们。并且使自己坚持认为:只要是人类的真正目标,诸如幸福、责任履行、智慧、公正的社会、自我实现等,便一定能和他的自由相一致,而这自由便是:自由地选择他的"真实"自我,尽管这种自我经常埋没而难以表明。

伯林关于两种自由概念的区分影响很大。他将自由主义近两百年来追求的自由作了概念上的廓清:自由主义追求的自由是消极自由而不是积极自由。

2. 自由的界限

自由主义尽管高度重视自由的价值,但绝不鼓吹无限制的自由。自由主义强调的自由是法治原则下的自由。自由主义与无政府主义在自由问题上的最大分野是,自由主义追求自由与秩序之间的平衡。正如曼宁所强调的那样,自由主义的首要原则是平衡原则。平衡原则的含义之一就是自由与权威、个性与一致性、进步与秩序之间的平衡。①

关于自由与权威的关系以及自由的界限，约翰·密尔在《论自由》的小册子中曾有过详尽的讨论，这些讨论一直被视为自由主义关于自由与权威关系的经典论述。

密尔《论自由》一书的宗旨是"探讨社会所能合法施于个人的权力的性质和限度"，用严复翻译密尔这本书时的话来说，就是探讨"群己权界"问题。密尔对社会与国家的理解是相当机械主义的。他把整个社会的事务划分为两大部分，其一是私人领域，应该由个人自由处置；其二是公共领域，社会与政治权威只有在这一领域才有干预的权利。

那么，如何界定这两个领域呢？密尔提出著名的"极其简单的原则"。密尔对这条原则的完整表述如下：

> 本文的目的是要力主一条极其简单的原则，使凡属社会以强制和控制方法对付个人之事，不论所用手段是法律惩罚方式下的物质力量或者是公众意见下的道德压力，都要绝对以它为准绳。这条原则就是：人类之所以有理有权可以各别地或者集体地对其中任何分子的行动自由进行干涉，惟一的目的只是自我防卫（self-protection）。这就是说，对于文明群体中的任一成员，所以能够施用一种权力以反其意志而不失为正当，惟一的目的只是要防止对他人的危害（harm）。若说是为了那人自

---

① D.J. Manning, *Liberalism*, pp. 14 – 16.

第四章 自由主义的原则 | 249

己的好处，不论是物质上的或者是精神上的好处，那不成为充足的理由。……任何人的行为，只有涉及他人的那部分才须对社会负责。在仅只涉及本人的那部分，他的独立性在权利上则是绝对的。对于本人自己，对于他自己的身和心，个人乃是最高主权者。①

这一段话包含了自由主义关于自由界限的最经典的论述，有必要仔细分解。首先，密尔明确地将干预个人自由的行为限定在消极地防止危害他人的行动上。这就是说，一个集体或个人只有基于自我保护的目的才有权阻止另一个人按照其意志去行为。任何个人或集体都不能为了某人自己的利益、自身的好处而强迫某人去做违背他此时此刻意志的事情。密尔将为了某人自己的利益而强迫其行动的做法称作是"家长主义的"（paternalistic）。

密尔对家长主义的批评相当激烈。他有一个强烈的信念，一个人一旦进入成年，就是自己身体与良心的主人，就有全权决定自己的行为，主导自己的行动，并为自己的行为负责。"每个人是其自身健康的适当监护者，不论是身体的健康，或者是智力的健康，或者是精神的健康。"

密尔的理由很简单，但很富有哲理：

> 对于一个人的福祉，本人是关切最深的人；除在一些私人联系很强的情事上外，任何他人对于他的福祉所怀有的关切，

---

① 密尔：《论自由》，程崇华译，商务印书馆，1982年，第9—10页。

和他自己所怀有的关切比较起来，都是微薄而肤浅的。社会对于作为个人的他所怀有的关切（除开对于他对他人的行为而外）总是部分的，并且完全是间接的；而本人关于自己的情感和情况，则虽最普通的男人或妇女也自有其认识方法，比任何他人所能有的不知胜过多少倍。[①]

在日常生活中，常常会遇到这样的情形：一些人告诫另一些人该如何行为，不该如何行为，甚至诚恳地讲，"这是为你好"。在密尔看来，善意的告诫尽管可以允许，但仅限于"告诫"而已。被告诫者完全有权决定自己是否采纳他人的告诫。如果告诫者的身份是长者、智者、有权势者，如果他试图以某种物质的或心理的仲裁方式强迫被告诫者采纳或放弃某种行为，那么，告诫者便侵犯了被告诫者的自由，就是以"家长主义"的方式行为。

既然家长主义式的关怀不能作为干预个人自由的理由，那么，唯一可以作为理由的是阻止一个人伤害另一个人。密尔的个人主义逻辑在这里表达得十分清楚。个人是自己身体与良心的主人。在法律意义上，每一个人都关心自己的利益，而且仅仅关心自己的利益。假如个人的行为没有涉及他人、影响他人，或者说得更明确一些，没有伤害他人，那么他就有完全的权利去行为。假如一个人的行为伤害了同样关切自身利益的他人的利益，那么，他人就有权诉诸社会或国家，以惩罚或其他方式阻止对自己的伤害。

"伤害"这个概念在密尔的自由理论中有十分重要的位置。有

---

① 密尔：《论自由》，程崇华译，商务印书馆，1982 年，第 82—83 页。

时，密尔也用涉及（involve）或影响（affect）来表达类似的含义。密尔将个人的行为分为两大类：第一类行为是只"影响"本人的行为，个人有全权处置此类行为；第二类行为是影响他人的行为，个人必须对这类行为的后果承担责任。为了防止概念的随意引申，密尔对"影响"一词作过明确的界定。他指出，"影响"仅仅意味着"直接的"（directly）与"最初的"（in the first instance）的影响。由于世界上万事万物都有某种联系，任何个人都不可能完全孤立地存在。因此，若以类推的方法来分析，一个人的所有行为都会对其他人有所影响。譬如，如果一个人挥霍了自己的财产，那么，他就会对那些直接或间接依赖自己资助的人产生伤害。又如，如果一个人不注意保重身体，甚或损伤了自己的身体，他就不仅会给自己的亲人带来痛苦，而且也使社会丧失了劳动力，给社会造成危害。密尔认为，所有这些行为都不属于法律干涉的范围。如果以类推的方式来判定一个人的行为是否影响了他人，那么，任何个人行为都会在不同程度上对他人有所影响，个人的任何行为都不可能自由。

基于这一原则，密尔讨论了个人自由的范围，也就是"人类自由的适当领域"。这些领域包括："第一，意识的内向境地，要求着最广义的良心的自由；要求着思想和感情的自由；要求着在不论是实践的或思考的、科学的、道德的或神学的等等一切题目上的意见和情操的绝对自由。……第二，这个原则还要求趣味和志趣的自由；要求有自由订定自己的生活计划以顺应自己的性格；要求有自由按照自己所喜欢的去做，当然也不规避会随来的后果。……第三，随着各个人的这种自由而来的，在同样的限度之内，还有个人之间相互联合的自由；这就是说，人们有自由为着任何无害于他人的目的而彼此联合，只要参加联合的人们已成年，又不是出于被迫或受骗。"①

在这一段论述中，密尔提出个人自由的范围主要包括三方面：第一是思想与意见的自由，当然也包括表达意见的自由，诸如出版的自由等；第二是个人选择自己特殊生活方式的自由；第三是在不伤害他人利益前提下从事社会、经济与政治活动或其他活动的自由。现在我们依次对这些原则作一些剖析。

密尔对思想与言论自由的强调达到近乎执着的地步。他强调，在进行科学研究、理论探讨或社会政治问题讨论时，政府不应该以法律的方式禁止人们发表意见，社会的大众也不应该压制不同意见的发表。任何个人或组织都无权禁止一个人自由地表达自己的思想。在一个社会中，即使除了一个人之外的所有人都持相同的观点，这个社会也没有权利迫使那一个人沉默。密尔的逻辑是：

> 迫使一个意见不能发表的特殊罪恶乃在它是对整个人类的掠夺，对后代和对现存的一代都是一样，对不同意于那个意见的人比对抱持那个意见的人甚至更甚。假如那个意见是对的，那么他们是被剥夺了以错误换真理的机会；假如那意见是错的，那么他们是失掉了一个差不多同样大的利益，那就是从真理与错误的冲突中产生出来的对于真理的更加清楚的认识和更加生动的印象。②

① 密尔：《论自由》，程崇华译，商务印书馆，1982年，第13页。
② 同上，第17页。

密尔在这里实际上讲了禁止言论自由的两类情形。在第一种情形下，假定社会试图禁止的言论与思想是正确的，那么，禁止该言论与思想就会使社会丧失一次获得真理、纠正谬误的机会。这样的例子很多。在中世纪的西方，宗教权威对哥白尼、伽利略、布鲁诺的迫害大大延缓了人类认识与理解宇宙的进程。在新中国建立以后的历史中，多少次对不同意见的不宽容乃至压制，使我们丧失了较早认识苏联模式弊端的机会。密尔论及的第二种情形是，即使社会试图禁止的言论与思想本身是错误的，对它的禁止仍然是一个罪恶。至少，社会丧失了在与谬误的冲突中理解真理的机会。真理是在与谬误斗争、冲突的过程中发展起来的。如果以专断的方式、利用政治权力禁止错误意见，所谓正确的意见就不仅得不到保护，而且会由于缺乏竞争与冲突而枯萎。

在西方自由主义发展的历史中，对密尔关于思想言论自由的基本理论争议不大。但对这一理论的某些内涵曾有过激烈论争。其中最大的争议集中在两方面：第一是对那些煽动性的、可能激发伤害他人后果的言论如何处理。密尔试图区分纯粹的言论与可能激发伤害行为的言论。他在《论自由》中举了一个例子："譬如有个意见说粮商是使穷人遭受饥饿的人，或者说私有财产是一种掠夺，它们如果仅仅是通过报纸在流传，那是不应遭到妨害的，但如果是对着一大群麇集在粮商门前的愤怒的群众以口头方式宣传或者以标语方式宣传，那就可以惩罚而不失为正当。"[①] 第二是对那些有伤风化的、色情的言论与出版物是否也应该允许其自由。密尔从他的"最简单

---

① 密尔：《论自由》，程崇华译，商务印书馆，1982年，第59页。

的原则"出发对此持肯定的态度。我们稍后将简要介绍保守主义理论家对这一原则的批评。

密尔关于个人追求自己特殊生活方式自由的论述与他的个性观念有密切联系。如前所述，密尔高度强调个性问题，强调社会必须尊重个人的独特的生活方式。这种观点实则是一种相当高层次的宽容理论。近代早期的宽容理论主要是讲宗教宽容，它在很大程度上是为了回应欧洲宗教战争所表现出的宗教不宽容。在中世纪晚期的欧洲，随着基督教统一权威的衰落，特别是随着新教改革后出现的宗教分裂，各教派之间的纷争与冲突愈演愈烈。各种政治统治者纷纷卷入宗教冲突之中，利用政治权力迫害异己。因此，早期的自由主义者几乎毫无例外地以实现宗教宽容为己任。他们反对教派国家（confessional states），即反对国家将某种宗教教义强加给自己的人民。自由主义主张政治权威对各种教派持宽容的态度。

密尔将宗教宽容的原则更推进一步，将宽容精神扩展到生活方式的层面。密尔的"伤害"原则表达了自由主义关于宽容的最一般的原则，这就是，除非个人的行为在未经同意的情况下伤害了他人，国家与社会便不得对其进行干预。

从理论上看，这一观点似乎颇容易接受。但在实际上，它包含了相当具有挑战性的内涵，而且这一原则的实施具有不可轻视的后果。因为，任何社会都具有某些特定的传统与习俗，都有某些似乎不可容忍的行为。密尔要求一个国家、社会及其人民容忍那些他们本来看不惯、不喜欢甚至鄙视、厌恶的生活方式，这确实是一件相当具有挑战性的事。当然，有些生活方式不触及一个社会的基本价值观或只触及其边缘部分，这似乎较容易接受。

譬如，在我国改革开放初期，不少人对当时一些年轻人的衣着方式颇有微词，在舆论界也有不少谴责喇叭裤、长头发的文章。后来，随着社会的多元化与环境的宽松，人们便逐渐开始宽容在衣着方面的个人选择了。但是，当有些生活方式触及一个社会深层的道德与宗教信念，对它的宽容就成为比较复杂的问题了。譬如，对于是否容忍同性恋的问题，在西方曾有过长期争论。最终，从20世纪60年代开始，同性恋逐步合法化。今天，同性恋伴侣在不少国家俨然享有夫妻的法律地位，这对那些有浓厚宗教背景的人而言显然是难以容忍的。又如，假如有人坚持在穆斯林聚居的闹市开一家卖猪肉的餐馆，这对当地人来讲将是一种相当大的不敬。由于上述原因，密尔的生活方式自由原则历来是相当有争议的。

密尔关于个人从事经济、政治、社会活动的自由主要指个人在平等的条件下参与市场经济的自由，以个人或结社方式从事社会与政治活动的自由，组织政党的自由等。

3. 自由的价值

自由主义者尽管都歌颂自由、倡导自由、把个人自由看作组织社会与国家的基本原则，但对自由的论证却有很大不同。就主要流派而言，有功利主义与形形色色的权利学派两大类。

近代最早倡导自由的理论家大都从天赋权利的角度论证自由。洛克将生命、自由、财产视为个人的天赋权利，是人之作为人必须享有的权利。这种权利并不因为个人进入社会而转让给社会。法国大革命时的"人权宣言"及美国宪法中的"权利法案"都把个人的自由视为个人与生俱来、不可剥夺、不可转让的权利。

与权利学派相对立的是功利主义。从功利主义立场论述自由的学者首推密尔。密尔在《论自由》中明确指出，他论证自由的方法是功利主义的：

应当说明，在这篇论文中，凡是可以从抽象权利的概念（作为脱离功利而独立的一个东西）引申出来而有利于我的论据的各点，我都一概弃置未用。的确，在一切道德问题上，我最后总是诉诸功利的；但是这里所谓功利必须是最广义的，必须是把人当作前进的存在而以其永久利益为根据的。[①]

功利主义的论证与基于自然权利的论证有很大不同。基于权利论证自由是相当个人主义的，而且带有强烈的革命性。其逻辑是，我有自由的权利，这种权利是与生俱来的、是天赋的。任何政府都不得侵犯我的自由。侵犯个人自由的政府是暴虐的政府，人民有权以革命的方式推翻政府，恢复个人的自由。

功利主义对以权利的方式论证自由持激烈的批评态度。在功利主义看来，这种论证的问题是，第一，自然权利的概念含混不清。什么应该是个人的权利，什么不应该是个人的权利，从自然权利出发很难有确切的标准。譬如，为什么一个人可以有抽烟的自由，而不可以有吸毒的自由，从权利原则很难讲清楚，必须诉诸某种后果原则，即功利原则。第二，功利主义不满权利原则的革命性倾向。在功利主义看来，权利原则是相当专断的、激进的，它认定某些权利应该属于个人，并以这种认定衡量政府的优劣。假如政府被判断

---

① 密尔：《论自由》，程崇华译，商务印书馆，1982年，第11页。

侵犯了个人的自由，它会鼓励以革命的方式改变政府，全然不顾这种方式带来的后果。

从功利主义的角度论证自由主要是强调自由的社会结果，特别是强调个人自由与创造性、进步之间的必然联系。密尔在论证言论自由的必要性时，一个重要的理由是，自由讨论可能带来科学的昌盛、艺术的繁荣、理论的丰富，并最终导致人类的进步。真理只能在各种意见的自由冲突中浮现。专制统治与思想控制必然导致科学、艺术、文学、思想的枯萎，并最终扼杀人类的进步。一个崇尚思想与言论自由的社会可能是一个富有创造性、激发智慧的社会，而一个压制不同意见与思想的社会必然是一个智慧枯萎、创造性枯竭的社会。

当然，并不是所有自由理念的信奉者都接受这种论证。当代著名自由主义者伯林曾以嘲讽的口吻批评密尔这种论证方式。他指出：

> 没有人会主张，在一个所有思想都被教条压制的地方，真理和表达的自由能够欣欣向荣。但是，诚如斯蒂芬在《自由、平等、博爱》一书中猛烈攻击密尔时所主张的，历史的证据却显示：在苏格兰或英格兰加尔文派清教那种纪律严明的社群中，或者在军队中，廉洁的品德、对真理的喜好、强烈的个人主义等，至少也和在比较宽容、比较冷漠的社会中一样常见。①

我们或许还可以提供更多的例子来支持伯林。譬如，沙皇统治

---

① 伯林：《两种自由概念》，《公共论丛》，第一期，1995年，第208页。

时期的俄国虽不是思想宽容的天堂，却产生过俄国历史上少有的文学繁荣。大革命前法国政治的专制也未能阻止启蒙运动在法国的蓬勃发展。不过，这种例子毕竟颇为有限。而且，实在说，这些例子与其证明思想禁锢无法扼杀思想的繁荣，倒不如说显示了沙皇时期的俄国与大革命之前的法国思想控制也许事实上并没有那么严格。纳粹时期的德国与斯大林时期的苏联在文学、艺术、思想方面几乎乏善可陈。这似乎印证了密尔的观点：真理并不必然战胜谬误。如果追求真理的代价太大，甚至会付出生命的代价，一个社会的人可能会放弃追求真理。"历史上富有迫害行为压灭真理的事例。即使不是永远压灭，也使真理倒退若干世纪。"①

密尔论证自由的价值时还诉诸怀疑主义原则，特别是他关于言论与思想自由的讨论更是如此。密尔的基本出发点是，"我们永远不能确信我们所力图窒闭的意见是一个谬误的意见"。② 任何个人或由个人组成的群体，不论他们多么英明、多么博学，都不可能不犯错误，都不可能对事物有完全正确的认知。这一现象被密尔概括为人类的"可能错误性"（fallibility），既然任何人都可能犯错误，掌握国家与社会权力的人便"没有权威代替全体人类决定问题，并把每一个别人排拒在判断资料之外"。③

在历史上，怀疑主义认识论倾向于支持自由的主张，而专断的认识论则倾向于支持对自由的限制。假如一个人、一个群体坚信自己能够正确地认识事物，甚至理解事物发展的规律，那么倾听别人

---

① 密尔：《论自由》，程崇华译，商务印书馆，1982 年，第 29 页。
② 同上，第 17 页。
③ 同上，第 17—18 页。

的意见就是毫无意义的。在这种情况下，自由讨论不仅没有必要，而且浪费时间与精力，甚至削弱人们对正确理论与意见的信念。假如一个人、一个群体对自己（当然也包括对别人）认识事物的能力持一种相对的态度，或怀疑的态度，他就很难拒斥别人的意见，更遑论压制别人的意见了。认识论上的专断主义与怀疑主义可能导致全然不同的两种气质。前者的典型人格是充满自信与勇气，对自己的见解坚信不疑，对别人的意见不屑一顾；对阿谀奉承者十分青睐，对批评建议者必欲置之死地而后快。后者的人格特征是谦逊与平实。他绝对不相信自己永远正确的神话，他绝不认为自己在人格或道义上高于其他人。他对所有人的所有意见都显示出高度的尊重与宽容，并试图从不同意见中汲取有益的因素。他对真理的热爱远远超过对自己权势的热爱，对别人的宽容超过对自己错误的宽容。

4. 保守主义对自由观念的批评

在英美世界，一个多世纪以来围绕密尔的自由原则有过相当激烈的争论与冲突。密尔《论自由》发表不久，英国著名保守主义理论家斯蒂芬（J. F. Stephen）就撰写了《自由、平等、博爱》，系统、全面地反驳密尔的自由观点。[①] 20 世纪 60 年代，在英美国家，围绕同性恋、色情出版物等问题有过一场激烈的争论。自由派的主将是英国法学家哈特（H. L. A. Hart），其主要立场是密尔的观点。保守派的主要代表人物是当时英国最高法院法官戴维林勋爵（Lord Devlin）。[②]

保守主义者对密尔自由原则的核心批评在于，密尔以一种机械主义的方式理解社会，故而只强调对某一特定个人或群体的伤害，

---

① J. F. Stephen, *Liberty, Equality, Fraternity,* London, 1874.

② Patrick Devlin, *The Enforcement of Morals,* Oxford University Press, 1965.

全然不顾对社会的伤害。在这方面，戴维林的观点颇具代表性。戴维林引证涂尔干的观点，认定社会稳定的基础在于某种共同的信仰、共同的道德、共同的观念。如果这些道德、观念、信仰受到削弱，社会统一性的基础便会受到削弱，社会稳定便很难维系。戴维林认为，密尔主张宽容不同的生活方式。但是，有些生活方式尽管并未伤害具体的个人，却伤害了整个社会，譬如，戴维林指出，尽管饮酒不伤害他人，但如果一个社会的多数人每天在醉生梦死的状态下生活，社会就会受到伤害。当然，另一个支持戴维林的例子是吸毒问题。从密尔的原则出发，吸毒对他人的危害甚至低于抽烟对他人的危害（特别是二手烟的危害），但今天的大多数自由主义者都不会反对政府禁毒。

保守主义对密尔原则的另一个批评是，密尔对"伤害"的理解过分狭窄。有些伤害可能是物质的、肉体的，有些伤害是精神的、情感的、道德的。上面所举的在穆斯林聚居的闹市开设售卖猪肉的餐馆尽管不构成对人们的物质性伤害，但显然是精神的伤害。同性恋的行为尽管并未对他人构成物质性的伤害，但假如一座房屋里居住了这样的人们，对其他有道德良知的人无疑是一种侮辱与亵渎。

鉴于这种观点，戴维林提出一个至今为许多保守主义者接受的观点：社会有权将自己通行的价值观、道德准则强加给社会的成员。①

确实，戴维林所代表的保守主义对自由主义自由理念的批评是

---

① 关于保守主义者对密尔理论的批评，可参见 P. Devlin 的著作。

不容忽视的。任何理论，如果将其推向极端，都会得出许多相当荒唐、令人难以接受的结论，自由理论也是如此。这就是为什么功利主义的自由主义者很不愿意把自由作为至高无上的价值，作为本身具有内在价值的原则。功利主义的自由主义者将功利原则包括后果原则视为高于自由原则的最高原则，以功利原则衡量某时某地某种自由的合理性与可行性。

如果说自由主义的本质在于追求某种平衡的话，从功利原则出发讨论自由问题比较容易达到某种平衡。保守主义者看到传统、道德、信仰、共同价值的重要性，试图维系这些价值，作为维系社会稳定的前提。然则，人类社会在自身发展的过程中，总是在不断抛弃旧的价值、旧的观念，接受新的价值与观念。如果奉行保守主义原则，社会有权将一时一地流行的道德准则强加于个人并以法律的方式惩罚违反者，社会便无以进步。然则，如果所有行为都完全由个人根据自己的喜好来决定，社会的稳定与秩序恐怕也难以维持。功利主义的自由主义原则有助于解决这种困境。功利主义既不承认传统的绝对价值，也不承认自由的绝对价值。它以后果作为判断的标准，在不危及社会稳定的前提下最大限度地鼓励个人自由。

三、平等的悖论

晚近以来，平等原则似乎不被自由主义思想家所刻意强调。自托克维尔以降，不少自由主义思想家往往高谈平等的危害，平等与自由的矛盾，以至于在学术界有一种流行的说法：自由主义是关于自由的学说，社会主义是关于平等的学说。

这是对自由主义的极大误解。事实上，对平等的诉求在自由主义的话语中占据十分重要的地位。著名左翼自由主义哲学家德沃金甚至声称，"某个平等观，我愿意称之为'自由主义的平等观'，是自由主义的核心"。①

不过，如同政治价值中的诸多术语一样，平等也是一个具有多重含义的术语。这些多重含义不仅遵循各自的逻辑，有时甚至互相冲突。在有的逻辑下似乎是符合平等标准的行为，在另一种逻辑下可能会被视为对平等原则的粗暴侵犯。

面对平等的复杂内涵，自由主义阵营内部的观点显现出巨大的分歧。可以毫不夸张地说，没有任何问题能够像平等那样引发自由主义内部的激烈纷争，没有任何问题像平等那样成为区分不同自由主义派别的分水岭。

1. 平等的概念

西方平等观念的历史渊源可以追溯到古希腊。

当代学者在讨论古希腊的平等观念时，常常会引证亚里士多德的观点。亚里士多德在正义的框架内讨论平等。他首先区分了普遍正义和特殊正义，特殊正义又细分为分配正义和矫正正义。分配正义涉及平等问题。根据亚里士多德的分类，"所谓平等有两类，一类为其数相等，另一类为比值相等。'数量相等的意义是你所得的相同事物在数量和容量上与他人所得者相等'；比值相等的意义是根据个

---

① 罗纳德·德沃金：《原则问题》，张国清译，江苏人民出版社，2008 年，第 227 页。

人的真价值，按比例分配与之相衡称的事物。"① 亚里士多德认为，分配正义是指依据德行来分配荣誉、政治职位或金钱，每个人所获应该与他的德行成比例。如果德行不平等的人受到平等对待，或者德行平等的人受到不平等对待，这都是非正义的。

亚里士多德这段话所涉及主要是平等的不同类型。对于我们理解亚里士多德平等概念与近代以来平等概念的区别而言，更为重要的是他关于公民平等以及人生而不平等的观点。

亚里士多德强调公民平等，并将其视为区分政治的统治与非政治统治的分水岭。亚里士多德在论述何为政治时，区分了三种不同类型的权威：主人对奴隶的权威、家长对家属的权威以及政治家的权威。"政治家所治理的人是自由人；主人所管辖的则为奴隶。家务管理由一个君主式的家长掌握，各家家长以君臣形式统率其随从的家属；至于政治家所执掌的则为平等的自由人之间所托付的权威。"② 这里，"平等"的自由人的说法至关重要，这一点构成"政治"统治和非政治统治的关键区别。"在一般共和政体中，公民们轮番执政，也就是轮番做统治者；在一个共和国内大家认为所有公民完全平等，没有任何差别。"③

不过，尽管亚里士多德强调自由人之间的平等，但他坚决否认自由人和奴隶之间的平等。他在《政治学》中写道："人类确实原来存在着自然奴隶和自然自由人的区别，前者为奴，后者为主，各随

---

① 亚里士多德：《政治学》，吴寿彭译，商务印书馆，1965 年，第 234—235 页。
② 同上，第 19 页。
③ 同上，第 36 页。

其天赋的本分而成为统治和从属，这就有益而合乎正义。"① 正是基于人生而不平等的逻辑，亚里士多德为奴隶制辩护。奴隶与自由人存在着与生俱来而又无法通过后天努力克服的巨大的心理和生理差异。一个人的人生目的是在理性的支配下通过道德的生活来获得幸福。所以，那些不充分具备理性的人应该由完全具备理性的人控制，否则他既不会有道德，也不会幸福。让奴隶在主人的控制下生活，奴隶便可能通过服从有智慧的优越者来过上最好的生活。

亚里士多德关于人生而不平等的论说在前现代社会颇为常见。大部分前现代社会都存在某种形式的等级制，社会成员被依据种族、出身、宗教、性别等划分为不同的阶层。与此相联系，人分九品也是思想家惯常的思维模式。即令在现代社会，形形色色的以种族、民族、阶级划分为基础的等级主义也并不鲜见。

从思想史的角度看，西方近代之前的平等学说主要可以从斯多葛派哲学中发现。斯多葛派的哲学与亚里士多德的理论不同。在斯多葛派看来，所有人都具有理性，尽管理性在每个人身上体现的程度不同。因为所有人都分享了理性，所以也就分享了神性。惟其如此，人类在种类上是没有区别的。这就是说，就人性而言，在人类的本质中没有区分，所有人都是平等的。

不过，尽管我们可以从古代和中世纪的思想中发现平等观念的萌芽或雏形，但是，平等作为一种理念应该说是近代的现象。正如海沃德（Andrew Heywood）所观察到的那样，"平等理念也许是近代政治思想最突出的特征。古典与中世纪思想家通常视等级制为自

---

① 亚里士多德：《政治学》，吴寿彭译，商务印书馆，1965 年，第 18 页。

然的、不可避免的现象，而近代思想家则把所有人具有平等道德价值的预设作为理论的起点"。①

即使从词源的角度言，平等观念也是近代的产物。根据《关键词》（Key Words）的考释，"平等"在英语中最早出现于 15 世纪，其含义最初仅仅与身体状况关涉，后来又与社会各等级的平衡有关。到了 16 世纪，从后一含义中逐步发展出更为一般化、规范意义上的"平等"。②

2. 基础平等理念

从宗教改革到法国大革命，西方发生了一系列重大的社会与政治变革。绝对主义王权被一种新型的、基于人民同意的宪政体制所代替，封建等级制度被废除或削弱，社会的法律基础由身份制转化为契约制。

为这种新型的社会与政治关系提供理论论证的主要是自由主义。自由主义高举自由、平等的旗帜，挑战封建等级制度，鼓吹建立一个以人的平等为基础的现代社会制度。

在自由主义的平等理念中，最有影响的莫过于"人生而平等"的理念。这一理念被英国著名道德哲学家威廉姆斯（Bernard Williams）看作是自由主义平等理念的基础，或曰"基础平等理念"（foundational equality）。当然，"人生而平等"并不是某种事实描述，而是一种价值追求。这种观念的核心在于陈述一个政治原则或目标。这就是，尽管人们在体力、智力、技艺、美德诸方面或许有

---

① Andrew Heywood, *Political Ideas and Concepts: An Introduction*, New York: St. Martin Press, 1994, p. 225.
② Raymond Williams, *Key Words*, Fontana Press, 1988, pp. 117 - 8.

差异，但是，"仅仅因为他们都是人：人之为人的共同特征构成平等的内涵"。①

那么，"人之为人"的共同特征有哪些？从 17 世纪到 18 世纪末的自由主义不同学派曾给出不同的答案，发展出不同的理论。

最早为基础平等概念论证的是自然权利学说。霍布斯、洛克等自然权利的倡导者尽管政治结论不尽相同，但他们构建其政治哲学的逻辑基础是相同的。他们的基本预设是，人生而平等，在自然状态下，人们有天然的自由与平等。人作为人所享有的与生俱来的平等权利并不因进入社会状态而消失。

在自然法学派之后，功利主义也高扬平等的原则。以功利主义为哲学基础的自由主义者扬弃了自然权利学说，并以功利原则为基础构建出一套平等观念。功利主义认为，所有人都有相似的感官需求。例如，所有人都有对痛苦与快乐的感觉。功利主义正是从这一前提出发，强调功利计算的方式是把每一个人当作一个人计算，任何人都不能在计算中占据超过一个人的分量。无论是一个社会的最高统治者还是一文不名的乞丐，他们的痛苦与快乐在道德与立法的考量中都是等价的，具有相同的重量。

与自然法学派和功利主义不同，以康德为代表的自由主义则强调人有相同的道德能力，有相同的尊严。康德比此前任何一位思想家都更清晰明确地鼓吹所有人的平等。这个主张是他在《道德形而上学原理》中最著名的观点之一。康德说，任何一个人，一个理性的人"都是作为本身目的的存在，而不是他人的手段"。每个人都有

---

① Bernard Williams, "The Idea of Equality," in Joel Feinberg ed., *Moral Concepts*, Oxford University Press, 1969, p.153.

"绝对价值"，也就是平等的价值。

无论是从自然权利的角度、功利主义的角度，还是从人的尊严的角度论证人的基础平等，都体现了自由主义理论的个人主义特征。自由主义的基础是个人主义。个人主义学说中的个人是抽象的人、普遍的人。所有人，不论其出身、性别、年龄、阶级、地位、工作类型，都是人，都应该享有同等的权利，同等的尊严。个人之作为人是其最本质的属性，而他所处的社会地位、经济地位、权力地位只是他的次要属性。正是在这个意义上，我们可以说，平等原则是自由主义个人主义原则的必然引申。

自由主义对个人平等权利的强调体现了自由主义的现代性特征。自由主义就其本质而言是一种普遍主义。它强调人的普遍价值，强调道德的普遍意义，强调法律的普遍有效性。它也许并不否认不同社会地位、经济地位、政治地位甚至地域环境会对人们的思维与行为方式产生一定的影响。但它绝不允许一部分个人或团体享有比其他个人或团体更多的权利，更高的尊严。

3. 形式平等

基于基础平等的理念，可能导出不同类型的平等主张，最常见的平等主张包括形式平等与实质平等两类，前者指谓平等的权利，后者则指谓平等的境况。也有论者作出更为详细的区分。譬如，政治学者萨托利便将平等划分为五个层次的平等：法律政治平等、社会平等、机会的平等、起点的平等以及经济平等。[①] 前两种平等实际上就是所谓的形式平等，而后三种平等都在不同程度上与实质平等

---

① 萨托利：《民主新论》，冯克利、阎克文译，东方出版社，1993 年，第 357 页。

相关联。这些区分为我们分析自由主义的平等观提供了可资参考的概念框架。

自由主义的几乎所有派别都会接受形式平等的理念。形式平等意味着，每个人基于其人之为人的共同特性有权在社会实践规则面前受到平等的对待。从这个意义上说，形式平等是一种程序性规则，它赋予每个人平等的行为自由，而不管这些个人如何选择自己的生活方式，具有何种能力实现自己的生活方式，也不关注个人在选择其生活方式时的人生际遇或资源占有状况。①

美国学者萨皮罗（J. Salwyn Schapiro）关于自由主义与形式平等原则关系的概括颇得自由主义之真谛：

> 自由主义宣布所有人一律平等。当然，不应忘记，这种平等并不意味着所有人有同样的能力、同样的道德理解力或同样的个人魅力。它的含义是，所有人在法律面前有同等的权利，有权享受同等的公民自由。任何法律都不得授予一些人特权或强加给另一些人特殊的歧视；不论一项法律的目的是援助、保护或惩罚，它必须对所有人一视同仁。自由主义向所有特权发起无休止的攻击，不管这些特权是基于出身、财富、种族、教义或性别。在自由主义看来，这些特权是对个人发展的人为障碍。②

---

① Andrew Heywood, *Political Ideas and Concepts: An Introduction*, New York: St. Martin Press, p. 227.

② J. Salwyn Schapiro, *Liberalism: Its Meaning and History*, Princeton: D. Van Nostrand Co., 1958, p. 10.

近代自由主义争取形式平等的进程最初主要体现为要求废除封建等级制，实现法律面前人人平等，使每个人不因其出身或身份而享有法律上的特权。后来，追求形式平等的目标又扩展到政治平等领域，要求公民在政治事务中享有平等的参与权。

法国大革命是近代平等发展进程中最重要的里程碑。1789 年法国的《人权和公民权宣言》宣告："在权利方面，人们生来而且始终是自由平等的。"1791 年宪法进一步宣告"坚定不移地废除损害自由和损害权利平等的那些制度。今后不得再有贵族、爵位、世袭荣衔、等级差别、封建制度、世袭裁判权，也不得有从上述诸制度中产生的任何头衔、称号和特权，不得有骑士团，不得有任何根据贵族或出身门第的团体或勋章。除在职务上有官吏或上级之外，别无任何其他制度，任何官职今后都不得买卖或世袭"。除了详细列出废除旧制度中的等级制度之外，1791 年宪法还专门列出以平等为内涵的"自然权利和公民权利"。它们包括："一切公民，除德行上或才能上的差别外，都得无差别地担任各种职业和职务。""一切赋税都应在全体公民之间按其能力作平等的分摊。""同样的犯法处以同样的刑罚，不因人而有所差别。"1793 年宪法再次将平等列为人的"神圣而不可剥夺"的"自然权利"，宣称"所有人按其本性都是平等的，在法律面前都是平等的"。"一切公民都同样有资格担任公共职务。自由人民在选举时，除承认德行与才能以外，不知有其他偏好。"

美国《独立宣言》也有类似的表述："我们认为下述真理是不言而喻的：人人生而平等，造物主赋予他们若干不可让与的权利，其中包括生存权、自由权和追求幸福的权利。"

不过，我们必须注意到，思想家与政治家华丽的政治宣言往往并不能立即转化为政治现实。在西方主要国家，争取政治平等的过程往往是一个颇为漫长的过程。在美国，《独立平等》起草者尽管宣示"所有人生而平等"是不证自明的主张，但他们从未想过赋予妇女基本的政治权和公民权。而且，他们也不想将平等的公民权惠及奴隶。《独立宣言》的起草者杰弗逊自己就拥有几百个奴隶。直到19世纪60年代，奴隶制度才通过武力和宪法合法地被取消。又经历了一个多世纪，有色人种才获得与白人同样的公民权。

4. 实质平等：自由主义左翼的观点

如果说自由主义的不同派别在形式平等问题上持大致相同的态度的话，在实质平等问题上的立场则存在重大分歧。这一分歧构成自由主义左翼和自由主义右翼立场的根本区别。

所谓实质平等，又可被表述为生存境况的平等。（equality of condition or equality of life prospects）在这个世界上，富人与穷人在财富、收入、教育、医疗、就业、休闲等方面的状态存在巨大差别。如何看待这些差别？境况的差别在何种程度上可以被看作是一个正义的社会所容许的？自由主义的不同派别在这些问题上有巨大的分歧。不同派别就这些问题的论争构成近代以来特别是当代政治哲学的核心问题。

正如我们在叙述自由主义的历史发展时曾提及的那样，从19世纪末期以格林为代表的"新型自由主义"（New Liberalism）开始，自由主义在平等问题上的立场有一个重大的转折，实质平等成为自由主义关注的重要问题。格林强调："真正的自由就是使人类社会的所有成员都享有最大化的能力实现自己的最大价值。"

新型自由主义对平等的关注在很大程度上影响了西方自由主义

对福利主义政策的接纳,从 20 世纪 50 年代起,绝大多数西方发达国家都在向着福利国家的方向发展。从 70 年代开始,西方自由主义政治哲学界出现了一批对战后福利国家作出论证的重要学者,其中影响最大的当属罗尔斯和德沃金。诚如金里卡所言,罗尔斯和德沃金的理论"为理解围绕福利国家进行的政治争论,提供了令人满意的智慧框架"。[1]

罗尔斯在《正义论》中提出的正义的两条原则都与平等有关。第一条是所谓平等的自由原则,即每个人应该在社会中享有平等的自由权利。"每个人对与其他人所拥有的最广泛的基本自由体系相容的类似自由体系都应有一种平等的权利。"[2] 第二条原则包括差别原则与机会平等原则。前者要求在进行分配的时候,如果不得不产生某种不平等的话,这种不平等应该有利于境遇最差的人们的最大利益,就是说,利益分配应该向处于不利地位的人们倾斜。这意味着,"所有社会的基本益品(social primary goods)——自由与机会、收入与财富、自尊是基础——都必须平均地分配,除非对某一种或所有社会基本益品的不平等分配将有利于最少受惠者。"后者要求将机会平等的原则应用于社会经济的不平等,使具有同等能力、技术与动机的人们享有平等的获得职位的机会。

在这两个原则之上,罗尔斯又提出两个优先规则。第一优先规则是自由优先,自由只是为了自由之故才能被限制;第二优先规则是正义优先原则,包括正义原则优先于效率原则,公平机会要优先

---

① 金里卡:《当代政治哲学》,(上),第 166 页。
② 罗尔斯:《正义论》,何怀宏等译,中国社会科学出版社,1988 年,第 56—57 页。

于差异原则。①

我们有必要略微展开，将罗尔斯的正义理论置于自由主义传统之中，来剖析这一理论对自由主义平等观的贡献。

罗尔斯正义论的第一条原则，即平等的自由原则，沿袭了自由主义传统中的形式平等原则，这种原则所要求的权利被一些学者概括为"平等的公民权利"。这种权利要求社会的每一个成员平等地享有政治、经济、社会、文化权利。在经济领域，这一原则赋予所有人在市场中平等竞争的权利，拒绝任何凭借特权获取个人利益的正式或非正式制度。

不过，罗尔斯清楚，即令一个社会保障了所有公民平等的自由权，即令所有人都可以平等地和他人竞争，也不可避免会产生人与人之间境况的不平等。根据罗尔斯的概括，产生不平等的原因可分为三类。第一是人们社会机遇的差异。有人出身富家，有人出身寒门，如此便造成人们一出生在财富和教育机会上的不平等。第二是人们自然禀赋的差异。一些人聪明，一些人愚笨；一些人健康，一些人天生残疾。这些差异也必然造成他们人生机会的不平等。第三是个人的选择或曰个人的努力。

罗尔斯不是社会主义者，并不追求人与人之间生活境况的完全平等。事实上，正如当代另一位著名哲学家沃尔泽所指出的那样，完全平等是难以实现和难以维系的。根据沃尔泽的分析，设想一个社会，最初设定每个公民与别人有同样的钱，或者说人们之间存在"简单平等"。如果不取消市场的自由交换，人和人之间的平等很快

① 罗尔斯：《正义论》，第57—58页。

就会打破，用我们的话来说，就会出现两极分化。在这种情况下，维持简单平等"将要求国家用连续不断的干涉来实行再分配"，回复原初的简单平等状态。但这样一来，"国家的权力自身将成为竞相争夺的中心目标。不同群体将试图去垄断国家权力，将国家用于巩固他们对别的社会物品的控制"。[①]

罗尔斯从自由主义的立场出发承认私有财产并接受不平等的存在。但是，他认为，应该区分依靠个人努力获得的财富与凭借机遇获得的财富。在他看来，基于社会机遇或自然禀赋所产生的财富都属于"偶然的机遇"所带来的财富。从道德的立场上来看，任何人都不应该合理地声称这些财富。只有由个人选择或曰个人努力产生的财富才是个人应得的财富。

不过，尽管罗尔斯从理论上十分仔细地区分了不同来源的财富，但他在给出自己实现平等的方案时却无法将抽象的哲理转化为有实践意义的公共政策。在罗尔斯关于正义的两项原则中，特别是在差别原则中，我们看到的是充满平等主义色彩的解决方案，需要在分配中得到特殊照顾的那些人，其处于劣势的原因既可能是来自社会机遇或自然禀赋的劣势，也可能是来自个人努力的不足。但是，所有财富在罗尔斯的方案中都受到一视同仁的待遇：向那些处于不利地位的人倾斜。对于罗尔斯平等理论中这一内在矛盾，当代著名政治哲学家加金里卡的评价是中肯的："罗尔斯常说，自己的正义观旨在调节影响人们生活机会的那些不平等，而不打算调节源于人们生活选择的不平等，因为人们要为自己的选择承担责任。然而不幸的

---

① 沃尔泽：《正义诸领域：为多元主义与平等一辩》，译林出版社，2002年，第17页。

是，差别原则却没有能够在选择的不平等和非选择的不平等之间作出任何区分。因此，实施差别原则的一种可能的后果就是，一些人要为另一些人的选择承担代价——而后者的低收入不过是选择的结果……罗尔斯希望差异原则能够缓和自然劣势和社会劣势对人们造成的不公正影响，但差异原则却削弱了个人选择和个人努力的正当效果。"①

德沃金平等理论的逻辑起点与罗尔斯相似。和罗尔斯一样，德沃金也希望在社会财富的分配中最大限度地消除社会机遇与个人禀赋因素，而仅仅保留个人努力的因素。德沃金十分敏锐地指出，罗尔斯的两条正义原则无法实现他自己提出的分配目标。德沃金希望在罗尔斯的基础上再向前走一步，他通过一系列颇具有创意的哲学思辨，试图通过诸如拍卖、保险、自由市场和税收等方式对一些自然处于劣势的人进行补偿，让那些具有某种自然优势的人付出一定的代价，从而试图实现真正意义上的起点平等。

令人遗憾的是，尽管德沃金在平等问题的哲学思辨上提出许多新颖的观点，但这些观点很难转化为现实的公共政策。让我们还是引用金里卡的评价吧："德沃金的理论要求是如此的复杂，而对这些要求从制度层面予以实施又如此的困难。因此，他的理论长处并不能在实践上体现出来。"②

5. 实质平等：自由主义右翼的观点

自由主义左翼这种对实质平等的关注受到带有保守主义色彩的自由主义右翼的强烈反对。自由主义右翼有多种形式。其中影响最

---

① 威尔·金里卡：《当代政治哲学》（上），上海三联书店，2004 年，第 140 页。
② 同上，第 154 页。

大的是以哈耶克为典型的新自由主义经济学说以及以诺齐克为代表的自由至上主义（libertarianism）政治哲学。

哈耶克区分了两种不同类型的平等，其一是法律面前的平等，以及人们通常所说的"形式平等"，其二是"物质平等"（material equality）。在他看来，自由主义唯一可以接受的平等是"法律面前人人平等"：

> 一般性法律规则和一般性行为规则的平等，乃是有助于自由的唯一一种平等，也就是我们能够在不摧毁自由的同时所确保的唯一一种平等。自由不仅与任何其他种类的平等毫无关系，而且还必定会在许多方面产生不平等。①

哈耶克尤其反对把实现人的物质方面的平等作为目标。在他看来，人生而平等仅仅意味着在权利上的平等，但绝不意味着人应该在事实上平等。在哈耶克看来，人性虽然有其根本相同的方面，但又有全然不同的方面，特别是个人的能力与潜力是不相同的，人的天然秉赋是互不相同的。用哈耶克的话来说，"人生来就极为不同，或者说，人人生而不同"。② 由于人的自然秉赋互不相同，那么，如果同样给予每个人自由发展的机会，人们的实际成就会互不相同。这样，在权利平等与实际平等之间就会出现悖论：如果平等对待每一个人，给每个人平等的机会与权利，便会产生实际状况的不平等；

---

① 哈耶克：《自由秩序原理》，邓正来译，生活·读书·新知三联书店，1997年，第102页。
② 同上，第104页。

而如果追求实际状况的平等，唯一可能采取的办法就是赋予人们不同的权利，以不同的方式对待人们。譬如，为了使人们享受的财富平等化，至少必须对不同收入的人适用不同的税率，亦即使人们享有不同的权利。正是在这个意义上，哈耶克作出这样的结论："法律面前人人平等与物质的平等不仅不同，而且还彼此冲突；我们只能实现其中一种平等，而决不能同时兼得二者。"①

哈耶克以一种颇为惋惜的心情回顾了近百年来平等理想所经历的变迁。在一百年前，亦即古典自由主义运动发展到高峰的时期，人们追求的目标是"任才能驰骋"（la carrier ouverte aux talents）。"这一要求包括三个含义：一是阻碍某些人发展的任何人为障碍，都应当被清除；二是个人所拥有的任何特权，都应当被取消；三是国家为改进人们之状况而采取的措施，应当同等地适用于所有的人。"②

后来，古典自由主义的平等观念在很大程度上被一种完全不同的观念所取代。"这个观念就是，政府必须确使所有的人都始于一平等的起点并确使他们获致同样的前途。这种观点无异于认为，政府的目的并不在于为所有的人都提供相同的环境，而应当在于对所有与某个个人的前途相关的条件加以控制并将之与他的能力相调适，以确使他能够获致与其他人相同的前途。"③ 基于这种理念，一些人甚至主张，"铲除一切会产生不平等的根源，当是政治的唯一目标"。④

---

① 哈耶克：《自由秩序原理》，邓正来译，生活·读书·新知三联书店，1997 年，第 104 页。
② 同上，第 111 页。
③ 同上，第 112 页。
④ 同上。

哈耶克将这种追求实质平等的理念称作"平均主义"理念。在他看来，这种理念的依据"乃是那些不太成功的人士对一些成功人士的不满，更直截了当地说，是嫉妒"。① 在哈耶克看来，这种依赖政府追求平均主义目标的做法"是对自由的反动"。②

正是基于这些主张，哈耶克不赞成在抽象意义上使用正义的观念。对他而言，唯一可以接受的正义概念就是形式平等意义上的正义。"正义或公平确实要求，人们生活中由政府决定的那些状况，应当平等地提供给所有的人享有。"也就是说，国家为所有公民提供平等的公共产品，"国家必须在其所做的所有事情中都力求公平或捍卫正义"。③

也正是基于这样的原则，哈耶克反对分配正义的主张。"分配正义的原则一旦被采用，那么只有当整个社会都根据此项原则加以组织的时候才会得以实现。这会产生一种在各个基本方面都与自由社会相反对的社会——在这样的社会中，权力机构将决定个人所应当做的事情以及个人在做这种事情的时候应当采取的方式。"④

如果说哈耶克的平等观在很大程度上代表了经济自由主义的论证逻辑的话，诺齐克的理论则代表了从道德哲学与政治哲学的角度论证自由至上主义的努力。诺齐克认为，国家的职能只应局限于"最小国家"，即保护公民的财产权利，保证契约的履行。国家无权以强制方式实行财产再分配，以达至公平之目的。在诺齐克看来，

---

① 哈耶克：《自由秩序原理》，邓正来译，生活·读书·新知三联书店，1997 年，第 112 页。
② 同上。
③ 同上，第 121 页
④ 同上，第 121—122 页。

财产权利是个人不可转让、不可剥夺的基本权利。正如政府无权在未经个人同意的情况下强迫某人割下自己身上的一块肌肉以拯救另外一个人一样，政府也无权以累进税的方式强制剥夺一个人的财产来救济其他人。

诺齐克论证自由至上主义理论的基础和出发点是一种基于资格理论（entitlement）的正义理论。诺齐克的资格理论在很大程度上继承了洛克的财产权理论。洛克的逻辑是，"每个人对他自己的人生享有一种所有权，除他以外任何人都没有这种权利。他的身体所从事的劳动和他的双手所进行的工作……是正当地属于他的。所以只要他使任何东西脱离自然所提供的那个东西所处的状态，他就已经掺进他的劳动，在这上面参加他自己所有的东西，因而使它成为他的财产"。[1]

在洛克财产权理论的基础上，诺齐克发展出以自由原则为基础的财产权理论。他的中心论点是，每个人都有"自我所有权"，社会必须尊重这些权利。由于每个人都是独特的个体，有自己独特的能力与天赋，个人有权拥有个人凭借自己的天赋和努力所产生的财富。任何以实现平等为目标的财产再分配都是对个人自由的侵犯。衡量分配正义的标准不应是实质性的分配结果，不应是所谓分配平等，而应是实施分配的程序。只要符合程序正义的财产权利都是正当的权利。诺齐克将这些程序概括为三个方面：第一是"获取的正义原则"，第二是"转让的正义原则"，第三是"矫正不正义的原则"。[2]

---

[1] 洛克：《政府论》（下），第 19 页。
[2] 诺齐克：《无政府、国家与乌托邦》，何怀宏等译，中国社会科学出版社，1991 年，第 156—159 页。

诺齐克的理论颇有些类似传统中国"君子爱财，取之有道"的说法。首先，财富的最初获得必须符合正当程序。什么是最初获得财产的正当程序呢？诺齐克的答案并不十分清晰，他在事实上采取了一种温和的洛克观点，即一个人可以自由地占有他通过劳动改善了的物品，但前提是这种占有不会将其他人的条件降低到比自然状态更恶劣的情形。其次，财富的转让必须符合正当程序。人们对自己通过正义途径获得的财产拥有某种资格（entitlement），"有绝对的权利按自己认为的方式自由地处置财产，只要这种处置不涉及暴力和欺诈"。换言之，"任何通过正义途径的所获之物都可以自由地转移"。[①] 第三，并非所有实际持有的财富都符合上述两个正义原则。"有些人偷窃别人的东西或欺骗他们、奴役他们、抢夺他们的产品，不准他们按自己的意愿生活，或者强行禁止他们参加交换的竞争。"[②] 换言之，有些实际持有的财产并不符合获取的正义原则和转让的正义原则。在这种情况下，必须以某种方式对这种不正义作出矫正。诺齐克并未详细讨论矫正的方式与原则，但他提到对黑人历史上受到的不公正剥夺加以补偿的例子。从诺齐克的逻辑出发，他大概也不会拒绝对那些最初来自某种不正当掠夺的财富征收补偿费用。

诺齐克认为，只要财富的持有符合这三项原则，国家就不应该通过再分配的方式剥夺一些人合法的财富，来追求社会平等的目标。国家是否应该介入财富分配的标准不在于社会是否有贫富差别，而在于财富获得与分配的过程是否正当。"有些产生这种贫富悬殊结果的过程是合法的，各方对他们各自的持有是拥有权利的。如果这些

---

① 金里卡：《当代政治哲学》，上，第193页。
② 诺齐克：《无政府、国家与乌托邦》，第158页。

分配事实确实是由一个合法过程产生的，那么它们本身就是合法的。这当然不是说它们就不可以改变，而是要在不侵犯人们权利的条件下才能做这件事。任何赞成一种特殊目的模式的人们，都可以自愿地转让他们自己的持有的某些部分或全部，以致分配（至少暂时地）较接近于实现他们所欲望的理想。"[1]

从以上关于自由主义平等观的描述中可以看出，平等问题的确是自由主义阵营内部分歧最大的问题。自由主义左翼和自由主义右翼在平等问题上的观点可谓水火不相容。左翼强调平等的价值，试图通过再分配的方式实现社会公平正义，而右翼则强调自由的价值，担心对实质平等的强调会削弱个人的自由权利，强化国家对社会的控制权。

不过，尽管双方分歧很大，但自由主义内部在平等问题上也有一些接近共识的观点。这里至少应该提到两点。

第一，自格林的新型自由主义理论开始关注平等问题以来，自由主义的主流已经逐步接受了这样一个观点，即一定程度的社会正义是必要的。特别是在经济高度发展、财富相当丰富的西方，如果仍然坚持 19 世纪的纯粹资本主义经济政策，对社会中遭遇不幸的那部分人毫无体恤，这不仅违背自由主义的人道主义特征，而且也会导致社会冲突与不稳定，最终削弱资本主义经济制度。

第二，社会平等的政策应该限制在一定限度。最近几十年来，在西方国家，福利政策产生的负面后果已日益被人们认识。自由主义的右翼不断批评福利国家，认定福利国家消解了个人责任，窒息

---

[1] 诺齐克：《无政府、国家与乌托邦》，第 235 页。

了创造力，降低了效率。这种批评的不少观点也被自由主义左翼接受。自由主义左翼已经逐步放弃了进一步扩展福利国家以实现平等的目标，而将主要精力集中在维护一些实践证明效果较好的福利政策方面。不仅自由主义主流派，而且传统上坚持社会民主主义的政党、政治派别与理论家也开始反思福利国家及经济平等的弊端。譬如，英国的工党在很大程度上放弃了传统的社会平等政策，更多地强调市场经济的作用。

四、自由主义民主

在自由主义理论中占据独特地位的还有民主原则。就语义而言，自由与民主是两个全然不同的概念，自由主义与民主主义也是截然不同的两种主义。自由主义关注的核心是限制政府强制权力的管辖范围，从而为个人提供较大的活动空间；而民主主义强调的重点是由大众或大众的多数控制乃至行使政府的强制权力。前者涉及政府权限的范围，后者则涉及谁来行使政府权力的问题。哈耶克认为，区分这两个概念的最好办法是举出各自的反面概念：自由主义的反面是极权主义或全能主义（totalitarianism），而民主主义的反面则是权威主义（authoritarianism）。

从历史渊源讲，自由主义与民主主义也有不同的传统。正如意大利著名政治学家波比奥（Norberto Bobbio）所言，自由主义作为一种国家学说是近代的理论，而民主作为一种政府形式则是自古代便存在的。民主理论与实践的传统可以追溯到古希腊。而自由主义的形成则是 17 世纪以后的事。

惟其如此，一些极端的自由主义者全然否认自由主义与民主主义之间有任何联系，甚至认为二者是互相对立的。西班牙著名自由主义者葛塞特（Ortega y Gasset）曾写道：

> 自由主义与民主从起源上讲是风马牛不相及的两件事，从结果上言，二者的含义有互相冲突的趋势。民主与自由主义是对两个截然不同的问题的回答。民主回答这样的问题："谁应该行使公共权力？"它的回答是：公共权力的行使属于作为一个整体的全体公民。然而，这一问题并不涉及什么应该是公共权力的范围的问题。它仅仅涉及该权力的归属问题。民主要求我们共同统治；亦即我们是所有社会行动的主权者。而自由主义则回答另一个问题："不管谁行使公共权力，这种权力的界限应该是什么？"自由主义的回答是："不管公共权力是由一个独裁者还是由人民来行使，它都不应该是绝对的、个人享有高于并超越任何国家干预的权利。"[①]

不过，大多数自由主义者并不采取如此极端的态度。从历史上看，大多数自由主义者本身也是民主主义者。从洛克根据社会契约论提出政府权力的基础是大众同意起，自由主义者一般都赞成某种形式的民主制度。譬如，英国最早以自由主义命名的政党，即自由党，就是以追求议会改革、扩大民主选举权作为其主要目标。著名

---

① J. Ortega y Gasset, *The Revolt of the Masses*, London, 1932, p.83.

的自由主义者如贡斯当、密尔、托克维尔等在很大程度上都是民主主义者。绝大多数自由主义者认为，如果说民主不是目的的话，它至少有工具性价值，至少是保障个人自由最有效的制度，或者说是从个人权利观点来看最具有正当性的制度。

1. 民主的价值

自由主义者对民主的论证通常有两种路径，其一是以"权利"（rights）为基础，其二是以功利（utility）为基础。

（1）权利、民主与正当性

从权利出发论证民主制度的核心在于强调民主政府是惟一合法的政府。① 从洛克开始的社会契约论就是以这种方式论证民主的。国内不少学者在评价社会契约论时强调该理论的非历史性，指出历史上的政府并非经由社会契约建立。其实，社会契约论的核心不在于描述历史，而在于抽象地构建合法权力的渊源。社会契约论者之所以构想在进入社会之前曾存在过一个自然状态，其目的在于将人还原为自然的人、抽象的人，并在此基础上探讨权威正当性的依据。

在社会契约论基础上倡导民主的典型代表是卢梭。卢梭对民主理论的最大贡献是其学说中包含的正当性（legitimacy）观念。在西方思想史中，卢梭与马克斯·韦伯都是将"正当性"视为政治权威核心的思想家。不过，卢梭与韦伯关注的视角不同。韦伯的学说旨在建立一套解释社会学体系，卢梭则是以一个道德哲学家的身份对权力的来源进行审视，并确立评价权力的标准。卢梭提出并试图回答的问题是一个道德问题：为什么我应该服从某一政府？或者换一

---

① Alan Ryan, "*Mill and Rousseau: Utility and Rights*"，引自 Graeme Duncan ed., *Democratic Theory and Practice*, London: Cambridge University Press, 1983, p. 42.

句话说，在什么情况下我必须服从政府，在什么情况下我不必服从政府？他剖析了历史上以及现实中权力的基础。这些权力或者建立在传统之上，或者建立在强权之上。在卢梭看来，所有这些权力都是不正当的。"强力并不构成权利，而人们只是对正当的权力才有服从的义务。"强力可以迫使我服从，但在本质上，我并没有服从的义务。正如强盗可以强迫我把财物交给他，但我并没有给他的义务一样。

卢梭认为，真正正当的权威只有一种，即建立在人们自由之上的权威。自由意味着自主。我只应服从我自己的良心、自己的决定。任何他人强加于我的决定对我只能是一种奴役。民主的制度是惟一可以既建立权威又不丧失自由的制度。一切不民主的制度都是非法的制度，都是对人民的奴役。

卢梭的理论曾产生过巨大影响，卢梭的正当性观念深深打动过不同肤色、不同文化的人，激励人们追求平等、民主的制度，反抗独裁的政权。近代中国不少进步人士把卢梭尊为圣人，把卢梭的民主主义视为救世良方。著名革命家邹容（1885—1905）在《革命军》中以卢梭式的语言宣称人人有天赋之权利，并基于天赋人权号召革命，"共逐君临我之异族，杀尽专制我之君主，以复我天赋人权"。鲁迅在小说《药》中曾把这种诉求用夏瑜的一句话来表述："大清的天下是大家的"。这句简单的话代表了当时进步的中国人在正当性观念上的巨大变化。

这一变化的本质是个人自主意识的觉醒。马克斯·韦伯的权威理论可以帮助我们理解这种觉醒对于政治权威的影响。韦伯在分析权威的基础与类型时，提出一个与卢梭类似的观点：权威不等于权力。权威是具有正当性的权力。"权威"意味着人们对其有服从的义务。在实践中，人们可能出于物质利益考虑或出于对强权的恐惧而服从某种权力。但这种服从是不稳固的。任何统治都很难完全建立在暴力上。人类社会的权威不同于一群野兽中的兽王。后者可以完全依靠强力统御百兽，前者则必须得到被统治者某种认同。原因在于，人不同于动物，人的行为的深层动机包含着对正当性的追求。无论凡夫俗子还是圣人君子，都要不断问自己一个问题：我为什么如此行为，我为什么必须服从某种权威、某种规则？韦伯指出，在日常生活中，被支配者并不是每时每刻都从功利计算的角度决定对支配者的服从与否。在人们服从权威的深层动机中，有一个最基本的精神因素，即相信支配者有某种"正当性"（legitimacy）。只有基于对支配正当性信念之上的服从，才是稳定的服从。①

在前现代社会，由于交通的落后，通讯的不发达，知识的相对垄断，皇帝、国王等统治者往往能够以超越凡人的姿态出现，宣布自身统治代表某种神的意旨或反映某种客观规律，并以此作为其统治正当性的渊源。中国传统的"天命"、"天意"观念以及西方中世纪的"君权神授"观念都属于此类。这种关于统治者神圣性的神话又由于威严的皇宫、隆重的皇家礼仪而得到加强。任何人如果参观故宫、凡尔赛宫、波茨坦宫等昔日皇宫或王宫，都会为那些宏伟建筑所蕴含的象征意义所吸引。这些建筑的风格、布局、装饰都似乎向人们昭示，这里的居住者是介乎神与人之间的人物。

这种环绕在统治者头上的神圣灵光，亦即韦伯所谓的卡理斯玛，

---

① 参见，Max Weber, *Economy and Society*, ed., by Guenther Roth & Claus Wittich, University of California Press, 1978, pp. 212-246。

随着现代化的发展而逐步淡化。最早注意到这一点的是法国思想家托克维尔。他在《论美国的民主》中敏锐地观察到，从美国开始的平等化的趋势将在西欧乃至整个世界蔓延。韦伯更将这种趋势概括为"卡理斯玛"分散化的趋势。这种趋势表现为，在现代社会，由于知识的发展、教育的普及、通讯与交通的发展，人和人之间在个人魅力上的差距日益缩小。特别是大众传播媒介的出现，包括电视的出现，使得任何统治者都日益难以声称具有超人的特征。如果说在前现代社会，"卡理斯玛"——即人身上的神圣性特征——更多地集中在少数人身上的话，在现代社会，这种神圣性分散在几乎所有人身上，出现了"众人是圣人"的情况。

卡理斯玛的分散化必然要求权威以大众同意为基础。它使任何形式的非民主政治都很难声称正当性，很难长期稳定存在。惟一可能在现代社会建立稳定秩序的制度是民主制度。近代社会的许多变化、革命、动荡愈来愈显示了这一点。

譬如，近代早期的几次主要革命无疑包含着正当性危机的成分。诚然，我们可以用经济危机、财政困难、新兴阶级的壮大等因素来解释这些革命的起源，但不可辩驳的是，所有这些因素必须和人民大众或大众中最活跃的阶层对统治者正当性的怀疑结合在一起才足以引发一场革命。列宁非常英明地注意到这一点。他指出，革命爆发的条件之一是被统治者再也不愿继续接受这种统治。这就是正当性的危机。

而且，随着知识的发展，通讯、大众传播媒介的发展，正当性问题愈来愈在政治权威的稳定中占据重要地位。许多貌似强大的政权，尽管有强有力的军队、基本正常的经济，但由于大众对政权的正当性失去信心，可能在很短时间顷刻崩溃。前苏联的变化在很大程度上显示了这一点。

如果我们用一个不够贴切的比喻来对现代权威作出一般性观察的话，那么，我们似乎可以把现代权威比作现代婚姻。传统婚姻是比较稳固的。夫妻之间有许多彼此联系的纽带：共同的财产、传统与习俗、宗教律令等，当然，也许还有彼此相亲相爱的精神因素。与传统婚姻相比，现代社会的婚姻愈来愈成为单纯两情相悦的结果，联系婚姻的纽带愈来愈成为单纯的感情。一旦感情"破裂"，或者被某一方视为"破裂"，婚姻就很难维持。在某种意义上，现代政治权威也变得愈来愈脆弱。它愈来愈只是一种大众信念的产物，愈来愈依赖大众对其正当性的认可。一旦人民对权威失去信念，权威便很难长期维持其存在。

以正当性为基础论证民主可能会得出相当激进的结论。卢梭的民主理论便是如此。这一理论的逻辑十分简单：非民主的政权是不合法的政权，人民有权以革命的方式改变这一政权。近代中国的激进主义在很大程度上接受了这一逻辑。

（2）功利主义：民主的保护与教育功能

与权利原则相比较的是功利主义的逻辑。功利主义既不赞成传统的君主制或其他形式的独裁制度，又不愿将政治制度的选择简单地归结为正当性问题，从而以激进的方式改变现存的制度。功利主义的自由主义不诉诸任何先验的、抽象的正当性原则，而仅仅以民主制度可能产生的有益后果来论证民主制的优越性。从功利主义出发论证民主的代表人物是约翰·密尔。功利主义一般从两个角度阐释民主的价值：第一，民主制度比任何其他政权形式都可能最大限度地保护公民的利益，保护社会的福祉；第二，民主制度能够较好地"促进人民本身的美德和智慧"。

关于民主有利于保护公民的利益，密尔的分析颇有代表性。他的逻辑是，人的本性是自私的。"人通常总是爱自己胜于爱别人，爱和自己接近的人胜于爱较疏远的人。"基于这种人性特征，一个人或阶级如果掌握了不受制约的权力，就必然会追求自己的利益。当然，历史上也许不乏品德高尚、致力于为社会各阶层谋利益的政治家。但是，即令在这种情况下，也不应该假定他会追求人民的最大利益。因为，"对于一个人的福祉，本人是关切最深的人"，而且也是理解最深的人。一个人即使真诚地希望保护他人的利益，他对他人利益的感觉与理解也只能是间接的，有时甚至是不准确的。

鉴于这种分析，密尔强调，为了保障社会大多数人的利益，为了不使政府堕落为少数人或个别阶层牟取私利的机构，必须引入民主制度，让人民有机会通过选举或参与表达自己的愿望与利益，让政府定期接受人民的评判与选择，从而保证政府对人民负责（accountable），追求人民的利益而不是少数人的私利。

对人民负责的政府是功利主义民主观中一个十分重要的概念。实际上，对这一概念（即 accountable）更准确的翻译应该是政府必须对人民有所"交待"。在独裁政权而言，统治者有绝对权力与专断意志。其行为与政策不必以大众的意见为依归。他可以我行我素，追求自己的利益或者做自己认为正确的事。颇为有趣的是，对这种专断权力的最好表述来自中国的理论家。法家人物李斯对专制主义政治的原则作出过十分明白的表述。史载，秦二世责问李斯，谓"吾欲肆志广欲，长享天下而无害，为之奈何？"李斯以书对之曰：

申子曰：有天下而不恣，命之曰以天下为桎梏者，无他焉，不能督责而顾以身劳于天下之民，若尧禹然，故谓之桎梏也。夫不能修申韩之明术，行督责之道，专以天下自适也。而徒务苦形劳神以身徇百姓，则是黔首之役，非畜天下者也，何足贵哉！夫以人徇己，则己贵而人贱，以己徇人，则己贱而人贵。故徇人者贱而所徇者贵，自古及今，未有不然者也。[①]

李斯此论把君主为政治目的之观念表述得淋漓尽致。君主必须我行我素，以自身为目的，而不应以大众百姓的利益与愿望为依归。否则便是降下九五之尊，成为百姓的仆人。

功利主义民主理论中"负责的政府"恰恰是李斯所描述的统治者的反面。它强调政府必须追求人民的利益，并对人民有所"交待"。从表面上看，这种观念颇似儒家理论中的"民本"观点。儒家思想中一个经久不衰的观点是民贵君轻。儒家理论甚至把民比作天，所谓"天视自我民视，天听自我民听"。

这种类比虽然有一定道理，但"负责"二字比民本有更广泛的含义。它不仅要求政府考虑人民的利益，追求人民的福祉，而且要求政府对人民解释、说明其行为的目的、根据及结果等。交待（account）这个词隐含了人民是主人的意思。人民与政府的关系颇似主人与仆人的关系。主人也许会把一定数量的钱财交给仆人，让他安排某种用度。但在一定时候，主人会要求仆人对他有所交待，

---

① 转引自萧公权：《中国政治思想史》（上），台北：联经出版事业公司，1982年，第285页。

说明开支的细节，提供开支的凭证等。在现代西方，政府对人民的"交待"体现在许多方面。譬如，政府在作出某种决策时必须向人民讲明理由；人民可以随时通过大众媒介或其他方式提出批评意见；政府必须以公开的方式对人民反应强烈的意见作出说明，解释其接纳或不接纳人民意见的理由；政府在执行政策过程中必须及时向人民通报情况，接受人民的监督，特别是接受人民通过大众舆论所表达的监督；在执行政策后，政府须向人民说明结果，接受人民的评估，并为自己的行为负责，包括当人民对政府行为作出不满的评价时通过法定程序更换政府。

除此之外，功利主义还从民主的教育性功能论证民主的重要性。密尔认为，民主制度能够最好地促进公民的美德和智力的发展。一方面，民主制可能促进一种积极、进取、奋斗的民族性格。另一方面，民主是公民教育（civic education）的最佳方式。普通人的日常生活范围是狭窄的。其内容不外是为了满足个人最基本的需求而忙碌奔波。在这种情况下，人们的思想情感自然会是自私的、物质主义的。民主制度可以成为一所公民教育的学校，可以培育人民的公共精神与爱国情操。托克维尔在其关于美国民主的著名著作中，曾对美国人民的爱国热情有过细致入微的观察。在托克维尔看来，美国人的爱国情感是欧洲国家无法比拟的，美国人爱国热情至深，几近贪婪。许多美国人把国家的事情视为自己的事情，任何外人对美国的批评都会引起美国人的反感。托克维尔把这种近乎贪婪的爱国热情与美国的民主制度联系起来。对国家事务的参与培育了人民对国家的挚爱。

与民主制度相对立，专制制度必然扼杀人民的智力发展，败坏人民的道德。密尔指出，专制制度就其本质而言倾向于采取愚民政策。"消极被动的性格类型是独夫的统治或少数几个人的统治所喜爱的。"即使是"好的专制"或曰"开明专制"，在扼杀人民智力和败坏人民道德方面也不比"坏的专制"逊色。在所有专制统治下，都存在这样的情形：一方面，统治者享有绝对权力，具有"超人的精神活力"；另一方面，人民大众处于一种完全"消极被动"的状态："整个民族，以及组成民族的每个人，对他们的命运没有任何发言权。关于他们的集体利益他们不运用自己的意志。一切都由并非他们自己意志的意志为他们决定。"这种制度的必然结果是，人民的智力和道德能力受到损害。人民由于没有机会参与公共事务而变得狭隘、自私。"整个人民的才智和感情让位给物质的利益，并且当有了物质利益时让位给私生活的娱乐和装饰。"人们对他人的利益冷漠，对集体的利益冷漠，对国家的利益也会漠不关心。"在专制国家最多只有一个爱国者，就是专制君主自己。"假如一个民族的才智与道德长期受到专制统治的禁锢，这个民族便必然会衰落。①

2. 两种不同类型的民主

如果说，在强调民主的价值方面自由主义与民主主义颇为一致的话，那么，在民主的形式方面二者有相当大的区别。自18世纪以降，自由主义在二百多年的历史发展中逐步形成一套所谓的自由主义民主（liberal democracy）理论与制度。自由主义民主不是自由与民主两种观念或制度的简单结合，而是一套具有特定内涵的理论与制度。

---

① 关于密尔的民主理论，参见拙作《大众参与和精英统治的结合：约翰·密尔民主理论述评》，《北京大学学报》，1995年，"政治学与行政管理专刊"。

为了理解自由主义民主的特征，让我们首先简单回顾一下古代民主的特征。罗伯特·达尔在《民主及其批评者》（1989）中对古典时期——即古希腊与罗马共和国时期——的民主作过概括。根据达尔的概括，古典时期民主制度的特点包括：（1）公民之间是和谐的，其利益大体一致；（2）公民们有相当同质的特征（homogenous），财产大致平等，语言、教育、文化、种族背景大致相近；（3）公民人数较少。在古希腊民主制度最为昌盛的伯利克利时期，公民总数也不超过四五万。这样可以避免公民之间异质成分出现，便于公民了解城邦公共事务及相互了解；（4）公民以集会方式直接决定有关法律与政策的事务；（5）公民的参与并不局限于集会，它还包括积极参与城市的管理。在雅典，大约一千名官员，除少量选举产生外，大多数为抽签决定，而且几乎所有职位任期只有一年，一生只能任职一次；（6）城市必须是完全自主的。①

如果我们将达尔的概括上升到政治哲学的高度，我们可以发现，古典民主制度的本质至少具有如下特征：（1）在古典时期，城邦（polis）是自然的，人只有成为城邦的成员才可能成为完全的人，才能实现自身的价值。正是在这个意义上，亚里士多德说人是政治的动物。在古希腊城邦，没有近代那种个人主义的概念，只有作为城邦成员的公民的概念。城邦代表共同的利益，这种共同利益和个人利益是一致的。（2）在古希腊，民主不是不同利益的个人或群体追求自身利益的舞台，而是许多有共同利益、共同特征的人们在一起诚心诚意寻求达至共同利益的最佳方案。

---

① Robert A. Dahl, Democracy and Its Critics, Yale University Press, 1989, pp. 18 – 19.

古典的民主理念曾经激发过近代西方追求民主的热情。但如何对待古典的民主模式，西方思想界一直有相当大的争议，争议的焦点最初集中在代议制问题上。代议制是中世纪出现的制度，它与封建等级制有密切联系。17世纪英国革命之后，在旧的制度中融入某些民主成分，开启了代议制与现代民主的结合。

　　早期的民主主义者拒绝接受这种结合，拒绝接受以代议制的方式实现民主的理想。他们向往的是类似古典民主的制度。那里，人民直接参与所有政治与社会事务的决策，人民是真正的主人。对这种理念倡导最有力者首推卢梭。卢梭在《社会契约论》中，将人民直接参与公共事务视为追求真正自由的前提。他认为，在一个真正自由的国度，"一切都是公民亲手来做"。公民直接参与政治，决定公共事务。"一旦公共服务不再成为公民的重要事情，并且公民宁愿掏自己的钱袋而不愿本人亲身来服务的时候，国家就已经是濒临毁灭了。"

　　卢梭对代议制持强烈批评态度。他的逻辑是，主权在本质上是由公意构成的。它只能由人民直接表达，而绝不可能被代表。他认为，代议制与雇佣兵制度在本质上并无二致。二者的共同点是，人们出钱雇佣军队或选举议员来代替自己履行公共职责。① 在卢梭看来，这种制度违背了自由的原则。自由意味着自主，而代议制恰恰是由某些人代表人民行使政府职权，人民在本质上丧失了自主。正是在这个意义上，卢梭批评英国的代议制度："英国人民自以为是自由的；他们是大错特错了。他们只有在选举国会议员的期间，才是

---

① 卢梭：《社会契约论》，何兆武译，商务印书馆，1982年，第123—125页。

自由的；议员一旦选出之后，他们就是奴隶，他们就等于零了。"①
由于卢梭将民主理解为直接民主，他认定，民主制度只能在小国寡
民中实现："除非是城邦非常之小，否则，主权者今后便不可能在我
们中间继续行使他自己的权利。"

卢梭的直接民主构想与代议制民主制度的冲突在美国制宪过程
中得到反映。美国制宪的过程是民主原则在近代第一次体现为一套
制度的过程。杰斐逊的民主理想，特别是他关于大众应该有更多直
接参与权利的观念在很大程度上继承了卢梭的理念。与此相对，麦
迪逊以及联邦党人的理想则更多地反映了代议制民主原则。联邦党
人的观点可以从《联邦党人文集》中窥见一斑。特别是该文集中第
十篇，集中反映了联邦党人的民主构想。这篇文章被美国当代多元
主义民主理论家罗伯特·达尔称作"麦迪逊民主理论模式"的典型
表述。②

麦迪逊在构想美国政体时，区分了"纯粹的民主政体"与"共
和政体"两种政体。前者是"由少数公民亲自组织和管理政府的社
会"，即直接民主制度；后者是"代议制的政体"。二者的主要区别
是："第一，后者的政府委托给由其余公民选举出来的少数公民；第
二，后者所能管辖的公民人数较多，国土范围也较大。"③ 麦迪逊直
接表达或间接隐含的对直接民主的批评至少包含如下几方面：第一，
直接民主可能导致多数的暴政。"多数暴政"是后来托克维尔发明的

---

① 卢梭：《社会契约论》，何兆武译，商务印书馆，1982年，第125—127页。
② Robert A. Dahl, *A Preface to Democratic Theory*, The University of Chicago Press, 1956, p.5.
③ 汉密尔顿、杰伊、麦迪森：《联邦党人文集》，程逢如等译，商务印书馆，1982年，第49页。

术语，麦迪逊还没有明确使用这一概念。然则，麦迪逊对多数可能通过民主制度对少数实现暴虐政策的担心却是十分明确的。他指出，直接民主制度无法消除"党争"。"党争"的含义是，"一些公民，不论是全体公民中的多数或少数，团结在一起，被某种共同情感或利益所驱使，反对其他公民的权利，或者反对社会的永久的和集体的利益。"① 尽管麦迪逊在这里同时提到多数对少数施行暴政与少数对多数施行暴政两种可能性，但正如达尔所言，他当时所担心的主要是前者而不是后者。② 麦迪逊指出的直接民主的第二个弊端是，它无法适应广阔的领土与众多的人民。

麦迪逊认为，代议制可以克服直接民主的弊端。代议制意味着将政府移交给由"其他公民选举出来的少数公民"。这些少数公民作为选民的代表可以作出决定，判断选民的利益。这样，大众的意见就可以"通过一个经过选举的公民团体这样一个媒介"得到升华和扩展。

麦迪逊之后对代议制民主理论作出贡献的首先是法国的自由主义者，特别是大革命之后一批自由主义者。由于大革命的刺激，法国的自由主义者对卢梭式的民主有一种独特的理解，对自由主义民主的本质有深刻的洞见。在法国大革命后的思想家中，最早从理论上阐述自由主义民主原则的是贡斯当。关于贡斯当，前面已有较多讨论。他对代议制民主理论的最大贡献是他的"兼职公民"概念。贡斯当敏锐地注意到，现代自由与古代自由的根本区别之一是，现

---

① 汉密尔顿、杰伊、麦迪森：《联邦党人文集》，程逢如等译，商务印书馆，1982年，第45页。

② Robert Dahl, op. cit., pp. 8–10.

代自由意味着公民权的淡化。如果说在古代公民权意味着专职的公民（full time citizen）的话，那么，现代公民权只能是"兼职的公民"（half-time citizen）。在古典时期，由于城邦国家领土狭小，贸易不发达，特别是由于奴隶制度为自由人提供了闲暇，人们生活的主要内容是公共生活。他们几乎把全部精力与时间投入到军事与公共服务之中。现代人与古代人过着一种截然不同的生活。由于商业的发展，奴隶制度的取消，疆域的扩大，现代人的生活比古代人更丰富、更复杂。在古代，政治是人们生活的中心。而在现代，政治在人们生活中的地位下降了。人们必须从事生产与交换，人们愈来愈从私人生活中获得个人价值的实现，人们在政治事务中的影响由于疆域的扩大而相对缩小。这样，在现代生活中，就出现了与古代人生活截然不同的两个现象。第一，现代人愈来愈注重个人生活的领域，或者说，强调维持一个不受政治权力干预的私人空间，强调个人权利的不可侵犯性。第二，现代人愈来愈难以直接参与政治事务的讨论与决策，因而愈来愈诉诸代议制作为既保障个人对政治的影响力、又维持个人私人活动空间的手段。[①]

　　贡斯当的观念在托克维尔那里得到进一步发挥。托克维尔看到至少存在两种不同类型的民主。一种是大众民主，其最大弊端是可能导致"多数暴政"，导致对个人自由的侵害。另一种是建立在社会多元主义基础之上、体现分权原则、保障个人自由的民主。这种民主不仅是现代社会发展的必然方向，而且也是提供社会凝聚力、提高公民道德的必要制度。

----

① 参见拙作《贡斯当与现代自由主义》，《公共论丛》，第 4 期。

在托克维尔的基础上，约翰·密尔全面阐述了自由主义的民主理论。这种民主的基础必须是自由主义的，其前提是政府及社会权力与个人权利的明确划分。政府在任何情况下都不得侵犯个人的自由。这种民主的形式必须是代议制的。在密尔看来，代议制是大众参与原则与精英统治原则的完美结合，是平等原则与效率原则的高度统一，是最理想的政体形式。

二战以后的民主理论家在讨论两种民主时，将贡斯当、密尔以来的自由主义民主原则概括为多元主义民主。这种民主的前提是多元社会的存在。不同的社会群体追求不同的利益，通过选举或参与的方式表达各自的利益，并寻求自身利益与其他利益的妥协。

到现在为止，西方主要国家所实现的民主制度都是所谓自由主义的民主制度。根据美国政治学家达尔的分析，这种自由主义民主制度尽管继承了古希腊民主制的形式，继承了中世纪出现的共和传统与代议制度，但它更多地反映了现代社会的政治与经济环境。其中最为重要的是，第一，现代民主制度不是以城邦国家为基础，而是建立在民族国家的框架之中。第二，现代民主制度建立在个人权利大大扩大的基础上。无论从逻辑的角度言，还是从历史的角度言，现代民主制度的建立都是以现代自由主义制度的确立为前提的。第三，现代民主制度建立在商业社会的基础之上，它以市场经济为前提。而且，就西方国家现实中运行的民主制度而言，民主本身也是某种政治市场。

与这些外部环境相联系，现代民主具有一些与古典民主全然不同的特征：（1）代议制取代了古希腊的公民会议，公民对政治的参与由直接变为间接；（2）民主的规模大大延伸，从城邦扩展到民族国家。而且，由于代议制的出现，民主的规模在理论上具有无限扩大的可能性；（3）有限的参与，公民的参与不仅是间接的，而且是有限的；（4）人民成分的多样化；（5）政治冲突成为政治生活中不可避免的特征；（6）正是在这个意义上，达尔将现代民主制度称为多头政治（polyarchy），而不是真正意义上的民主制；（7）社会及组织的多元主义；（8）个人权利的扩大。[①]

3. 自由主义民主的原则

如果我们将达尔的概括上升到理论的高度，那么可以发现自由主义民主至少包含以下主要原则。这些原则构成自由主义民主理论的本质内涵，构成它与其他民主理论的根本区别。

第一，自由主义民主理论的基础是自由主义。而自由主义的核心是个人主义。在自由主义哲学中，个人权利至高无上，政府仅仅是保障个人权利与自由的手段。任何自由主义理论都必须包含一个最基本的成分，即个人权利与公共权威之间权限的划分。个人必须保留某种公共权威不得干预的私人活动空间。这种空间绝不能因为人民大众的意志而受到侵害。在这个意义上，民主必须受到自由原则的制约。美国自由主义的批评者巴伯曾对自由主义民主这种特征作过十分精彩的概括。巴伯指出，自由主义民主的基本特征在于，个人自由的价值是第一位的，民主的价值是第二位的。在这种民主中，民主是备用的，因而是暂时的、选择性的、有条件的。这就是说，民主仅仅是实现个人主义或个人目标的手段。巴伯用比尔斯（Ambrose Bierce）关于政治的定义来展示自由

----

① Robert A. Dahl, *Democracy and Its Critics*, pp. 214 - 220.

主义民主的实质是"为了私人的利益而从事公共事务",实在是一语道破天机。[①]

正如我们在后面将分析的那样,为了实现自由主义基础上的民主,自由主义强调对所有权力、包括民主权力实行限制。

第一个限制就是法治的限制。在有些情况下,法治原则与民主原则可能出现冲突。当出现这种冲突时,自由主义民主并不以一时一地大多数人民的意志为依归,而是强调法律程序的重要性。当然,法律可以经过民主程序得到修正,以反映大多数人民的愿望与意志。但在法律尚未修订之前,多数的愿望也不构成改变法律规定的基础。第二个限制是以分权的原则对政府——包括民主政府——的专断权力进行限制,其目的是防止权力的滥用,保障个人的自由权利。

第二,自由主义民主是间接民主。它在本质上是两个互相冲突的原则结合、妥协、平衡的产物:其一是大众参与原则,其二是精英统治原则。前者表现为大众通过选举以及自由表达意见对政治事务的参与,英国学者赫尔德将这种制度与规则的具体形式概括为:

> 民选政府;自由和公正的选举,每个公民在选举中的投票有同等分量;所有公民,不论他们在种族、宗教、阶级、性别等等方面有多大差别,都有普选权;人们对于广泛的公共事务具有关心、获得信息并表达己见的自由;所有成年人有权反对政府,有权担任公职;结社自由——即公民有权结成独立的社

---

① Benjamin Barber, *Strong Democracy*, University of California Press, 1984, p.4.

团，包括社会运动、利益集团和政党。[①]

后者主要表现为现代官僚制度以及代议制度。代议制的实质是
人民一旦选举出自己的议员之后，议员便有权按照自己的判断行使
自己的职责，而不必事事征求选民的意见。密尔曾区别过代议员
（representative）与代表（delegate）的不同。代表是受大众派遣、
表达大众意见的人员；代议员是大众选举出来代替自己行使管理国
家职责的人员。前者每时每事都需以大众的意见为依归，后者不必
每时每事遵从大众的意见，而应根据自己的判断、智慧与良知行使
职权，当然，人民有权通过定期选举来表达自己对代议员的满意
与否。[②]

第三，自由主义民主在本质上不强调共同利益问题。尽管不少
自由主义者也许不排除共同利益这个概念，但作为基本原则，自由
主义民主强调民主是一种程序，是一个舞台。个人或集团在参与民
主时，不必追求所谓共同的利益，完全可以而且应该追求个人或集
团的利益。这样，众多的个人与集团都通过民主程序表达一己之私
利，最后通过民主的程序，实现各种利益的妥协。正如多元主义民
主的理论家达尔所生动地描述的那样，"民主的基础是妥协"。[③] 惟其
如此，自由主义民主对民主的参与者没有过高的期望与要求。无论
是参与投票的大众还是大唱高调的政治家，参与政治的目的是相同

---

① 戴维·赫尔德：《民主的模式》，燕继荣等译，王浦劬校，中央编译出版社，1998 年，
　　第 149 页。
② 参见拙作《大众参与和精英统治的结合》，《北京大学学报·政治学与行政管理专刊》，
　　1995 年。
③ Robert A. Dahl, A Preface to Democratic Theory, p. 4.

的：为自己或自己的阶级、集团谋求利益。由于政治目的无所谓高尚与卑鄙之分，各种政治派别与观点之间的妥协就成为可能。在自由主义民主的理论家看来，卢梭式民主的最大问题恐怕在于它排除了各种政治力量之间妥协的可能性。如果预设政治家参与政治的目标必须是高尚的，必须是追求共同的利益，那么，在各种政治家的意见相左的时候，就不得不假定，在众多的政治力量、政治方案或政治家中，只有一种是高尚的、正确的，其余则可能仅仅是出于一己私利。由于高尚与卑劣泾渭分明，二者之间只有高尚战胜卑劣抑或卑劣战胜高尚的问题，而绝无妥协之可能性。

当然，对自由主义民主这一原则的理解不可绝对化。事实上，自由主义民主不仅不反对、而且提倡政治家谋求大众的利益。但是，作为理论预设，它假定政治家以及参与政治的所有人都追求自己的利益。这种预设的直接后果之一是使不同政治派别与政治主张有互相宽容、和平共处的基础。如果目睹过西方国家选举过程的话，就会发现一个有趣的现象。各个政治派别、政党尽管在选举中互相攻击甚至谩骂，但一旦选举结果见了分晓，失败的一方必须以很高的姿态承认失败，并向获胜方表示祝贺。这一简单的行动体现了现代自由主义民主政治的宽容特征。政治斗争不是正义与邪恶、光明与黑暗、伟大与卑鄙之间的斗争，而是不同利益、不同方案之间的竞争。这种竞争不是你死我活、不共戴天的搏斗，而是充满妥协、合作甚至幽默感的游戏。

五、自由主义的国家

自由主义在本质上是一种国家学说，其核心是界定个人与国家的关系。自由主义的理想国家是一个权力有限并受到制约的国家。在国家问题上，自由主义有两个挥之不去的梦魇：其一是权力无限的国家，其二是无政府状态。

自由主义的基本特征是对国家充满恐惧。当然，自由主义不同于无政府主义，它承认国家存在的必要性，但自由主义充其量只是把国家看作人类为了过一种共同的、有秩序的生活而不得不付出的代价。为了将这种必要的代价限定在较小程度之内，自由主义致力于限制国家的权力与职能。限制的主要途径是：第一，限制国家权力的活动空间，强调个人与市民社会的权利；第二，以分权的方式形成国家权力机构之间的内部制衡，从而防止出现专断权力。

当代著名反自由主义理论家、德国政治学家卡尔·施密特（Carl Schmitt）曾对自由主义的国家恐惧症作过十分精彩的概括。他在《宪法理论》（1928）中写道，自由主义的宪法展示了两个主要原则，其一是分配原则，其二是组织原则。自由主义的分配原则意味着个人自由的范围在原则上是无限的，而国家干预这一范围的能力在原则上是有限的。换句话说，凡是法律没有禁止的都是允许的，因此，个人行动在理论上毋需证明其合理性；相反，国家的干预行动必须证明其合理性。自由主义宪法的组织原则是为分配原则服务的，目的是为了强化自由主义的分配原则。自由主义组织原则的核心是分权，即将国家权力划分为若干范围，分权的目的在于制约均衡，即以分权的手段实现限制国家权力的目的。[①]

施密特所谓的自由主义国家的组织原则就是有限政府的原则，分配原则则是宪政原则的核心。这两大原则构成自由主义国家理论的基石。

1. 有限政府原则

有限政府原则是自由主义自由原则的必然延伸。如前所述，自由原则的核心是划定政府干预个人自由的界限。不论古典自由主义还是新自由主义，其理论至少有一个共同点：个人必须保留某些基本权利，国家在任何情况下都不得侵越这些权利。

从洛克开始，自由主义者将个人的基本权利概括为生命权、自由权与财产权。财产权在自由主义理论中占据特殊的位置，不少自由主义者以及自由主义的批评者甚至将财产权视为所有个人权利的核心。

在个人享有财产权利的基础上，自由主义重视市场在调节经济活动中的作用，反对政府直接经营经济活动，反对政府将经济活动纳入计划的控制。市场经济制度是个人经济自由原则的制度体现，其核心是自由的个人有权在不产生负的外部性的前提下自由地进行交易。

在自由主义者看来，市场经济至少有几方面的优越性。其一，市场经济是最有效率的经济制度。在大多数情况下，市场比任何其他机制能够更有效地配置资源，促进经济的发展。亚当·斯密关于"看不见的手"的比喻是人所共知的。在斯密看来，个人经济自由与

---

① 参见，J. G. Merquior, *Liberalism: Old and New*, Boston: Twayne Publishers, 1991, pp. 2 - 3。

市场经济可以使个人利益与公共利益神奇地达到和谐。对于个人而言：

> 他通常既不打算促进公共的利益，也不知道他自己是在什么程度上促进那种利益。……他只是盘算他自己的安全；由于他管理产业的方式目的在于使其生产物的价值能达到最大程度，他所盘算的也只是他自己的利益。在这场合，像在其他许多场合一样，他受着一只看不见的手的指导，去尽力达到一个并非他本意想要达到的目的。……他追求自己的利益，往往使他能比在出于本意的情况下更有效地促进社会的利益。[①]

市场经济不仅是最有效的经济制度，而且在不少自由主义者看来，也是最公平的制度。市场经济的批评者往往强调市场经济可能导致不平等，却忽略了政府干预所造成的不平等。事实上，后者产生的不平等可能远甚于前者，而且是社会大众更难以接受的不平等。在政府控制大量资源配置的地方，权力就是金钱。如果粗粗考察一下许多经济不发达、但政府权限相当宽泛的国家，就会发现一个现象：在这些国家，最富的人往往是最有权力的人。那些居于国王、首相、部长等高位的人将权力转化为财富，贪婪地侵吞公共财产。与这种制度相比，市场经济是最公平、大众有最大可能参与的经济制度。其实，斯密很早就注意到这一点。斯密曾论及市场经济对欧洲发展的巨大推动作用，并认为推动作用的根源在于，人数众多的

---

① 亚当·斯密：《国民财富的性质和原因的研究》，下卷，第27页。

人们能够参与市场，甚至下层阶级也能够拥有一定数量的财富与财产。[1]

不过，自由主义在强调经济自由的同时并不否认政府在现代经济中的作用。自由主义的国家观往往容易引起误解：许多人只注意自由主义对国家的恐惧，而忽略了自由主义对国家重要性的强调。自由主义不同于无政府主义。从古典自由主义到今天的公共选择学派，自由主义者都强调，国家的存在、法律的存在、秩序的存在是个人自由得以保障的前提，是社会经济得以发展的前提，是维持一个健康社会的基本条件。

对国家作用的强调是自由主义与无政府主义的根本区别。无政府状态是自由主义在考虑社会政治问题时不可驱除的梦魇。对无政府状态的恐惧在霍布斯那里有相当精彩的描述。霍布斯的学说具有一种毫不妥协的一致性和近乎冷酷的逻辑严密性。他关于国家权力必要性的讨论清楚地展示了这一点。霍布斯的基本前提是，人是一种动物。人就其本质而言，是自私、冷酷的动物。他们互相竞争、猜忌，追求权力、财富与荣誉。惟其如此，"在没有一个共同权力使大家慑服的时候，人们便处在所谓的战争状态之下"。这不是一般所说的战争状态，而是"每一个人对每一个人的战争"。所有人惶惶不可终日，无时无刻不在担心自己的生命、自己的所有物被夺走。在这种情况下：

---

① 引自 John A. Hall, Liberalism: Politics, Ideology and the market, University of North Carolina Press, 1987, p. 48。

产业是无法存在的，因为其成果不稳定。这样一来，举凡土地的栽培、航海、外洋进口商品的运用、舒适的建筑、移动与卸除须费巨大力量的物体的工具、地貌的知识、时间的记载、文艺、文学、社会等等都将不存在。最糟糕的是人们不断处于暴力死亡的恐惧和危险中，人的生活孤独、贫困、卑污、残忍而短寿。[①]

对国家作用的重视也是自由主义区别于极端自由主义（libertarianism）的重要特征。极端自由主义在国家问题上的基本立场是"最小国家"（minimum state）。譬如，德国政治家洪堡、英国哲学家斯宾塞以及当代美国哲学家诺齐克都倡导最小国家的观念。他们主张政府的作用应该局限在消极地保护个人权利上，即扮演所谓"守夜人"的角色。政府不应该提供任何社会性服务，也不应该试图实现社会正义。

这种观点尽管在今天仍然有一定市场，但自由主义的主流并不接受这种主张。对于大多数自由主义者而言，"有限政府"不等于最小国家。有限政府与最小国家的共同点是强调国家较少干预社会、干预市场，强调社会的自发性。二者的共同敌人是全能政府。但是，二者的区别是明显的：有限政府的主张并未将政府的职能仅仅局限于消极地保护个人权利。它强调政府除了保护个人的权利之外，还至少应该履行两方面的职能。

第一是实现某种程度的社会正义的职能。对此，我们在讨论平

---

① 霍布斯：《利维坦》，第94—95页。

等问题时已有涉及。如果说"放任经济"在 19 世纪曾经是有影响的口号的话，那么，在 20 世纪接近尾声的时候，任何负责任的自由主义理论都不能不考虑社会正义问题，不能不赋予国家某种实现社会正义的职能。

第二是为社会提供某些服务的职能。古典自由主义最著名的倡导者斯密在《国富论》中阐释社会经济生活的哪些方面应该由国家管理或调节，哪些方面不应由国家干预。譬如，为了交换的便利，现代"进步国家"都认为有必要由国家发行货币，或至少认定铸币的成色与分量。斯密关于政府职能的讨论在当代自由主义经济学家那里得到更精确的表述。根据这种表述，政府与市场都应该在各自最能有效发挥作用的领域各司其职。当两个人之间的交易没有直接外部性的话，市场是有效率的。但出现外部性时，政府或其他制度安排是有效率的。广义地讲，政府的职能是提供社会公共产品，克服外部性。

当代自由主义经济学家布坎南在讨论社会自由的基础时，曾以一桩简单的西瓜买卖为例阐明市场经济背后的国家作用。从表面上看，一个顾客从商贩的水果摊上买回一个西瓜纯粹是市场行为，但这一简单的行为后面包含着许多假定。譬如，买卖双方都承认那些在路边整齐排列的西瓜归商贩"所有"，或者归商贩所代表的个人或公司所有。双方也承认顾客有权支配自己口袋里或账户上的金钱。双方都知道，如果一方试图侵犯这些排他性权利，他会受到国家的惩罚。[1]

---

[1] James M. Buchanan, The Limits of Liberty, the University of Chicago Press, 1975, p. 17.

其实，布坎南的清单还可以列得更长：顾客希望确信商贩所使用的度量手段是准确的，而不是欺诈性的；商贩希望自己收到的货币是真实的，而不是伪造的，等等。

在现代社会，所有这些制度保障都必须由国家提供。正是在这个意义上，西方有的学者提出一个颇具悖论意义的观点。市场是人造的，而不是自然的。市场经济必须以现代国家为前提。没有现代国家提供有效的公共产品，就不可能有市场经济。哈佛大学的经济学家们在为俄国与东欧设计市场经济改革方案时似乎忘记了这一最基本的道理，其后果是经济的衰退与混乱。

惟其如此，自由主义的国家理论不仅强调有限政府，而且主张有效政府。国家作为公共权力必须能够有效地提供市场经济运作所需要的规则，提供产权的保护，提供有效的公共服务。颇具悖论意义的是，只有有限政府才可能是有效政府，全能政府必然是无能政府。从近代世界经济、政治的实践来看，权力无限的政府、专断的政府，在表面上似乎十分强大，但是，强大背后往往是政府在提供公共产品方面的无能。这里的逻辑并不复杂：宽泛的政府权限需要庞大的官僚机器，维持庞大官僚机器需要巨大的公共财政收入。财政不足几乎是所有全能主义国家难以克服的顽疾。更何况，政府权限太大、政府控制资源太多，必然会扭曲社会的经济活动，使特定个人与群体经济活动的成败在很大程度上取决于政府的支持或抑制。这样，政府管理人员就会有广泛的寻租机会。寻租不仅造成社会的不平等，损害政府的正当性；而且会大大削弱政府提供公共产品的有效性，使政府在保护产权、提供公平的竞争规则以及保护国家利益方面软弱无能。英国社会学家约翰·豪（John A. Hall）曾对这一充满悖论意味的现象做过描述：

> 那些描述［传统］帝国的著作或者倾向于强调它们的强大，
> 或者强调它们的软弱。但是，这两者都是现实的存在。帝国的
> 悖论（而不是自相矛盾）是它们的强大——即它们的宏伟遗址、
> 它们的专断、它们对人的生命的轻蔑——掩盖了它们的社会软
> 弱性。这种强大恰恰源自于并反映出其社会的软弱性。这些帝
> 国无力深入渗透、改变并动员社会秩序。[①]

2. 法治与宪政

自由主义者在构建理想社会的结构时，极为强调法治原则。自
由主义者理想中的社会是个人自由、利益与社会正义及安全之间均
衡的社会。为了达到这种均衡，必须有一套明确规定并强制实施的
法律。任何社会成员都不能在法律之外或法律之上。

因此，当自由主义者论及"自由"时，他们指的是在法律保障
下的自由，或者说是法律规定的自由、法律制约的自由。一方面，
法律制约并限制政府的权限与行为方式，这是宪法的主要目标。另
一方面，法律以民法及刑法的方式规定个人行为的界限，防止一些
人以专断的方式侵越他人的事务。

法治原则在政治上最重要的体现就是宪政（constitutionalism）。
宪政按其字面意义来理解就是依据宪法进行统治。不过，宪法与宪
政的关系并不总是互相对应的。在有些国家，例如英国，没有一部

----

① 参见拙作《国家能力与国家权力的悖论》，《中国书评》，1998 年 2 月。

成文的宪法，但无论从任何角度看，英国都应该被视为宪政国家。有的国家虽然有宪法，但形同虚设，对权力没有任何实质性制约，这样的国家并不是宪政国家。

正是在这个意义上，萨托利认为，并不是所有以宪法的名义颁布的文件都可以称作"宪法"。"我们时代众多的所谓'宪法'可以分为三大类：真正的宪法、名义性宪法和冒牌的宪法。"而三者之间区分的惟一标准即是对政治权力实行限制与制约的思想。① 依据真正宪法的统治即可被称为宪政统治。

西方宪政思想的渊源至少可以追溯到中世纪。一方面，中世纪自然法思想的发展奠定了国家权力必须受到更高级法制约的观念；另一方面，基督教关于个人尊严的观念也有助于抵制任何形式的绝对主义。② 此外，正如马克斯·韦伯所言，中世纪封建制度下的分权制也包含着宪政的因素。

在近代资产阶级革命初期，为了防止绝对权力的出现，以分权的方式限制政府权力的概念变得愈来愈有吸引力。洛克是最早讨论分权的理论家。在洛克的基础上，孟德斯鸠系统阐释了三权分立、制约均衡的思想，奠定了现代宪政理论的基础。孟德斯鸠分权理论的基础是对权力的不信任，是对绝对权力的恐惧。在孟德斯鸠看来，由于人性之不完善，权力导致腐败是必然的规律。"任何掌权的人都倾向于滥用权力，倾向于把权力使用到其极限。""为了防止滥用权

---

① 关于宪法概念的起源，参见萨托利：《"宪政"疏议》，《公共论丛》，第一期，生活·读书·新知三联书店，1995 年，第 101—113 页。

② Carl J. Friedrich, *Constitutional Government and Democracy*, revised edition, Boston: Ginn and Company, 1950, pp. 13 - 14.

力，从事物的本质出发，有必要以权力制约权力。"孟德斯鸠的具体方案是将政府权力划分为立法、司法、行政三个不同的方面，使其分属不同的机构，并使这些机构互相制约，达到权力的均衡。

从 17 世纪末到 19 世纪，是西方宪政制度滥觞的时期。英国资产阶级革命可以被视为宪政政府的开端。而美国独立战争后制定的宪法则开启了以成文宪法作为国家根本法律的实践。此后，欧洲几乎所有国家都以革命或改良的方式将政治权力置于宪法的制约下，完成了从绝对权力向宪政的转变。

弗里德里希（Carl J. Friedrich）曾对西方近代的宪政理论与实践作出过相当深刻的分析。他认为，宪政的核心特征是分权："分权是文明政府的基础。宪政的含义正在于此。宪政可能是君主制的，也可能是民主制的，而且，它也确实在两种制度中都出现过。"

许多人往往机械地理解分权的观念，将分权等同于孟德斯鸠的三权分立、制约均衡概念。其实，孟德斯鸠的理论与美国的实践只是分权的形式之一，而不是惟一的形式。譬如，欧洲多数国家的宪政制度都不包含三权分立的因素。在实行议会制民主的国家，立法权与行政权均属于议会的多数党，二者之间的制衡不具有制度意义。在这些国家，分权原则主要体现为司法权与行政权的区分，体现为司法独立的原则。

如果从政治的角度分析分权与宪政的话，分权的具体形式仅仅是手段，其实质则是对政府权力实行有效的、有规则的制约。这至少包含几方面的含义。第一，这种制约是以法治为基础的。正如弗里德里希所言，"现代宪政政府时代的开端是确立以司法的方式限制政府的行政系统。正是这种司法限制开创了分权的制度，而任何绝对王权的鼓吹者与构建者都会否定分权的原则"。[①] 第二，这种限制必须是有效的。应该指出的是，仅仅存在制约政府权力的法律形式并不等于对政府权力的有效限制。有些宪法的规定仅仅是形式上的，而不具备任何实质意义。相反，有时并不存在形式上的制约政府权力的法律，但由于惯例等因素，政府的某些权力在事实上得到限制。这也属于有效限制的范围。英国的宪法在很大程度上便属于此例。第三，这种限制必须是经常的，有规则的。路易十四的情妇常常可以用刮枕头风的方式影响路易十四的政策，制约路易十四的权力。但这并不是宪法的制约，因为这种制约不是经常的、有规则的行为。

---

① Carl J. Friedrich, *Constitutional Government and Democracy*, revised edition, Boston: Ginn and Company, 1950, p.112.

第四章　自由主义的原则 ｜ 313

第五章

自由主义的批评者

自由主义并不憎恶政治权力。……不管是优点还是缺点，自由主义是迄今出现的最有效的国家构建（state building）哲学。

——霍尔姆斯

自由主义作为一种思潮受到许多批评。剖析这些批评不仅有助于展示西方近代思想的全貌，而且有助于理解自由主义的内涵。往往有这样的情形，理解某种理论的最好方式是通过这些理论的批评者。批评者们常常以极为敏锐的目光审视其批评的对象，展示自身与批评对象之间的区别，从而使读者对批评对象的本质特征有更深刻的理解，并在比较中把握批评者与批评对象的真正特征。

　　如前所述，自由主义是一种近代现象。因此，对自由主义的批评也是一种近代的现象。对自由主义的最早批评可以追溯到法国大革命。法国大革命是近代西方思想发展的一个重要转折点。以大革命为起点，出现了自由主义、保守主义以及激进主义思潮的分野，这些分野构成近两个世纪以来政治社会思潮的主流。

　　无论从何种意义上言，自由主义的批评者都不是一个统一的整体。当然，正如美国政治学者斯蒂芬·霍尔姆斯所揭示的那样，从法国大革命时期到今天，所有的自由主义批评者都有某些共同的主题。不过，我们在看到这些共同主题的同时，还应该防止将他们混为一谈。自由主义批评者之间的差别有时比他们与自由主义之间的差别更大。一个最简单的例子是，保守主义与激进主义都批评自由主义，但是，二者之间的差距与分歧恐怕远远超过各自与自由主义的分歧。

　　由于自由主义的批评者缺乏内在的统一性，对这些批评作出概括就成为一件颇为困难的事。令人不安的是，不论作何种概括，都会给人一种挂一漏万的感觉。为了使我们的概括有所依循，笔者将选择一些对自由主义的核心原则，尤其是自由主义的政治理念进行批评的学说进行剖析。

一、梅斯特尔：来自保守主义者的批判

　　最早系统地批评自由主义的思想家是法国大革命时期的几位保守主义思想家。其中最著名的是法国的梅斯特尔与英国的柏克。正如我们在前面曾分析过的那样，柏克的情况比较特殊。在很大程度上，柏克也可以说是一个自由主义者。

　　梅斯特尔对自由主义的批评尖锐而深刻，他的主要论点至今仍然构成保守主义批评自由主义的基本论题。

　　梅斯特尔对自由主义的批评主要集中在自由主义的核心——个人主义上。他认为，个人主义的最大弊端是削弱了社会稳定与秩序赖以建立的基础。根据梅斯特尔的分析，建立一个健全而稳定的社会的基础是权威、宗教与社群（community），而自由主义的核心恰恰在于削弱权威，削弱宗教信仰，削弱个人赖以生存、赖以确定自己认同感与归属感的社群。在梅斯特尔看来，一个稳定社会存在的前提是一个稳定而强有力的权威，这一权威应该是有效的、有决定能力的、不受挑战的。对这种权威的主要威胁来自自由主义。自由主义的全部错误来自其关于个人与社会关系的基本假定。自由主义声称在社会存在之前存在享有自然权利的个人，并基于个人的自然权利构建社会政治的原则。在梅斯特尔看来，这完全是一种头足倒置的理论。他指出，从来就没有所谓孤立的、超社会的或非社会的个人。所谓权利只是一种社会关系，是在社会中才有的。他嘲笑 18

世纪 90 年代法国《人权与公民权宣言》的荒谬之处。他说："世界上并没有'人'这种东西。在我一生中只见过法国人、意大利人、俄国人等等。但如果说'人'，我却从没碰到过。就算他真的存在，至少我不认识。"

尤为重要的是，梅斯特尔指出，人并非是生而自由的。人就其本质而言，生来就倾向于服从，倾向于接受等级制度，接受君主的命令。梅斯特尔在论述服从权威的倾向及其意义时，提出一个在后来自由主义批评者理论中经久不衰的观点，即个人行为的非理性特征。自由主义者企图将个人从权威控制之下解放出来，但这种解放的结果只能是社会的无序。在梅斯特尔看来，个人在本质上是"脆弱的、盲目的"，他从来没有稳定而持续的喜好与选择，"他不知道自己究竟要什么，他常常要那些自己并不想要的，而不要那些自己想要的"。更糟糕的是，"他经常对自己已经得到的感到不满足，而热爱那些自己尚未得到的"。如果这样的个人从权威的控制下解放出来，不仅是社会的不幸，而且也是他本人的不幸。

由于人在本质上是非理性的、盲目的，人类在本质上需要自上而下的统治，需要智者、贤者为其指出生存的方向。在这个意义上，自由主义关于建立自由社会与民主政府的理想不仅不切实际，而且可能导致罪恶的社会后果。

以个人的非理性为由反对个人的自由，反对民主政府，这是梅斯特尔之后自由主义批评者的一个持续的主题。民主参与的著名批评者、奥地利经济学家熊彼特对民主参与最有力的批评是，个人的政治选择往往是非理性的。他形象地写道，人们在选择与自己生活密切相关，而且自己十分熟悉的消费品时尚且受到广告的影响：一位时髦女郎的广告可能使一种香烟品牌在吸烟者中大受青睐。对于与个人生活相距甚远的政治问题，人们的判断力肯定会比吸烟者对香烟的判断力更为低下。在这种情况下，鼓吹所谓人民的民主参与是毫无意义的。

与熊彼特对民主的批评相类似，主张政府较多干预经济的理论家们其实在本质上也对个人的理性选择能力感到怀疑，或者至少对个人理性行为导致集体理性的可能性表示怀疑。典型的自由主义者往往同时也是理性主义者和乐观主义者。他们相信个人理性的能力，相信个人知道自己想要什么、不想要什么。即使在政治问题上，尽管个人的选择能力也许比起选择消费品的能力要弱。但从长远的观点看，至少对社会的大多数人而言，他们知道自己要什么，不要什么。他们也许会在选择时犯某些错误，但不容忽略的事实是，他们的选择总是比别人以他们的名义为他们所作的选择更符合他们的真实愿望。尽管自由主义者也许不完全接受亚当·斯密关于个人追求自己的利益会达到整体利益的实现的理论，但自由主义的基础确实是对个人理性的信念。自由主义者关于个人自由、市场经济和民主政治的理念都有一个隐蔽的预设：个人的理性能力以及个人理性行为导致集体理性的可能性。

梅斯特尔对自由主义的第二个批评是自由主义削弱了宗教信仰。自由主义诉诸个人理性，强调个人的独立思考，强调怀疑主义的价值，这些最终会削弱社会赖以维系自身存在的宗教、信仰以及价值观。梅斯特尔强调，"任何人类的制度，如果没有宗教基础的话，将是无法持久的"。没有宗教基础的主权缺乏让人们服从的权威，没有宗教基础的法律将是一种缺乏神圣性的法律。法律如果丧失了神圣性，成为某种俗人可以随意制订或改变的东西，法治便无法建立并维持。除了理性，社会的稳定还需要某些不容置疑的信仰。

梅斯特尔这里谈论的是几乎所有保守主义以及相当一部分自由主义理论家不断提起的论题。涂尔干对社会共同价值观的强调，施特劳斯对大传统、对古代自然法传统的憧憬，甚至马克斯·韦伯关于超验价值的论述无一不和梅斯特尔的观点遥相呼应。

梅斯特尔对自由主义的第三个批评是自由主义削弱了社群（community）。霍尔姆斯将梅斯特尔视为最早从社群主义角度批评自由主义的思想家，这并非没有道理。梅斯特尔指出，没有社会依归的个人是孤独的个人，是内在世界充满自相矛盾的个人。个人需要某种归属，需要某种大于个人、高于个人的团体作为认同的对象。这些团体可能是家庭、可能是一些政治团体，也可能是民族、国家。将个人融入某种更大的社会群体不仅有利于建立稳定的社会秩序，而且也使个人得以摆脱内在世界的自相矛盾。[①]

二、卡尔·施密特：自由主义国家的最大问题

在梅斯特尔之后，除马克思主义外，真正对自由主义作出全面批评与系统清算的是 20 世纪的德国思想界。就哲学角度而言，这种批评是与对现代性的批评联系在一起的。德国的两个著名的学派从不同的角度对自由主义的哲学基础——现代主义——提出系统的批

---

① 关于梅斯特尔对自由主义的批评，参阅 Stephem Holmes, *The Anatomy of Antiliberalism*，pp. 13 - 36。

评。第一个学派的代表人物是海德格尔。他对"现代性"作出迄今为止最深刻、最具哲理的批评。第二个学派即法兰克福学派。1947年，阿多诺与霍克海默发表了《启蒙的辩证法》，指出启蒙运动对理性与自由的追求导致一种新的非理性化与暴政。与此相呼应，马尔库塞的《单向度的人》揭示了自由主义社会在本质上是一个单向度的社会。在这个社会中，对工业发展的追求与消费主义倾向削弱了对道德与政治价值的追求。

不过，这些批评更多地指向现代性，而不是自由主义。尽管自由主义与现代性有密切联系，但二者并不能等同。在严格意义上，社会主义甚至保守主义都具有现代性。因此，海德格尔与法兰克福学派对启蒙运动与现代性的批评是一种对自由主义的间接批评。

真正体现了德国学术界对自由主义批评的是德国法学家、政治学家卡尔·施密特以及后来从德国移居美国的犹太裔政治哲学家施特劳斯。其中，卡尔·施密特的批判更具代表性，故作一简单介绍。

卡尔·施密特（1888—1985）是20世纪德国最著名的法学家与政治学家之一。他在一生中经历了德国政治与社会的剧烈动荡，他目睹了帝制、魏玛共和国、纳粹政府以及战后德国分裂等重大历史事件。他在魏玛共和国时期就是相当显赫的法学家，是当时新保守主义阵营的主要人物，并担任德国总统的法律顾问。后来，他一度成为纳粹运动与政府的鼓吹者，成为纳粹的"皇冠法学家"。当然，从1936年起，他开始疏远纳粹，但他与纳粹政府的关系使他的一生蒙上耻辱。二战之后，他被控为纳粹宣传而被美军关押达一年之久，但由于他较早与纳粹脱离了关系而得免于纽伦堡法庭的传讯。

施密特一生著述十分丰富，涉及国家理论、宪法理论、国际法与国际关系等领域。其中最著名的政治著作包括《政治浪漫主义》（1919、1921）、《政治神学》（1922）、《议会民主的危机》（1923、1926）、《政治的概念》（1928）、《霍布斯国家学说中的利维坦》、《土地与海洋》等。

如果不考虑施密特与纳粹的关系，而把他视为一个单纯的理论家，那么，施密特在政治理论、法学理论和国际政治理论方面的成就是不容忽视的。他是 20 世纪为数不多的有洞察力的理论家之一。他的理论曾直接或间接地影响过不少理论家。譬如，冷战时期颇具影响的"极权主义"概念显然与施密特的"全能国家"（total state）概念有一定联系。并非偶然的是，极权主义概念最早的几位阐释者，如阿伦特、弗里德里希都是德国的移民，都是在魏玛共和国时期成长起来的学者。又如，美国现实主义国际政治理论的主要代表人物摩根索（Hans Morgenthau）曾受过施密特的影响。摩根索不仅研究过施密特，而且曾拜见过他。尽管他称施密特是"活在世上的最可恶的人"（the most evil man alive），他仍然称赞施密特的国际关系理论具有非凡的"创见与天才"。①

施密特对自由主义的批评恐怕是自由主义所遭遇的最具学理的批评之一。难怪今天西方的左派与右派都公开或隐蔽地引证施密特，从施密特那里汲取灵感。

施密特对自由主义的批评涉及很多方面。根据霍尔姆斯的概括，其中最重要的有：自由主义在关键时刻无法作出决断；自由主义的多元主义可能导致国家的内乱甚至内战；自由主义导致人们将全部

---

① 参见，Wolfgang Palaver,"Carl Schmitt on Normos and Space," *Telos*, No. 106（Winter 1996），p. 105。

注意力集中在私人生活上，追求消费主义，罔顾公共领域，等等。①

　　所有这些对自由主义的批评必须与施密特关于现代国家与现代政治的概念联系起来理解。施密特认为国家是政治在现代社会的表现形式。国家从文艺复兴时期起出现过三种形式：第一是 17 世纪的绝对国家（absolute state）；第二是自由主义的中立国家（neutral state），国家在社会冲突中保持中立地位，任凭社会各种团体之间在竞争与冲突中寻求平衡；第三种国家是随着福利国家的发展，逐步形成所谓全能国家（total state）。

　　典型的国家职能应该是"政治的"。关于政治，施密特的定义是，政治的主要任务是区分"敌人"与"朋友"。在施密特看来，自由主义国家的最大问题在于，它无法清楚地区分敌人与朋友，无法在需要作出决断的时候果断地回击敌人。这既表现在自由主义国家的对内政策中，又表现在自由主义国家的对外政策中。

　　就对内政策而言，施密特批评自由主义国家的中立性。在他看来，自由主义试图以三种方式解决社会的所有冲突。这就是，以冲突各方妥协与谈判的方式解决利益冲突；以理性化自由讨论的方式解决观念冲突，以宗教私人化的方式解决最终价值观的冲突。② 自由主义在本质上没有国家的概念，自由主义的"中立国家"反对国家干预宗教事务、涉足思想与言论领域或干预社会不同组织与机构在法律的框架内缔结协议。这实际上是将国家视为各种利益与组织冲突的场所，而不是解决这些冲突的组织。施密特批评这种多元主义

---

① *Stephem Holmes*，*The Anatomy of Antiliberalism*，pp. 37 - 60.
② 同上，第 40 页。

的国家理念，强调国家必须垄断政治事务。他认为，在大多数情况下，经济、文化等活动不是政治活动，国家可以不予关注。然而，在愈来愈多的情况下，经济、社会与文化活动本身包含了政治的因素，具有政治的内涵。这样，国家就不应该保持中立。他特别指出，在现代工业社会，经济问题通常决定国家的对内与对外政策，自由主义过分地鼓励所有类型的自由结社，如工会组织等，这全然是一种过时的政策。譬如，现代的工会已经不再将自身的活动局限于经济领域内，而是变得相当政治化。在这种情形下，如果国家仍然持一种中立的立场，不介入各种结社活动，就是放弃了自己的政治职能。在《政治的概念》一书的结尾，施密特写道："经济冲突可以变成政治性的。……政治仍然是［国家］的使命。但是，经济已经变为政治性因而也成为［国家］的使命。"①

施密特针对自由主义中立国家提出一套国家主义的理论。其核心在于，国家应该在现代政治与社会中发挥关键作用。国家不是社会各种利益冲突与妥协的场所；它高于社会，居于社会所有团体、阶级、阶层与组织之上。它是主权的代表，是公共利益与意志的代表。它有权将自己的意志强加于社会，要求社会各阶级、派别和团体的服从。

颇为有趣的是，在批评自由主义中立国家的同时，施密特对自由主义国家可能导致的"全能国家"也提出批评。关于施密特"全能国家"的概念，学术界有许多争论，也有不少误解，许多研究者将施密特描述为全能国家的鼓吹者。这种解释对他的观点有所误解，

① 关于施密特的国家学说，参见 Julien Freund, "Schmitt's Political Thought," in *Telos*, No. 102 (Winter 1995), pp. 11 – 42。

至少对他早期的观点有所误解。实际上，施密特提出全能国家概念的主要意图是分析福利国家的发展趋势，并不是主张全能国家。而且，在一定意义上，施密特对全能国家持批评态度。施密特认为，现代福利国家的发展，特别是大众民主的实施可能使国家干预的范围超出"政治"的领域，不再仅仅处理政治问题，不再仅仅局限于区分敌人与朋友，而是侵入社会生活的所有方面。最终，国家与社会的划分不复存在了，国家成为全能国家。

施密特对全能国家的主要批评是，国家权力向非政治领域的延伸会削弱国家。施密特理想中的国家是在政治上强大、有能力履行自己职责的国家，而不是将自己的权力扩展到社会领域的国家。他认为，国家涉足的领域愈广，国家本身的有效性便愈差。

施密特对自由主义国家的批评在很大程度上是由对德国魏玛时期自由民主政治的不满而发的。这些批评最多只适合于理想类型的自由主义理论，并不适用于近代以来成功的自由主义国家。实际上，西方主要自由主义国家在发展过程中并不是完全中立的，更为重要的是，自由主义国家在履行国家的职能方面并不是软弱无能的。当代美国著名自由主义理论家斯蒂芬·霍尔姆斯在其新著《激情与制约：论自由主义民主理论》中写道：

> 有限政府会比无限政府更强有力。制约成为力量的渊源，这并非自相矛盾，而是一种充满悖论的洞见。这一见解是自由主义宪政主义的核心。人们常常为民主政府无力解决国内或国际的重大问题而沮丧，批评者倾向于将自由主义的制度——诸如分权制度——视为阻碍解决问题的过时制度。但是，责备自

由主义导致政治无能是一种缺乏历史感的表现。自由主义宪法通过限制政府官员的专断权力，可能在适当条件下增加国家解决特定问题以及为了共同目标而动员集体资源的能力。①

霍尔姆斯对自由主义政治与国家能力的关系作出相当肯定的评价："自由主义并不憎恶政治权力。……不管是优点还是缺点，自由主义是迄今出现的最有效的国家构建（state building）哲学。"②

三、当代社群主义对自由主义的挑战

霍尔姆斯称当代的社群主义观点继承了施密特对自由主义的批评。社群主义者会十分愤怒地驳斥这种指责。但这种驳斥充满了泛道德主义色彩。其愤怒的核心在于批评者将社群主义与法西斯主义联系在一起，损害了社群主义的声誉。其实，若抛开这种泛道德主义的考虑，从纯粹学理的角度考察的话，那么，正如帕拉瓦（Wolfgang Palaver）在最近所声称的那样，"社群主义对自由主义的批评与施密特在 20 世纪最初几十年对自由主义的批评相似。事实上，施密特可以被视为对自由主义进行批评的早期的'社群主义者'。"③

社群的概念在政治思想中并不陌生。事实上，其起源可以追溯到

---

① Stephen Holmes, *Passions and Constraint: on the Theory of Liberal Democracy*, Chicago: the University of Chicago Press, p. xi.
② 同上。
③ Wolfgang Palaver, "Schmitt's Critique of Liberalism," *Telos*, No. 102, p. 43.

古希腊亚里士多德的哲学。亚里士多德之后，我们可以举出西塞罗关于罗马法律与共同利益"社群"（community）的观念以及托马斯·阿奎那关于社群的观念。近代以降，社群的观念在不少保守主义以及其他自由主义的批评者中时有出现。譬如，柏克曾对社群有过颇为著名的界定，他称社群是一个由现在生存的人、已经去世的人以及将要出生的人们组成的共同体。卢梭以及黑格尔的著作一般被认为与当代社群主义有亲缘关系。许多当代社群主义者强调黑格尔学说中关于"Moralititat"与"Sittlichkeit"的区分，前者指的是抽象的或曰普遍的道德规则，后者指的是专门适用于某一特定社群（community）的伦理原则。在自由主义思想中，前者是更高层次的道德规则，它与抽象的、普遍的个人相联系，这种个人自身是道德的主体，是自由而且理性的存在。而在黑格尔与当代社群主义者看来，后者是更高层次的道德，因为只有通过社团，真正的道德自主与自由才可能实现。①

在论及社群的概念时，不可能不提及斐迪南·滕尼斯（Ferdinand Tonnies）在《共同体与联合体》（Community and Association）（1887）中提出的概念。他认为，人们可以有意识地建立、设置或加入各种各样的联合体，却无法人为地构建共同体。二者的区别在于，联合体是个人为了特定利益而构建起来的，共同体则是基于某种共同的血缘、亲缘、地域、共同的态度、经验、感情与立场而历史地形成的，它是一个有机体。

当代社群主义于20世纪70年代兴起于美国，三十多年来，社群主义一直是北美政治哲学中最活跃的流派，是自由主义的主要批评者。

---

① 参阅，Shlomo Avineri & Avner De-shalit, "Introduction", *Communitarianism and Individualism*, Oxford University Press, 1992。

关于社群主义者对自由主义的批评，已有专著论述，这里只作一些简要的归纳。[①] 就本质而言，社群主义并不是一个具有内在统一性的整体。如果说它们有哪些共同点的话，那么最大的共同点就是对自由主义的批评。但他们各自批评的角度与各自的建设性方案都有明显不同。社群主义对自由主义的批评集中在两个方面。其一是方法论，社群主义者集中批评自由主义的理论前提，即理性的个人自由地进行选择的观念。社群主义者重复历史上自由主义的批评者重复过无数次的观念：人是社会的人，理解人的行为的惟一方法是将个人置于他所在的社会、文化与历史环境中。这就是说，为了讨论个人，必须首先考察个人所处的社群以及个人之间的共同（communal）关系。其二是规范性学说，社群主义者认为，个人主义的前提产生了道德上消极的后果，产生了极端个人主义的社会，削弱了维系社会健康存在的社群纽带。社群主义的理论家人数不少，其中最著名的代表人物有桑代尔、麦金太尔、泰勒、瓦尔策。

桑代尔是第一个使用社群主义概念并展示社群主义与自由主义对立的学者。他对自由主义的批评集中在个人主义上。其核心观点是，没有脱离社会的、孤立的个人。麦金太尔对自由主义的批评与桑代尔不同，它展示了更高程度的概括性，涉及更广阔的道德与文化史。麦金太尔的主要分析并非集中在当代政治理论著作上，而是集中在西方道德与政治文化的起源、发展及其衰落上。他对自由主义的批评可以被理解为在广泛意义上对现代性的批评。泰勒与麦金太尔有一点相似，即他关注的重点不是当代政治理论，而是自柏拉

---

① 参见俞可平：《社群主义》。

图到后现代主义的西方政治文化的发展与演变。但是，泰勒与麦金太尔又有明显的区别，泰勒并不反对自由主义本身，恰恰相反，他认为自由主义的基本主张是十分重要的，但遗憾的是，历史上的自由主义者阐释及论证这些基本主张的方式包含着诸多不一贯乃至错误的理论。泰勒对自由主义的批评集中在自由主义的本体论哲学与道德哲学上。瓦尔策的立场与上述三位社群主义者有明显区别，与桑代尔不同，瓦尔策对罗尔斯关于人的概念并无批评，他也不像麦金太尔与泰勒那样试图对西方道德与政治文化的历史作出全面解释，他所关注的主要问题是方法论的。他试图探讨我们应该以何种方式构建一套关于正义的理论。他的主要论点是，"不同的社会物品（goods）应该基于不同的原因、根据不同的程序、由不同的机构进行分配；而所有这些不同来源于对社会物品的不同理解——这是历史与文化特殊主义不可避免的产物"。

社群主义对自由主义的挑战无疑具有相当重要的理论意义。但是，社群主义究竟是一种"后自由主义"的理论模式，抑或仅仅是对自由主义的补充，现在还很难作出结论。就社群主义目前的贡献而言，它的批判性远远超过建设性。它可以振振有辞地批判自由主义的不足，却无法提出任何替代自由主义的模式。正如有的学者指出的那样，"社群主义的论述总是、并且只能是以对终极问题的忧心忡忡而结束。如果社群主义不能推出能够普遍接受的、需要复兴的、正确的公民美德的具体内容，而只是继续阐明对如此复兴之关怀"，那么它将无法成为替代自由主义的理论。①

---

① 容迪：《在自我与社群中的自由主义》，《公共论丛》，1998 年，第四期，第 62—63 页。

结语　自由主义的价值及其局限

在描述了自由主义的历史与理论内涵，勾勒了西方思想史上对自由主义的主要批评之后，我们以何种结论来结束我们的讨论呢？

许多讨论自由主义的著作喜欢以预测自由主义的前景来为其讨论画上句号。这种做法相当冒险。那些预言自由主义衰落的人们曾十分尴尬地目睹过自由主义的复兴，而像福山那样宣称人类将进入自由主义时代的人，对苏联解体后民族主义的兴起以及各种反自由主义思潮的出现也感到茫然。今天，这种预测更加危险。一方面，自由主义在战胜了 20 世纪诸多挑战者后，显得踌躇满志。许多第三世界国家的经济与政治改革也确实包含着许多过去被认为是自由主义的成分。这不能不使一些自由主义的倡导者们欣喜若狂，以为将来的世界必然是自由主义占主导的世界。但另一方面，自 20 世纪 80 年代以来，自由主义受到社群主义的强烈挑战。自由主义的一些基本原则，诸如个人主义、消极自由、多元主义民主等愈来愈受到怀疑乃至责难。与自由主义共生的现代主义、民族国家也受到强烈挑战。自由主义愈来愈失去自己的特征。

有人也许喜欢在结论部分对全书所分析的对象来一番整体评价，亦即对自由主义的成败得失作一番评点。但正如我们在本书导论中所提及的那样，这是一件十分简单化、十分轻率的举动。

笔者以为，在梳理了自由主义及其批评者之后，一件十分有趣的事就是把它们放在一起，比较它们在一些共同关注的问题上的基本立场，这或许对我们理解自由主义的价值及其局限性有所启迪。当然，可以比较的问题很多。在以下的讨论中，我们将集中比较它们在个人与群体、进步与秩序、普遍主义与特殊主义三个方面的观点。笔者以为，这三方面大致可以展示出这些理论之间的主要区别。

自由主义与它的批评者——保守主义或今天的社群主义——关注的核心问题首先是个人与社会、国家的关系这一社会政治理论的永恒问题。而且，它们的出发点与归宿也颇为接近。它们都追求个人与社会、国家之间的某种平衡。用我们今天习惯的用语来说，这种平衡意味着"既有统一意志，又有个人心情舒畅"，既有社会进步，又有社会稳定，既有权威，又有个性。

应该说，保守主义以及今天的社群主义在理解社会的本质方面显得比自由主义聪明得多。任何稍有常识的人都不会相信单子式个人的概念，都会知道，没有超社会、超历史的个人。个人的许多属性都是社会的产物、环境的产物。譬如，从小生活在中国社会中的人恐怕会比美国社会长大的人更注重"孝道"，经历过三年困难的人会比今天独生子女更珍惜每一粒粮食，在狼群中长大的"狼孩"在行为上与狼有相似之处。

自由主义并非不懂这一道理。自由主义者侈谈所谓单子式的个人，其宗旨并非在于描述个人与社会的现实关系，否定个人身上社会影响的烙印，而在于抽象地构建理想社会的基础。自由主义者试图回答的问题并不是在历史上或现实中个人与社会、国家的关系是什么样的，而是正当的个人与社会、国家的关系应该是什么样的。自由主义者不愿不加批评地接受传统留给后人的制度，不愿不加质疑地接受社会的现存秩序。为了构建所谓的理想制度，他们才提出所谓自然状态的假说，设想假如没有社会与国家人们会处于何种情形。所谓单子式的个人在自由主义理论中主要是一种理论预设，是为了探究合法政府的渊源与形式而设想的理论状态，而不是对现状的描述。

如果这样来理解自由主义的话，就会发现，保守主义与社群主义对自由主义的许多批评实在是词不达意。当然，保守主义对自由主义的批评也有价值观方面的批评。柏克称社会是一个共同体，其含义不仅仅是描述事实，而是表述一种价值观。保守主义对自由主义的批评是，自由主义只强调个人的权利、个人的价值，忽视了宗教、社群、道德。这样，便会削弱维系一个社会的精神纽带，摧毁社会赖以维持稳定与秩序的精神要素。整个社会会因此而丧失涂尔干所谓的凝聚点（solidarity）。

这种批评确实击中了自由主义的要害。客观而言，假定组成一个社会的人们是一群像麦金太尔所描述的毫无道德感与责任感、只追求个人权利、罔顾社会利益的人们，那么，一个既保障个人自由又有稳定秩序的社会便难以形成。自由主义在西方近代之所以能够大行其道，与西方深厚的文化与道德传统，尤其是基督教传统有相当关系。自由主义在本质上是高度理性化的，它倡导进步，抨击传统对个人的束缚，要求摆脱宗教对个人行为的羁绊。然而，恰恰是这些传统与宗教为以个人主义为核心的自由主义提供了共同道德的基础，提供了秩序的渊源。或者换一个角度言，为追求个人利益的社会提供了个人责任感的依据。假如没有这些文化的、传统的、宗教的前提，假定个人真的都是霍布斯式的个人，西方近代的秩序、个人责任感恐怕很难维系。

在这个意义上，保守主义对自由主义的批评有助于我们为自由主义定位。自由主义在本质上是一套国家学说。不管自由主义的批评者如何指责自由主义理论缺乏国家概念，但自由主义的着眼点确实是国家制度。自由主义的宗旨是构建一套以个人权利或利益为出发点的政治制度。为了构建社会政治制度，自由主义也许会诉诸本体论哲学、道德哲学、认识论哲学，也许会侈谈所谓道德的标准。但是，"醉翁之意不在酒"。自由主义关注的重点并不是个人行为的道德性问题，而是制度构建问题。因此，当自由主义者高谈人是自私的，只要不伤害他人利益，个人有权追求自己认定的个人利益时，这并不意味着自由主义鼓励一种只追求个人私利、罔顾社会公德与他人利益的行为。从亚当·斯密与边沁所谈论的"开明自利"到康德所强调的道德绝对命令，自由主义者无不试图强调个人追求自身利益时应该有某种道德考量。不过，自由主义强调的是，这种道德行为的形成不是国家立法者的责任，而是个人自己的选择。自由主义不反对保守主义者褒扬传统与宗教，不反对社群主义者弘扬社群的价值，不反对道德主义者关于道德观的说教。

但是，自由主义会坚决反对任何将道德问题变为政治问题的企图，反对国家以社会福利的名义强迫社会接受某种道德规范。正如我们在上文中讨论的那样，自由主义的国家在道德问题上是一个"中立的国家"。自由主义强调的核心是个人相对于国家及社会所享有的权利，是国家与社会不得以强制方式干预个人这些权利。但个人是否行使某些权利、如何行使某些权利，个人可以有不同的处理方式。自由主义者不仅不反对，而且鼓励个人以一种利他主义的方式行使自己的权利。譬如，自由主义会以激烈的方式反对国家剥夺个人财产，甚至反对国家以税收的方式实行社会财产再分配。但是，自由主义者并不反对个人以自愿的方式将自己的财产捐赠给穷人或某些不幸的人。自由主义也许会强烈反对政府以立法的方式规定旁观者必须抢救溺水者，但自由主义者并不必然都是见死不救的自私小人。

　　自由主义的批评者对自由主义的批评主要集中在自由主义的道德观与哲学基础上。他们也许会津津乐道自由主义无法为人们提供一套基本的善恶标准。但是，他们在批评自由主义方面比在自身构建一套国家学说方面更有成绩。以今天的社群主义为例，他们对自由主义的批评可谓慷慨激昂，声色俱厉。但是，当人们希望他们提出某种补救自由主义的国家学说时，他们要么拾起历史上法西斯或其他极权主义的牙慧，要么会空泛谈论一些原则，而提不出任何具有实践意义的政治理论。美国自由主义哲学家斯蒂芬·莫西度（Stephen Macedo）对社群主义这种特征曾有过准确的概括："由于缺乏关于共同政治利益的任何实质性（substantial）见解，社群主义似乎更像一种对合作与和谐的黄金时代的空想式渴望，它是由对自由主义的不满而引发的一种憧憬，而不是对一种令人向往的替代方案的发现。"①

自由主义及其批评者的另一个重要区别是关于进步与秩序的观念。典型的自由主义在进步与秩序之间持一种相当平衡、中庸的态度。它既不同于保守主义，也不同于形形色色的激进主义。自由主义与保守主义的最大区别之一在于它主张进步的观念。当然，这并不是说，自由主义必然相信社会逐步由低级向高级进化的神话。但这确实意味着，自由主义理论本身包含着批评现状、希望改革现状、追求更美好未来的因素。在这个意义上，自由主义与形形色色的激进主义思潮颇有相似之处。自由主义赖以批评现状、设计未来的理论基础往往是基于抽象原则而构建的某种哲学理念。如前所述，权利的观念、功利的观念都曾在思想史上充当过这种理论角色。熟悉哈耶克对构建理性主义批评的人们往往会对自由主义这种特征极为敏感，往往混淆自由主义与激进主义的区别，往往不敢或不愿依据某种理念批评现状、设想未来。这实际上是抽掉自由主义的批判性精神气质，使自由主义成为某种相当柔弱、认可现状、对现状不作批评，对未来不加以积极追求的理论。

但是，自由主义也不同于激进主义。自由主义也许会和激进主义一起批评现状，一起构建理想的制度，而许多激进主义思潮也许会和自由主义一样高喊自由、民主的口号，但自由主义与激进主义有一个根本的区别：典型的自由主义者倾向于承认现状的合理性。它往往以承认现存社会、政治、经济制度存在的合理性为前提，在承认现存的基础上改变现实。因此，自由主义一般不像激进主义那

---

① Stephen Macedo, *Liberal Virtue: Citizenship, Virtue, and Community in Liberal Society*, Oxford: Clarendon Press, 1990, p.17.

样主张以激烈的方式改变现状，实现美好的未来。自由主义者从本质上而言对政治有强烈的恐惧感与厌倦感。他不认为通过政治的手段可以一蹴而就地改变现存制度，实现新的制度。这种政治手段既包括由政府采取的手段，也包括群众运动这类政治手段。自由主义强调的是法律的作用、个人的创造性以及市民社会组织的作用。它只承认在现状的基础上逐步改革，逐步以人的理性的力量改变现存制度中不令人满意的方面，实现更加美好的社会。

在这个意义上，自由主义居于保守主义与激进主义中间。它构建理想社会，批评现实制度，似乎永远不满足现状。但另一方面，它对渐进的改变比对激进的改变表现出更大的兴趣。如果现状在总体上是令人满意的，自由主义往往会有较大的号召力。如果现实是令人沮丧甚至令人憎恶的，自由主义往往会缺乏吸引力，无法与激进主义竞争。譬如，在 20 世纪初年的中国，现实只能带给人们沮丧与绝望。军阀混战，草菅人命，当权者腐败，任何温和渐进改革的企图只能是纸上谈兵。在这种情形下，自由主义便难以找到知音。而以激进方式改变现状的要求便容易得到人们的同情。

自由主义和它的诸多批评者之间的另一个重大区别之一就是所谓普遍主义的问题。自由主义是典型的现代性的产物，它兴起于启蒙运动时期，它与现代国家、市场经济共同构成现代性的主要制度特征。

自由主义在倡导普遍主义原则时，对前现代社会许多带有特殊主义色彩的制度，如不同地域的传统、习俗、形形色色的社群进行了无情的挑战。自由主义或者以权利学说为基础，或者以功利主义为武器，强调人的普遍特性，强调社会、政治、经济组织在任何地域都必须具备某些特定的特征。

　　自由主义的批评者，特别是今天的社群主义，看到普遍主义的消极后果。他们指出，在极端的自由主义社会中，整个社会只有两个合法的存在：其一是独立、自主的个人。他不受任何传统社会关系的制约、没有任何社团的——家庭的、宗教的、地域的、种族的、民族的——认同。其二是国家。由于自由主义在本质上不承认任何社群的合法作用，惟一可以调节社会秩序的便只剩下国家。

　　托克维尔恐怕是最早表达这种担心的思想家。他在《论美国的民主》中担心美国民主的发展会导致一种独特的情形：一方面是极端的个人主义，另一方面是国家权力的膨胀。鉴于此，托克维尔强调独立的社会中介组织在防止国家权力扩张中的作用。德国法学家卡尔·施密特在批评自由主义时也看到自由主义国家发展的必然趋势是经由福利国家而达到所谓"全能国家"，即国家最终组织社会生活、经济生活的所有方面，从而最终消除国家与社会之间的界域。

　　社群主义者用以解决自由主义普遍主义消极后果的方法之一是强调所谓社群的价值。其实，社群（community）并不是什么神奇的概念。什么是社群？家庭、村落组织、宗教社团、地域组织、行业组织、民族、种族都是社群。社群主义者试图重新发现这些组织的价值，使其在现代社会中扮演重要的角色，以便减缓所谓自由主义的消极后果。

　　值得注意的是，面对社群主义的批评，自由主义也在逐步调整自己的理论。晚近以来自由主义关于市民社会的讨论清楚地显示了这一点。当代西方不少自由主义者争先恐后地谈论所谓"自由主义的社群"（liberal community）也显示了这一点。[①]

不过，在社群主义以及形形色色的后现代主义集中批评自由主义的普遍主义时，人们往往容易忽略特殊主义的危险。斯蒂芬·霍尔姆斯在分析自由主义的批评者时，曾把当代的社群主义者与法西斯主义放在一起讨论。这对社群主义者虽然有不公平之处，但却提出了一个令社群主义者颇为尴尬的问题，即特殊主义的危害问题。

什么是社群？让我们再重复一遍：家庭、村落、地域、宗教、民族、种族等团体都是社群。社群主义的危险在于，某一社群内部视为美德的东西可能给另一社群造成灾难。那种将民族、种族、地域利益与价值作为至高无上目标的政治运动、政治组织曾给人类带来巨大的危害，德国法西斯对犹太人的迫害、日本侵略亚洲国家时的暴行无一不是在种族利益、民族利益的旗号下作出的。在对外战争中表现英勇的军人在一些群体内部被视为民族英雄，在其他民族中被视为千古罪人。这就向我们昭示，在社群的利益与价值之上应该有某种普遍主义的评价标准。

实际上，在笔者看来，不仅社群主义对普遍主义的批评可能产生问题，就连自由主义恐怕也面临一个如何克服自身的特殊主义的问题。自由主义的特殊主义并不是一个被西方学者广泛关注的话题，但往往被自由主义的批评者特别是非西方（更准确地说非英美）批评者所察觉。自由主义包含着普遍主义与特殊主义的内在矛盾，这与自由主义和民族国家的联姻有密切关系。不论自由主义如何批评国家，现代自由主义从一开始便是现代国家、民族主义的孪生兄弟。

[①] 关于自由主义社群的讨论的著作，例如，Will Kymlicka, *Liberalism, Community and Culture*, Oxford: Clarendon Press, 1991; Stephen Macedo, *Liberal Virtues*。

对此，就连自由主义学者本身也并不讳言。麦克兰德在叙述自由主义的兴起时曾敏锐地观察到，自由主义与现代国家是现代性的基本标志，二者之间的联系与兼容性远远超过许多自由主义者所理解的程度。而且，"某些形式的民族主义是自由主义的天然盟友"。毕竟，自由主义的兴起与民族国家的建立特别是欧洲大陆民族国家的建立几乎是同步的。在许多欧洲国家，自由主义运动或革命本身就是民族统一运动的组成部分。

这种民族国家的特征构成自由主义不可分割的内涵。这种内涵对自由主义的危险在于，一方面，一些人可能忽略自由主义的特殊主义特征，误把某种特殊主义的价值作为普遍主义的价值强加于人。另一方面，一些人可能过分强调自由主义的特殊主义性质而忽略其普遍主义的价值。

对于前者，我们可以举出近代西方国家的对外政策为例。颇具讽刺意味的是，最早实施自由主义政策的国家——英国——恰恰是最早在对外政策上奉行帝国主义政策的国家。更为不幸的是，英国在对外实施帝国主义政策时常常以自由主义的价值作为理由，最常用的是所谓自由贸易。我们前面论及的自由主义之圣约翰·密尔曾对中国清王朝禁止鸦片贸易大为愤慨并支持英国对中国出兵。密尔的理由是，对中国输出鸦片"在本质上就是自由问题"。二战之后，西方国家在冷战中强调"人权"原则，是将特殊主义利益与普遍主义原则混为一谈的典型事例。客观而言，人权的原则以及当时苏联所极力主张的国际主义原则都包含了高尚的普遍主义理想，其原则本身确有令人神往的价值。任何一个社会，在其进步的过程中都应该尊重自己社会成员的尊严、权利、自由与福祉。但不幸的是，一些以人权为旗帜的政策与行动往往在本质上只是一种追求特定国家特殊主义利益的行动。

这种将特殊主义价值与利益包装为普遍主义原则而推行的行为可能招致人们的强烈反弹，并在反弹的过程中忽略普遍主义原则本身可能具有的价值。中国近代的历史在某种程度上显示了这一点。毛泽东在论及先进的中国人探索救国道理的过程时曾作过这样的描述：鸦片战争之后，先进的中国人一直在探索救国救民的道路。最初，人们将视角投向西方，严复、康有为、梁启超、孙中山等先进人物都希望从西方寻求救国的真理。但是，后来，大家纳闷了：为什么先生总是侵略学生。于是，在十月革命后，人们将注意力更多地转向苏联。

任何学过现代历史的人都不会不赞叹毛泽东这一描述的准确性与高度概括性。但其中所揭示的逻辑却值得今天的中国人反思。很显然，近代中国先进人物拒绝接受西方模式的原因之一是民族主义的情感。其理论逻辑是，西方国家在普遍主义原则旗帜下追求特殊主义利益，这本身便使得这些普遍主义原则失去了价值。这种思维方式值得重新思考。对某一理论的批评或认可应建立在对这种理论本身的考察之上。至于以这种理论为旗帜的人们的行为方式，尽管可以作为理解这种理论的参考，但绝不能代替对理论本身的考察。

今天，人类社会面临近代以来一次相当大的转型。近代兴起的民族国家在经济全球化潮流的冲击下愈来愈束手无策。为这种全球化鸣锣开道的是所谓自由化的潮流。而经济全球化与自由化的潮流又在很大程度上受到少数发达国家的影响甚至主导。许多以普遍主义旗帜出现的全球化秩序本身打上了特殊主义利益的烙印。对于许多后发展的国家而言，某些痛苦乃至动荡可能都是不可避免的。在这种痛苦与动荡面前，一个重要的任务仍然是区分全球化进程与全球化秩序中的普遍主义与特殊主义成分。既不可天真地以为在普遍主义旗帜下的所有政策都是地地道道的普遍主义货色，也不可以一种过分消极的心态看待所有新的趋势与制度，拒绝全球化与自由化潮流中的有益成分。

附录一　主要参考文献

中文

边沁：《政府片论》，沈叔平等译，商务印书馆，1995 年。

卡尔·波普：《开放社会及其敌人》杜汝楫、戴雅民译，山西高校联合出版社，1992 年。

以赛亚·伯林：《两种自由的概念》，《公共论丛》，第一、二期。

阿伦·布洛克：《西方人文主义传统》，董乐山译，生活·读书·新知三联书店，1997 年。

本雅明·贡斯当：《古代人的自由与现代人的自由之比较》，李强译，《公共论丛》，1997 年，第四期。

汉密尔顿、杰伊、麦迪逊：《联邦党人文集》，程逢如等译，商务印书馆，1982 年。

哈耶克：《自由秩序原理》，邓正来译，生活·读书·新知三联书店，1997 年。

哈耶克：《通往奴役之路》，王明毅等译，中国社会科学出版社，1997 年。

哈耶克：《个人主义与经济秩序》，北京经济学院出版社，1991 年。

霍布豪斯：《自由主义》，朱曾汶译，商务印书馆，1996 年。

托马斯·霍布斯：《利维坦》，黎思复等译，商务印书馆，1985 年。

爱德华·考文：《美国宪法的高级法背景》，强世功译，李强校，生活·读书·新知三联书店，1997 年。

卢梭：《社会契约论》，何兆武译，商务印书馆，1982 年。

罗素：《西方哲学史》，何兆武、李约瑟译，商务印书馆，1982 年。

约翰·洛克：《政府论》（下篇），叶启芳等译，商务印书馆，1983 年。

孟德斯鸠：《论法的精神》，张雁深译，商务印书馆，1978 年。

约翰·密尔：《论自由》，程崇华译，商务印书馆，1982 年。

约翰·密尔：《代议制政府》，汪瑄译，商务印书馆，1984 年。

亨利·勒帕日：《美国新自由主义经济学》，李燕生译，北京大学出版社，
　　1985 年。

乔治·萨拜因：《政治学说史》（上、下），刘山等译，商务印书馆，1990 年。

萨托利：《"宪政"疏议》，《公共论丛》，第一期，生活·读书·新知三联书店，
　　1995 年。

列奥·施特劳斯、约瑟夫·克罗波西：《政治哲学史》，河北人民出版社，1993 年。

斯宾诺莎：《神学政治论》，温锡增译，商务印书馆，1982 年。

亚当·斯密：《道德情操论》，蒋自强等译，商务印书馆，1997 年。

亚当·斯密：《国民财富的性质和原因研究》，郭大力、王亚南译，商务印书馆，
　　1997 年。

托克维尔：《论美国的民主》，董果良译，商务印书馆，1993 年。

马克斯·韦伯：《新教伦理与资本主义精神》，于晓、陈维纲等译，生活·读
　　书·新知三联书店，1987 年。

戴维·休谟：《人性论》，关文运译，郑之骧校，商务印书馆，1983 年。

陈祖为：《当代西方政治哲学新论》，郑宇硕、罗金义编，《政治学新论：西方学
　　理与中华经验》，香港：中文大学出版社，1997 年。

顾昕：《以社会制约权力》，《公共论丛》，第一期。

何增科：《新制度主义：从经济学到政治学》，《公共论丛》，第二期，1996 年。

洪汉鼎：《斯宾诺莎哲学研究》，人民出版社，1997 年。

金岳霖：《T. H. 格林的政治学说》，载于《金岳霖学术论文选》，中国社会科学
　　出版社，1990 年。

李强：《大众参与和精英统治的结合：约翰·密尔民主理论述评》，《北京大学学
　　报》，1995 年，"政治学与行政管理专刊"。

李强：《传统中国社会政治与现代资本主义：韦伯的制度主义解释》，《社会学研
　　究》，1998 年，第三期。

李强：《贡斯当与现代自由主义》，《公共论丛》，第四期。

毛寿龙：《卢梭、雅各宾派与民主的歧变》，《公共论丛》，第一期，1995 年。

容迪：《在自我与社群中的自由主义》，《公共论丛》，第四期，1998 年。

汪丁丁：《哈耶克"扩展秩序"思想初论》，《公共论丛》，第二期，生活·读
　　书·新知三联书店，1996 年。

周凯敏：《十九世纪英国功利主义思想比较研究》，华东师范大学出版社，
　　1991 年。

西文

Anthony Ablaster, *The Rise and Decline of Western Liberalism*, Oxford: Basil

Blackwell, 1984.

Richard J. Arneson ed. , *Liberalism*, Edward Elgar Publishing Limited, 1992.

Shlomo Avineri & Avner De-shalit, *Communitarianism and Individualism*, Oxford
　University Press, 1992.

Benjamin Barber, *Strong Democracy*, University of California Press, 1984.

Brian Barry, *Political Argument*, London: Routledge, 1965.

Richard Bellamy, *Liberalism and Modern Society*, Polity Press, 1992.

Stanley Benn & Richard Peters, *Social Principles and the Democratic State*, London:
　Allen & Unwin, 1959.

Jeremy Bentham, *An Introduction to the Principles of Morals and Legislation*, ed. by J.
　H. Burns and H. L. A. Hart, with a New Introduction by F. Rosen, Oxford:
　Clarendon Press, 1996.

I. Berlin, *Four Assays on Liberty*, Oxford University Press, 1969.

Norman P. Barry, *The New Right*, London: Croom Helm, 1987 .

Zbigniew Brzeinski ea al ed. , *The Relevance of Liberalism*, Boulder, Colorado:
　Westview Press, 1978.

James M. Buchanan, *The Limits of Liberty*, the University of Chicago Press, 1975.

Benjamin Constant, *Political Writings*, translated by Biancamaria Fontana, Cambridge
　University Press, 1988.

Robert A. Dahl, *Democracy and Its Critics*, Yale University Press, 1989; A Preface to
　Democratic Theory, The University of Chicago Press, 1956.

Patrick Devlin, *The Enforcement of Morals*, Oxford University Press, 1965.

Ronald Dworkin, "Liberalism", in Michael Sandel ed. , *Liberalism and Its Critics*,
　New York University Press, 1984 .

Patrick Dunleavey, *Democracy, Bureaucracy and Public Choice: Economic
　Explanations in Political Sciencec*, London: HarvesterWheatsheaf, 1991.

Thrainn Eggertson, *Economic Behavior and Institutions*, Cambridge University
　Press, 1990.

Carl J. Friedrich, *Constitutional Government and Democracy*, revised edition,
　Boston: Ginn and Company, 1950.

Limited Government: A Comparison, New Jersey: Prentice-Hall, inc. , 1974.

Julien Freund, "Schmitt's Political Thought," in *Telos*, No. 102 (winter 1995).

F. Fukuyama, "The End of History?" *The National Interest*, 1989, No. 16.

John Gray, *Liberalism*, England: Open University Press, 1986 .

John A. Hall, Liberalism: *Politics, Ideology and the Market*, Chapel Hill: The
　University of North Carolina Press, 1987.

H. L. A. Hart, "Between Utility and Right," Alan Ryan ed. , *The Idea of*

Freedom, Oxford: Oxford University Press, 1979.

Louis Hartz, *The Liberal Tradition in America: An Interpretation of American Political Thought since the Revolution*, New York: Harcourt, Brace and Company, 1955.

Elie Halevy, *The Growth of Philosophic Radicalism*, translated by Mary Morris, Boston: The Beacon Press, 1960.

Friedrich A. Hayek, *The Constitution of Liberty*, the University of Chicago Press, 1960.

Jack Hayward, *After the French Revolution: Six Critics of Democracy and Nationalism*, New York: Harvester Wheatsheaf, 1991.

Stephen Holmes, *The Anatomy of Antiliberalism*, Harvard University Press, 1993.

Stephen Holmes, *Passions and Constraint: on the Theory of Liberal Democracy*, Chicago: the University of Chicago Press, 1995.

Robert J. Holton & Bryan S. Turner, *Max Weber on Economy and Society*, London: Routledge, 1989.

Dirk Kasler, *Max Weber: An Introduction to His Life and Work*, the University of Chicago Press, 1979.

Chandran Kukathas, *Hayek and Modern Liberalism*, Oxford: Clarendon Press, 1989.

Will Kymlicka, *Liberalism, Community and Culture*, Oxford: Clarendon Press, 1991.

Theodore Lowi, The *End of Liberalism*, New York: Norton & Company, 1969.

Steven Lukes, *Individualism*, New York: Harper & Row, 1973.

Stephen Macedo, *Liberal Virtue: Citizenship, Virtue, and Community in Liberal Society*, Oxford: Clarendon Press, 1990.

Alan Macfarlane, *The Origins of English Individualism: the Family, Property and Social Transition*, Oxford: Basil Blackwell, 1978.

J. S. McClelland, *A History of Western Political Thought*, London: Routledge, 1996.

C. B. Macpherson, *The Political Theory of Possessive Individualism: Hobbes to Locke*, Oxford University Press, 1962.

D. J. Manning, *Liberalism*, London: Dent & Sons LTD., 1976.

J. G. Merquior, *Liberalism: Old and New*, Boston: Twayne Publishers, 1991.

David Miller, *Philosophy and Ideology in Hume's Political Thought*, Oxford: Clarendon Press, 1981.

David Miller, ed., *Liberty*, Oxford U. Press, 1991.

Dennis C. Müller, *Public Choice II*, University of Cambridge Press, 1989.

Stephen Mulhall & Adam Swift, *Liberals and Communitarians*, second ed., Oxford University Press, 1996.

George H. Nash, *The Conservative Intellectual Movement in America since* 1945, New York: Basic Books, 1976.

Michael Oakeshott, *"Introduction" to Hobbes' Leviathan*, Oxford: Basil Blackwell, 1946.

Clause Offe, *Disorganized Capitalism:Contemporary Transformation of Work and Politics*, Cambridge, Mass.: MIT Press, 1985; Modernity and the State, Polity Press, 1996.

William Aylott Orton, *The Liberal Tradition: A Study of the Social and Spiritual Conditions of Freedom*, Yale University Press, 1945.

Wolfgang Palaver, "Schmitt's Critique of Liberalism," *Telos*, No. 102; "Carl Schmitt on Normos and Space," *Telos*, No. 106.

D. C. Phillips, "Organism in the Late Nineteenth and Early Twentieth Centuries," *Journal of the History of Ideas*, vol. xxxi, No. 3, 1970.

John Rawls, *Political Liberalism*, NY: Columbia University Press, 1993.

John Robson, *The Improvement of Mankind*, London: Routledge & Kegab Paul, 1968.

G. A. J. Rogers & Alan Ryan ed., *Perspective on Thomas Hobbes*, Oxford: Clarendon Press, 1988.

F. Rosen, *Jeremy Bentham and Representative Democracy*, Oxford: Clarendon Press, 1983.

Alan Ryan, "Mill and Rousseau: Utility and Rights", Graeme Duncan ed., *Democratic Theory and Practice*, London: Cambridge University Press, 1983.

J. Salwyn Schapiro, *Liberalism: Its Meaning and History*, Princeton: D. Van Nostrand Co., 1958.

Edward Shils, *The Constitution of Society*, The University of Chicago Press, 1972.

J. F. Stephen, *Liberty, Equality, Fraternity*, London, 1874.

Leo Strauss, *The Political Philosophy of Hobbes: Its Basis and Genesis*, University of Chicago Press, 1952.

J. L. Talmon, *The Origins of Totalitarian Democracy*, London: Sphere Books Limited, 1952.

Max Weber, *Economy and Society*, ed., by Guenther Roth & Claus Wittich, University of California Press, 1978.

Robert Paul Wolff, *The Poverty of Liberalism*, Beacon Press, 1968.

附录二　初版后记、再版序、第三版序

初版后记

献给读者的这本小册子尽管是一篇"命题作文",却也是笔者多年来一直希望写的著作。也许是出于一种冲动,一种希望将自己近年来所见所闻所感告诉给家乡父老的冲动,当这套丛书的策划者邀请我写一本关于自由主义的书稿时,我毫不犹疑地答应下来。

我出生在北方一个偏僻的农村。孩提时期,随大人们到野外劳动,望着远处起伏的山峦,常常向别人发问:山那边是什么地方?长者会告诉我,山那边是另一个生产队、另一个大队、另一个公社或县。那么再远的地方呢?他们就无言以对了。

长大后,受益于邓小平的改革开放政策,我得以先后在北京大学、伦敦大学、芝加哥大学读书或研究,对外部世界有了较多的了解。记得在国外留学时回家乡探亲,乡亲们总是好奇地打听国外的情况，问得最多的是："外国人吃什么?""外国种什么庄稼?"我真希望自己是一个优秀的散文家，能将国外的生活习俗作一番描绘。可惜自己不善于观察生活细节，更不善于描述，只好将自己对外国人思想与政治实践中某些方面的理解作一些介绍，算是对家乡父老的一个回答吧。

在这本小书即将付梓之际，我希望对北京大学、伦敦大学、芝加哥大学的老师与同事多年来给予我的帮助表示感谢，特别是对我在伦敦大学的导师罗森教授（F. Rosen）以及在芝加哥大学的导师希尔斯教授（Edward Shils）表示感谢。他们对我学业上的指导与帮助使我终生受益。希尔斯教授在两年前去世，我愿借此机会表达对他的思念与感激。本书的最后一稿是我在柏林自由大学访问期间完成的。我与古勒教授（Gerhard Goehler）的讨论使我对自由主义的许多问题有了更进一步的理解。我的妻子朱妍兰博士不仅对我的学术追求给予无私的支持，而且对书中的许多观点提出过批评与建议。这本小书凝聚着她的贡献。我们五岁的女儿李缘君也以一种独特的方式对本书作出了贡献：从她的成长中，我深刻体会到个性的可爱与可贵；而她刚刚开始的受教育生活又使我认识到，在目前的教育体制下，保持个性多么艰难。

最后，我衷心感谢这套丛书的策划者，感谢他们为出版这套丛书所作的奉献。特别应该提及的是中国社会科学出版社的陈彪先生，如果没有他不懈的督促，这本书稿恐怕还要拖延更长的时间。

笔者深知，这本小书可能有许多不完善、不充实、甚至错误的地方。所有不足之处完全由笔者自己承担责任。

1998 年夏

再版序言

《自由主义》再版发行，作为作者，一方面觉得欣慰，另一方面也颇感惶恐。1998年，当《自由主义》初版时，自由主义研究在国内刚刚起步，专门论文尚不多见，专著更谈不上。当时将《自由主义》奉献给读者时，曾有一份开拓者的喜悦。

但十年后的今天，情形却迥然不同。自由主义无疑是今天备受关注、备受争议的学说。学术界对自由主义的讨论早已超越了导论式介绍的阶段，自由主义的基本理念日益受到广泛关注与深入探讨。

面对新的情形，笔者曾想过对原作进行较大修订，以便使再版著作既反映国内外学术界最新的研究成果，也反映作者近几年来的思考心路。但这样做的困难是，一方面，国内外近年来有关自由主义的著作卷帙浩繁，对这些著作的梳理与批评无异于撰写一部新的著作，而绝非修订原著所能实现。更何况，笔者对自由主义的理解近年来已有颇多改变，重新修订将使得原作面目全非。事实上，笔者最近若干年来的研究一直与重新理解自由主义有关。譬如，笔者关于自由主义与现代国家的研究、关于共和主义、新保守主义、全球化问题的思考都与进一步解释自由主义有关。笔者正准备将这些文章修订成册，作为对《自由主义》一书的补充。

当然，这并不是说，笔者对自由主义的进一步理解从根本上否定了《自由主义》中的基本论述。从本质上说，我毋宁将这些新的研究看作是《自由主义》一书的延伸与补充。我仍然觉得，《自由主义》的基本内容——包括对自由主义历史发展的描述、对其理论内涵的概括以及对批评者理论的概括——对自由主义的入门者甚或研究者有一定价值，可以为他们提供一幅地图。正是基于这样的理解，我愿意将原书再版发行。

基于这些考虑，尽管原书中有些部分现在看来并不令人满意，这次再版时仍然以原貌出版，只是对一些技术性错误作了修改。

2007 年 12 月

第三版序言

《自由主义》第三版得以发行，颇感欣慰。

无论从国际还是从国内的角度看，自由主义都是当今备受争议的学说。希望这本书的再版能对学术界理解自由主义的历史及理论有所裨益。

此次再版，除了对"平等的悖论"一节作了较大修改外，基本保持了原貌。

2015 年 4 月

Here 此间学人系列书目

刘业进

《演化经济学原理》

《经济发展的中国经验》

方绍伟

《经济学的观念冲突》

《经济增长的理论突破》

黄琪轩

《大国权力转移与技术变迁》（深度增订版）

《政治经济学的智慧：经典传承与当代回响》

《世界政治经济中的大国技术竞争》

朱天飚

《争论中的政治经济学理论》

冯兴元

《创造财富的逻辑》（冯兴元、孟冰）

《门格尔与奥地利学派经济学入门》

李　强

《自由主义》（第四版）

《思想的魅力》

殷　融

《向善之心：进化如何让我们成为更好的人》

军　宁

《保守主义》

《投资哲学》

任剑涛

《艰难的现代：现代中国的社会政治思想》

《博大的现代：西方近现代社会政治创制》

《嘱望的现代：巨变激荡的社会政治理念》

Here 此间学人·经典精译系列

亚里士多德：《尼各马可伦理学》（李涛 译注）

久米邦武编撰《美欧回览实记》（徐静波 译注）

"Here 此间学人" 系列

1. 不以某个论域为中心，而是以一个个学者为中心，突出人文社科各
领域中的学术名家；

2. 不同于一般的学术论著，突出理论思想性与现代问题意识；

3. 突出中文学界的学术思想原创力，兼及研究型翻译。

如对本系列图书感兴趣，请扫描下方二维码。

图书在版编目（CIP）数据

自由主义/李强著. —上海：上海三联书店，

2025.4.（2025.8 重印）—ISBN 978－7－5426－8639－8

Ⅰ．D261.2

中国国家版本馆 CIP 数据核字第 20243F4X74 号

自由主义

著　　者 / 李　强

责任编辑 / 徐建新
装帧设计 / 一本好书
监　　制 / 姚　军
责任校对 / 王凌霄　张　瑞

出版发行 / 上海三联书店
　　　　　（200041）中国上海市静安区威海路 755 号 30 楼
邮　　箱 / sdxsanlian@sina.com
联系电话 / 编辑部：021－22895517
　　　　　发行部：021－22895559
印　　刷 / 上海雅昌艺术印刷有限公司

版　　次 / 2025 年 4 月第 1 版
印　　次 / 2025 年 8 月第 2 次印刷
开　　本 / 655mm×960mm　1/16
字　　数 / 250 千字
印　　张 / 22.5
书　　号 / ISBN 978－7－5426－8639－8/D·653
定　　价 / 99.00 元

敬启读者，如发现本书有印装质量问题，请与印刷厂联系 021－68798999